FE Y MENSAJE BAUTISTAS

Charles S. Kelley Jr.
Richard D. Land
R. Albert Mohler Jr.

Actividades de aprendizaje, guía del líder y viñetas de líderes bautistas del pasado por Art Criscoe

Lifeway Recursos®
Brentwood, Tennessee

ISBN 979-8-3845-0129-9 • Item 005848452
Clasificación decimal Dewey: 230.6
Temas: BAUTISTAS—DOCTRINAS

Creemos que la Biblia tiene a Dios por autor, la salvación por fin y la verdad, sin mezcla de error, por materia, y que toda la Escritura es totalmente verdadera y digna de confianza. La declaración del 2000 de *Fe y mensaje bautistas* es nuestra guía doctrinal.

Para ordenar copias adicionales de este recurso llame a 1 (800)257-7744, visita nuestra página, www.lifeway.com o envía un correo electrónico a recursos@lifeway.com. También puedes adquirirlo u ordenarlo en tu librería cristiana favorita.

Impreso en los Estados Unidos de América

Lifeway Recursos • 200 Powell Place, Suite 100 • Brentwood, TN 37027-7707

Equipo editorial
Lifeway Recursos

Vicepresidente
Giancarlo Montemayor

Director editorial
Carlos Astorga

Editor general
Juan David Correa

Edición
Denisse Manchego

Corrección de estilo
Andres Constantino

Diseño gráfico
Alba Marina Nulchis

ÍNDICE

LOS AUTORES

El Dr. Richard Land, expresidente del Seminario Evangélico del Sur en Charlotte, Carolina del Norte, presidió la Comisión de Ética y Libertad Religiosa de los Bautistas del Sur y en 2005 fue nombrado por la revista *Time* como uno de los 25 evangélicos más influyentes de Estados Unidos. Land también ha escrito numerosos e importantes libros en inglés para el mundo Bautista del Sur.

El Dr. Chuck Kelley, expresidente del Seminario Teológico Bautista de Nueva Orleans, es reconocido como un apasionado evangelista, predicador e investigador del crecimiento de la iglesia. Es autor de numerosos artículos, materiales de formación y libros en inglés, importantes para el mundo Bautista del Sur.

El Dr. R. Albert Mohler Jr. es el presidente del Seminario Teológico Bautista del Sur. Ha sido reconocido por *Time* y *Christianity Today* como líder entre los evangélicos estadounidenses. Comenta cuestiones morales, culturales y teológicas a través de su blog, su podcast *The Briefing* y sus escritos en Internet. Se puede acceder a ellos a través de su sitio web, *www.albertmohler.com.*

Las actividades de aprendizaje, la guía del líder y las viñetas de líderes bautistas pasados y presentes fueron escritas por el Dr. Art Criscoe. Retirado de Lifeway Christian Resources, Criscoe desarrolla planes de estudio y escribe para *Christ to the World Ministries*, una organización misionera internacional. Criscoe ha sido pastor de iglesias en Texas, Carolina del Sur y Tennessee, y decano académico y profesor de Biblia y educación cristiana en el *Columbia Bible College* de Carolina del Sur.

DEDICATORIA

Adrian Rogers, 1931–2005

Presidente, Comité de estudio de la Fe y mensaje bautistas, 1999–2000
Presidente, Convención Bautista del Sur, 1979–80, 1986–88

Adrian Rogers, dirigente denominacional, defensor de la fe, pastor amado y príncipe entre los predicadores, se encuentra ahora en presencia del Príncipe de la Paz, tras haber oído: «¡Hiciste bien, siervo bueno y fiel!» (Mt. 25: 21, NVI). El mundo —y ahora el cielo— nunca será el mismo por su presencia.

INTRODUCCIÓN

Los bautistas valoran profundamente sus convicciones. Desde el comienzo, han creado declaraciones de fe para enseñar, defender y mantener la fe «entregada una vez a los santos» (Judas 3). Estas confesiones detallan nuestras creencias fundamentales, influenciando la fe, el testimonio y la adoración. Originalmente, demostraban la ortodoxia bautista en la cristiandad. Con el tiempo, ayudaron a definir la identidad bautista, contrarrestar errores doctrinales y educar a los fieles en su caminar espiritual.

La Convención Bautista del Sur (SBC siglas en inglés) adoptó por primera vez una declaración de fe exhaustiva en 1925, cuando un comité dirigido por E. Y. Mullins presentó la *Fe y mensaje bautistas* a la Convención. La declaración era una edición revisada de la Confesión de Fe de New Hampshire, de uso común en ese entonces entre los bautistas tanto del Norte como del Sur de los Estados Unidos.

El comité de 1925 presentó su informe durante una época de controversia en la vida bautista. La controversia fundamentalista/modernista hacía estragos en las denominaciones del norte, y un creciente clima de antisupernaturalismo en la cultura general avivaba la preocupación de los bautistas del sur. A principios de la década de 1960 surgió otro periodo de controversia sobre la naturaleza y la autoridad de las Escrituras, y los bautistas del sur revisaron *Fe y mensaje bautistas* en 1963 por recomendación de un comité dirigido por Herschel Hobbs.

El comité de 1963 actualizó la declaración de 1925, añadiendo artículos y actualizando su lenguaje, sin alterar su esencia. Esta revisión respondió a nuevas inquietudes, ayudando a los bautistas del sur a precisar y unificar sus creencias.

La SBC afirmó la *Fe y mensaje bautistas* en convenciones posteriores, y en 1969 adoptó una moción que animaba a las agencias, juntas e instituciones de la Convención a utilizar la *Fe y mensaje bautistas* como directriz en el empleo, el contenido editorial y la política.

La siguiente revisión de la *Fe y mensaje bautistas* tuvo lugar en 1998, cuando la Convención Bautista del Sur adoptó el *Artículo 18: La familia* en su reunión de Salt Lake City, Utah, en medio de la preocupación generalizada de la sociedad por la desintegración de la familia. Al año siguiente, la SBC aprobó una moción en la que se pedía al presidente de la Convención que nombrara un comité para revisar la *Fe y mensaje bautistas* y que presentara un informe y sus recomendaciones en la reunión de la Convención del año siguiente.[1]

El Comité de estudio de la *Fe y mensaje bautistas*, presidido por Adrian Rogers, presentó su informe y sus recomendaciones en la reunión de la SBC celebrada en Orlando, Florida, en junio de 2000. Durante esa reunión, la Convención aprobó el informe, incluida una versión revisada de la *Fe y mensaje bautistas*.

Al recordar la declaración de 1925, Herschel Hobbs señaló: «Esta declaración sirvió en gran medida para anclar a los Bautistas del Sur a sus amarras teológicas tradicionales». En realidad, cada nueva generación debe reclamar la inestimable herencia doctrinal. En los albores de un nuevo milenio, la *Fe y mensaje bautistas* sirve ahora para anclar a esta generación de bautistas a esas mismas amarras teológicas.

Tuvimos el honor de servir en el Comité de estudio de la *Fe y mensaje bautistas*, y nos sentimos honrados de presentar este comentario a los Bautistas del Sur hispanoparlantes. Nuestra oración es que Dios los guíe hacia una nueva y audaz era de misiones, evangelización, ministerio y visión, y que Dios bendiga nuestro testimonio de Su verdad a través de la *Fe y mensaje bautistas*.

1. Los miembros del comité incluyeron a Max Barnett (OK), Steve Gaines (AL), Susie Hawkins (TX), Rudy A. Hernández (TX), Charles S. Kelley Jr. (LA), Heather King (IN), Richard Land (TN), Fred Luter (LA), R. Albert Mohler Jr. (KY), T. C. Pinckney (VA), Nelson Price (GA), Adrian Rogers (presidente, TN), Roger Spradlin (CA), Simon Tsoi (AZ) y Jerry Vines (FL).

CAPÍTULO 1

LAS ESCRITURAS

Artículo 1

Las Escrituras

«La Santa Biblia fue escrita por hombres divinamente inspirados y es la revelación que Dios hace de sí mismo al hombre. Es un tesoro perfecto de instrucción divina. Tiene a Dios como su autor, su propósito es la salvación, y su tema es la verdad, sin mezcla alguna de error. Por tanto, toda la Escritura es totalmente verdadera y confiable. Ella revela los principios por los cuales Dios nos juzga, y por tanto es y permanecerá siendo hasta el fin del mundo, el centro verdadero de la unión Cristiana, y la norma suprema por la cual toda conducta, credos, y opiniones religiosas humanas deben ser juzgadas. Toda la Escritura es un testimonio de Jesús, quien es Él mismo el centro de la revelación divina».[1]

Versículos para memorizar

«Toda la Escritura es inspirada por Dios, y útil para enseñar, para redargüir, para corregir, para instruir en justicia, a fin de que el hombre de Dios sea perfecto, enteramente preparado para toda buena obra».

2 Timoteo 3:16-17

Escanea este código QR y accede a herramientas, recursos y ayudas adicionales que complementan los principios expuestos en este estudio. Todo está disponible en nuestra página de recursos digitales para Fe y mensaje bautistas: www.lifeway.com/feymensajebautistas

Revelación general
Dios da a conocer Su naturaleza y propósito a través de la naturaleza y la historia

Los Bautistas del Sur son conocidos como un pueblo del Libro. Ese Libro es la Biblia. Procedemos de todos los ámbitos de la vida. Con más de 13 millones de miembros, nuestras iglesias suman más de 47000 y llenan el paisaje. Esparcidos de mar a mar, nos encontramos en todos los estados de Estados Unidos y en el exterior. Algunos nos reunimos en pequeñas iglesias rurales y otros en grandes iglesias urbanas. Entre nosotros hay iglesias que se reúnen en lugares enormes, como estadios, e iglesias que se reúnen en edificios portátiles. Sin embargo, nuestro vínculo mayor es nuestro amor por la Biblia.

La revelación de Dios

Cuando hablamos de la Biblia o de la Sagradas Escritura, nos referimos a 66 libros divididos en Antiguo y Nuevo Testamento. Este Libro es diferente de cualquier otro, pues no es una colección de opiniones humanas sobre Dios, sino que es en realidad la propia Palabra de Dios. Los bautistas amamos y respetamos la Biblia como Palabra de Dios.

Como revelación de Dios a la humanidad, la Biblia es un regalo precioso que Dios nos ha dado. En Su Palabra, Él ha hablado a Su pueblo, revelándose a nosotros de manera real y comprensible. Sin esta autorevelación divina, no conoceríamos a Dios precisamente, y la humanidad buscaría respuestas en la oscuridad. Cada uno tendría su propia idea sobre Dios, Su naturaleza y Sus expectativas. La revelación de Dios es una clara demostración de Su amor por nosotros.

La Biblia establece que Dios se ha revelado a sí mismo a toda la humanidad a través la creación. El salmista nos recuerda:

> Los cielos cuentan la gloria de Dios,
> Y el firmamento anuncia la obra de sus manos.
> Salmo 19:1

Cada átomo y cada molécula de la creación revelan la majestuosidad del maravilloso diseño de Dios. El equilibrio intrincado de la creación, la belleza de la tierra y sus variados paisajes, la maravilla de una puesta de sol: todo ello declara la grandeza y la gloria de Dios. Más allá de esto, Dios se revela a todas las personas a través de la facultad moral que llamamos conciencia. Nuestro conocimiento innegable del bien y del mal, de lo correcto y lo incorrecto, nos señala el carácter moral perfecto de nuestro Creador. Estos tipos de revelación, que Dios dio a todas las personas que han vivido, se denominan revelación general o revelación natural. La revelación que Dios hace de sí mismo a través de la Biblia y de Su Hijo Jesucristo se denomina revelación especial.

Revelación especial
Dios da a conocer Su naturaleza y propósito a través de la Palabra escrita y de Su Hijo Jesucristo

Pon una *(E)* para la reveleción especial o una *(G)* para la revelación general en el espacio que le corresponda.

___ 1. Belleza de la creación
___ 2. Conciencia humana
___ 3. Biblia
___ 4. El Libro de Isaías
___ 5. Montañas, ríos
___ 6. Juan 3:16

Lee Romanos 1:20. A continuación, selecciona dos cosas que podemos aprender de Dios a través de Su creación.

☐ Su amor a través de Cristo ☐ Su naturaleza divina
☐ Su poder ☐ La obra del Espíritu Santo

«Porque las cosas invisibles de él, su eterno poder y deidad, se hacen claramente visibles desde la creación del mundo, siendo entendidas por medio de las cosas hechas, de modo que no tienen excusa».
Romanos 1:20

Las opciones 1, 2 y 5 son revelación general, mientras que las 3, 4 y 6 son revelación especial. La creación de Dios revela Su poder y deidad.

Si la revelación general está al alcance de todas las personas, ¿por qué necesitamos la Biblia? El apóstol Pablo respondió a esta pregunta explicando que nuestro pecado nos ciega para comprender plenamente la revelación que Dios hace de sí mismo en la naturaleza y en nuestra conciencia. Como escribió a los romanos, los seres humanos «cambiaron la verdad de Dios por la mentira, honrando y dando culto a las criaturas antes que al Creador» (Rom. 1:25). Nuestro pecado distorsiona de tal modo nuestra visión espiritual que amamos la mentira y odiamos la verdad. En Su gracia, Dios proporcionó una revelación especial a través de Su Palabra divina para enseñarnos más sobre Su naturaleza, Su propósito redentor y Su voluntad para nuestras vidas.

Dios como Su autor

La Biblia es la revelación que Dios hace de sí mismo a la humanidad, y Dios es justamente conocido como el Autor de toda la Escritura. Charles Haddon Spurgeon (1834-92), uno de los más grandes predicadores de la historia cristiana, dijo en un sermón de 1855: «Este

Inspiración
El soplo del Espíritu de Dios sobre el habla y la escritura humanas para producir el texto de la Biblia

volumen es la Escritura del Dios vivo [...] en todas partes encuentro a Dios hablando: es la voz de Dios, no la del hombre; las palabras son las palabras de Dios, las palabras del Eterno, el Invisible, el Todopoderoso, el Jehová de esta tierra. Esta Biblia es la Biblia de Dios; y cuando la veo, me parece oír una voz que surge de ella, diciendo: "Yo soy el libro de Dios: hombre, léeme"».[2]

Como afirma la *Fe y mensaje bautistas,* la Biblia fue escrita por hombres divinamente inspirados. ¿Qué significa esto? Solemos oír que un autor humano concreto, como William Shakespeare, fue inspirado. Después de una actuación musical especialmente conmovedora, alguien puede comentar que el compositor o el intérprete fue inspirado. ¿Está la Biblia inspirada de la misma manera?

Por supuesto que no. Si la Biblia no fuera más que una colección de escritos especialmente perspicaces sobre Dios, no nos jugaríamos la vida por su verdad. Algunos han enseñado erróneamente que la Biblia no es más que el producto de una conciencia humana elevada. Otros han sugerido que la Biblia está inspirada de forma desigual. Algunas partes, argumentan, son más inspiradas que otras. Este punto de vista sitúa al lector humano por encima de las Escrituras como juez, decidiendo qué partes son más inspiradas y qué partes pueden ignorarse o negarse.

Otras personas han argumentado que Dios se limitó a inspirar las ideas contenidas en la Biblia, no las palabras de la propia Escritura. Esta teoría *dinámica* de la inspiración de la Biblia sostiene que Dios dio a los autores humanos ideas básicas que estos desarrollaron a su manera. En el otro extremo está la teoría del *dictado*, que considera a los autores humanos como instrumentos pasivos de la inspiración del Espíritu Santo, que se limitan a tomar nota de los dictados divinos.

Al igual que hoy, hace más de cien años los bautistas se enfrentaron a tales teorías sobre la inspiración bíblica. Basil Manly Jr. (1825-92) fue uno de los cuatro profesores fundadores del Seminario Teológico Bautista del Sur en 1859 y enseñó en él durante muchos años.[3] Los colegas del seminario de Manly le pidieron que respondiera a las peligrosas teorías que estaban infectando algunas iglesias, seminarios y denominaciones. Tras repasar las falsas teorías de la inspiración, Manly resumió la comprensión de la plena inspiración de la Escritura con estas palabras: «La Biblia en su conjunto es la Palabra de Dios, de modo que en cada parte de la Escritura hay tanto verdad infalible como autoridad divina».[4] Esta es la conclusión de la teoría de la inspiración *plenaria verbal* de la Biblia. En pocas palabras, esto significa que la inspiración de la Biblia es *verbal* (se extiende a las propias palabras) y *plenaria*, o plena. Así, afirmamos que *cada* palabra de la Biblia es inspirada y que cada palabra es *plenamente* inspirada.

«[La Biblia] es una gran revelación de la voluntad de Dios. Cada libro, capítulo, versículo y letra en ella está divinamente inspirada».[5]

M. E. Dodd
1878–1952
Pastor, First Baptist Church; Shreveport, Louisiana; presidente, Convención Bautista del Sur, 1934–35

Empareja cada teoría de la inspiración con su definición colocando la letra correcta en cada espacio en blanco.

___ 1. La teoría dinámica
___ 2. La teoría plenaria verbal
___ 3. La teoría del dictado

a. Los autores fueron instrumentos pasivos que escribieron el dictado divino.
b. Cada palabra de la Biblia está plenamente inspirada.
c. Dios dio a los autores humanos ideas básicas que ellos mismos desarrollaron.

Estas son las respuestas: 1. c, 2. b, 3. a.

Creemos que la teoría plenaria verbal expresa la forma en que la Biblia describe su propia inspiración (ver 2 Tim. 3:16-17). El Espíritu Santo inspiró esta Palabra a través de autores humanos elegidos divinamente para esta tarea. Dios utilizó sus personalidades, estilos de escritura y experiencias personales para cumplir Su propósito perfecto. Estos autores humanos no fueron estenógrafos pasivos, sino que el Espíritu Santo obró a través de ellos, inspirándolos tan profundamente que se sintieron movidos a escribir exactamente lo que Dios quería, hasta las mismas palabras. Como recoge la Biblia, la voluntad y la iniciativa fueron de Dios, «porque nunca la profecía fue traída por voluntad humana, sino que los santos hombres de Dios hablaron siendo inspirados por el Espíritu Santo» (2 Ped. 1:21). El resultado de

«Toda la Escritura es inspirada por Dios y útil para enseñar, para reprender, para corregir y para instruir en la justicia, a fin de que el siervo de Dios esté enteramente capacitado para toda buena obra».
2 Timoteo 3:16-17, NVI

«Cuando Dios dirigió sobrenaturalmente a los autores de las Escrituras, no suprimió sus personalidades, estilos literarios o emociones. Sin embargo, comunicó Su verdad guiando sus pensamientos, protegiéndolos del error y produciendo un mensaje totalmente confiable. Así, cada palabra de los manuscritos originales lleva la autoridad de la autoría divina. Esto significa que la Biblia es precisa en todo lo que dice y no engaña a sus lectores teológica, histórica, cronológica, geográfica ni científicamente».[7]

James T. Draper Jr.
1935–
Presidente emérito, Lifeway; presidente, Convención Bautista del Sur, 1982–84

la inspiración divina es que tenemos exactamente la Biblia que Dios quiere que tengamos. No falta nada. No se incluye nada que no debería estar ahí. Por eso afirmamos que la Biblia es la Palabra misma de Dios y no sólo contiene la Palabra de Dios. Dios nos habla a través de Su Palabra, y donde habla la Escritura, habla Dios.

La creencia en la Biblia como la mismísima Palabra de Dios ha sido la convicción de los bautistas a lo largo de los años. John L. Dagg (1794-1884), pastor, maestro y administrador, escribió: «Los hombres que hablaron y escribieron movidos por el Espíritu Santo fueron los instrumentos que Dios utilizó para hablar y escribir Su Palabra. Sus particularidades de pensamiento, sentimiento y estilo no tuvieron más efecto en impedir que lo que hablaron y escribieron fuera la Palabra de Dios, que sus peculiaridades de voz o caligrafía. La pregunta de si la inspiración se extendió hasta las mismas palabras de la revelación, así como a los pensamientos y razonamientos, es respondida por Pablo: "Predicamos, no con palabras que enseña la sabiduría humana, sino con las que enseña el Espíritu Santo"».[6]

Marca cada frase como *V* (verdadero) o *F* (falso).

___ 1. Tenemos exactamente la Biblia que Dios quiere que tengamos.
___ 2. Dios guio a los escritores de la Escritura para producir Su verdad.
___ 3. Algunas partes de la Biblia están más inspiradas que otras.
___ 4. Dios dio a los autores de la Escritura ideas básicas que ellos desarrollaron a su manera.
___ 5. La Biblia no nos engaña de ninguna manera.
___ 6. Dios utilizó las personalidades, estilos de escritura y experiencias de vida de los autores de la Escritura para lograr Su propósito perfecto.

Las afirmaciones 1, 2 y 5 son verdaderas; las 3 y 4 son falsas.

Una confianza de por vida en la Biblia como Palabra de Dios caracterizó la vida de W. A. Criswell (1909-2002). Cuando era estudiante en la Universidad de Baylor, tenía un amigo que se apartó de la fe cristiana y se hizo escéptico. Le dijo a Criswell que la Biblia no era más que otro libro. Criswell le dijo a su amigo: «Sé que la Biblia no siempre es fácil de entender, pero nunca acabaré tratando a la Biblia como a cualquier otro libro. Es la Palabra de Dios. El universo se sustenta en Su Palabra. Por ella somos condenados y convertidos. La Palabra nos mantiene alejados del pecado. Caminamos por ella, vivimos por ella y un día moriremos por ella. Nuestra seguridad en el cielo sólo es a través de la Palabra. Lo entiendas todo o no, te guste todo o no, la Palabra es el fundamento de la vida, y sin ella nuestras almas se marchitan y mueren».[8]

Con el tiempo, Criswell se convirtió en pastor de la Primera Iglesia Bautista de Dallas, Texas, que llegó a tener 28000 miembros bajo su predicación. Tras toda una vida en el ministerio, Criswell escribió a los 90 años: «Esto creo y esto proclamo: la Palabra de Dios es perfecta, literal, inerrante, infalible y totalmente digna de confianza».[9]

Salvación como su fin

Como la Biblia es la Palabra de Dios inspirada de forma única, es un tesoro perfecto de instrucción divina. Hay que confiar en cada palabra y obedecerla. Una y otra vez, Dios recordó a Su pueblo que nos dio esta Palabra para que pudiéramos tener vida y serle fieles.

Hablando a través de Moisés, Dios instruyó repetidamente a los hijos de Israel que Su Palabra debía ser obedecida por su bien y que la desobediencia conduciría a la muerte y al desastre. Lee Deuteronomio 6:1-2. La fórmula presentada en estos versículos es muy fácil de entender: la obediencia a la Palabra de Dios conduce a la vida y a la bendición; la desobediencia conduce a la catástrofe.

Un cristiano muestra amor por la Palabra de Dios obedeciéndola y estudiándola fielmente. Una iglesia evidencia su anhelo por la Biblia apoyando la predicación y enseñanza verdaderas. La Biblia es nuestra guía autorizada de la verdad de Dios y es el fundamento seguro sobre el que construir nuestras vidas. Como declaró el salmista:

> Lámpara es a mis pies tu palabra,
> Y lumbrera a mi camino.
> Salmo 119:105

«Estos, pues, son los mandamientos, estatutos y decretos que Jehová vuestro Dios mandó que os enseñase, para que los pongáis por obra en la tierra a la cual pasáis vosotros para tomarla; para que temas a Jehová tu Dios, guardando todos sus estatutos y sus mandamientos que yo te mando, tú, tu hijo, y el hijo de tu hijo, todos los días de tu vida, para que tus días sean prolongados».
Deuteronomio 6:1-2

Enumera al menos tres formas en que los creyentes pueden demostrar su amor por la Palabra de Dios.

1. ____________________
2. ____________________
3. ____________________

«Llevo más de cincuenta años estudiando, predicando, enseñando y escribiendo sobre el Nuevo Testamento. Pero nunca abro mi Nuevo Testamento griego sin encontrar algo que nunca antes había visto en él».[10]

A. T. Robertson
1863–1934
Profesor, Seminario Teológico Bautista del Sur.

Podemos mostrar nuestro amor por la Palabra de Dios estudiándola con diligencia, obedeciéndola, escuchando la predicación y la enseñanza bíblicas, compartiendo sus verdades y de otras maneras.

Como Palabra de Dios, la Biblia es plenamente capaz de realizar todo lo que Dios quiere que haga. En Hebreos se describe la Biblia como «viva y eficaz, y más cortante que toda espada de dos filos» (4:12). A través del profeta Isaías, Dios declaró que:

> Así será mi palabra que sale de mi boca; no volverá a mí vacía, sino que hará lo que yo quiero, y será prosperada en aquello para que la envié.
> Isaías 55:11

Pablo recordó a Timoteo que «toda la Escritura es inspirada por Dios, y útil para enseñar, para redargüir, para corregir, para instruir en justicia, a fin de que el hombre de Dios sea perfecto, enteramente preparado para toda buena obra» (2 Tim. 3:16-17). Así pues, Dios promete obrar a través de Su Palabra para lograr estas cosas buenas en nosotros, tanto individual como corporativamente en la Iglesia. Además, este texto promete que los cristianos son formados hasta la madurez por el poder de la Palabra, de modo que estamos equipados para toda buena obra.

La ausencia o el descuido de la Palabra de Dios es un escándalo en cualquier generación, pero podemos ver la pérdida devastadora que supone para las iglesias, las denominaciones, las familias y las vidas individuales cuando se ignora, distorsiona o desobedece la Palabra de Dios. La ausencia de la Palabra de Dios conduce a la muerte.

Esta verdad sirve como poderoso recordatorio de que el principal propósito de la Biblia es decir cómo salvarse. Esto es lo que quiere decir la *Fe y mensaje bautistas* al afirmar que la Biblia tiene *la salvación como*

su fin. El apóstol Juan insistió en este propósito: «Estas cosas os he escrito a vosotros que creéis en el nombre del Hijo de Dios, para que sepáis que tenéis vida eterna, y para que creáis en el nombre del Hijo de Dios» (1 Jn. 5:13).

Jesús es el foco central de cada versículo de la Escritura.

La Biblia —La Palabra de Dios escrita— cumple el objetivo redentor de Dios al señalarnos a Jesucristo, el Verbo encarnado. Jesús es el foco central de cada versículo de la Escritura como Él mismo explicó: «Escudriñad las Escrituras; porque a vosotros os parece que en ellas tenéis la vida eterna; y ellas son las que dan testimonio de mí» (Juan 5:39). La Escritura encuentran su cumplimiento en Cristo y revelan la salvación que viene por la fe en Él.

Jesucristo es la revelación última de Dios, pero no tendríamos un conocimiento autorizado de Él aparte de la Biblia. La Palabra escrita y la Palabra encarnada nunca deben verse en contradicción o competencia entre sí. Una división entre Cristo y la Biblia es señal inequívoca de falsa enseñanza. Se honra a Cristo cuando la Biblia es enseñada, predicada y creída.

El propósito principal de la Biblia es (escoge uno):

- ☐ enseñarnos la Regla de oro;
- ☐ advertirnos de las falsas religiones;
- ☐ decirnos cómo salvarnos;
- ☐ ayudarnos a enfrentar los problemas de la vida.

Marca en los párrafos anteriores al menos tres otros propósitos de la Escritura.

El propósito principal de la Biblia es señalarnos a Jesucristo y decirnos cómo salvarnos. Otros son enseñar, reprender, corregir, instruir en la justicia y equipar para las buenas obras.

Verdad, sin mezcla alguna de error

¿Es confiable la Biblia? Si la Biblia contuviera errores, ¿cómo podríamos confiar en ella? Nos quedaríamos en un debate interminable sobre qué partes de la Biblia son verdaderas y dignas de confianza y cuáles no. ¿Cómo podríamos apostar nuestras vidas por una revelación falible?

«Si lees el Antiguo Testamento, encontrarás frases como "la Palabra del Señor" o "la Palabra de Dios" o "Dios habló" o "el Señor dijo" utilizadas 3808 veces. Si la Biblia no es la Palabra de Dios, es el mayor manojo de mentiras que jamás ha llegado al planeta Tierra. La Biblia es la verdad, absolutamente».[14]

Adrian Rogers
1931–2005
Pastor, Bellevue Baptist Church; Memphis, Tennessee; presidente, Convención Bautista del Sur,
1979–80, 1986–88

Al principio de su ministerio, Billy Graham se preocupó cuando un amigo íntimo y compañero de trabajo dejó de creer en la Biblia como la Palabra inspirada de Dios. El amigo ridiculizó a Graham por creer en la Biblia. La pregunta *¿Es la Biblia completamente cierta?* acosó constantemente a Graham hasta que llegó a un punto crítico en un centro de retiros en las montañas de San Bernardino en agosto de 1949. Una noche se dirigió al bosque con su Biblia, la abrió y la colocó sobre el tocón de un árbol, se arrodilló ante ella y derramó sus pensamientos ante Dios. Concluyó su oración diciendo: «Padre, voy a aceptar esto como tu Palabra, *¡por fe!* Voy a permitir que la fe vaya más allá de mis preguntas y dudas intelectuales, y voy a creer que esta es tu Palabra inspirada».[11] Cuando volvió a su habitación, sintió la presencia y el poder de Dios de una forma nueva. La experiencia fue un punto de inflexión para el joven Graham: «En mi corazón y en mi mente, sabía que se había librado y ganado una batalla espiritual en mi alma».[12]

La cruzada de Los Ángeles comenzó pocas semanas después, y Graham iniciaría un ministerio potente de evangelización mundial que duraría toda su vida. Cuando predicaba en estadios llenos, sus sermones estaban saturados de «La Biblia dice...». Nunca se desvió de lo que aprendió con Dios en el bosque de California. Graham escribió en 2006, a los 87 años de edad: «A medida que envejezco, mi confianza en la inspiración y la autoridad de la Biblia es cada vez mayor».[13]

La *Fe y mensaje bautistas* siempre ha afirmado que la Biblia es «verdad, sin mezcla alguna de error». Al igual que Dios es perfecto, Su Palabra es perfecta. El salmista puso canto a esta convicción:

> La ley de Jehová es perfecta,
> que convierte el alma;
> El testimonio de Jehová es fiel,
> que hace sabio al sencillo.
> Salmo 19:7

Debemos prestar mucha atención a cinco formas concretas en que los bautistas afirman que la Biblia es *verdad, sin mezcla alguna de error.* La Biblia es autoritativa, infalible, inerrante, suficiente y eterna.

La Biblia es autoritativa. El significado esencial de esta palabra se encuentra en su raíz. Reconocemos la autoridad de la Biblia porque reconocemos a Dios como su autor. Si Dios es el autor de la Escritura, cada palabra de la Biblia lleva la propia autoridad de Dios. Los cristianos no tienen derecho a desestimar o cuestionar ningún texto bíblico, pues toda la Escritura está inspirada por Dios.

Los bautistas reconocemos la autoridad de la Biblia extrayendo todo lo que hacemos, enseñamos y predicamos directamente del texto bíblico. Cristo gobierna en Su Iglesia mediante el ministerio de la Palabra. Encontramos toda doctrina verdadera en la Palabra de Dios, decidimos todas las controversias doctrinales por la Biblia y descubrimos lo que significa ser discípulo de Cristo viviendo las enseñanzas de la Biblia.

La Biblia es infalible. Dios nunca falla, ni tampoco Su Palabra. Podemos confiar en que la Biblia siempre cumplirá los propósitos de Dios (ver Isa. 55:11). Es el arma más poderosa en manos de un creyente (ver Ef. 6:17). La sabiduría humana fallará, al igual que los testigos humanos, pero la Palabra de Dios nunca falla.

«Tomad [...] la espada del Espíritu, que es la palabra de Dios».
Efesios 6:17

Algunos han utilizado el concepto de infalibilidad de la Biblia para limitar el alcance de su veracidad. Sostienen que la Biblia sólo es infalible en cuanto cumple su propósito de hablarnos de la salvación. En esa cuestión hay que confiar en ella, dicen, pero no cuando la Biblia habla de otras cuestiones. Esta noción de infalibilidad limitada es seductora, pero muy peligrosa. Si no se puede confiar en la Biblia en todo lo que enseña, ¿cómo podemos tener confianza en que se pueda confiar en alguna de sus enseñanzas?

La Biblia es inerrante. La Biblia es la verdad (toda la verdad) y no contiene error de ningún tipo. En un pasillo de Lifeway en Nashville, Tennessee, cuelga una placa con esta inscripción: «Aceptamos la Escritura como regla de fe y práctica totalmente suficiente e infalible, e insistimos en la absoluta inerrancia y única autoridad de la Palabra de Dios».[15] El autor de estas palabras, J. M. Frost (1848–1916), llevó a la denominación a establecer el Consejo de Escuela Dominical en 1891 para proporcionar literatura bíblicamente sólida para que las iglesias la utilizaran en la enseñanza y la formación, y fue el primer secretario general del organismo.

«De niño, pensé que había encontrado muchas contradicciones en la Biblia, como mil. Pero ahora no veo esas contradicciones, no existen. Solo hay unas seis partes en la Biblia que todavía no entiendo bien. Como logré entender casi todas las otras partes que antes me confundían, creo que si supiera un poco más, podría entender estas últimas seis también».[16]

B. H. Carroll
1843–1914
Fundador,
Seminario Teológico
Bautista Southwestern.

Inerrancia ha sido una palabra controvertida en algunos círculos, y algunos bautistas han argumentado que esta palabra es innecesaria y divisoria. ¿Por qué es tan importante afirmar que la Biblia es *verdad, sin mezcla alguna de error*? La verdadera cuestión no es la palabra, sino el concepto que transmite. Rechazar la inerrancia de la Biblia es afirmar que debe haber algún error. ¿Qué tipo de error? ¿Dónde se encuentra? La afirmación de la inerrancia de la Biblia está directamente relacionada con su inspiración, infalibilidad y autoridad. Podemos confiar en que el Espíritu Santo inspiró plenamente cada palabra de la Biblia en su texto original. Puesto que Dios es el Autor de la Biblia, la negación de la inerrancia niega Su perfección y socava la autoridad de la Biblia. También es incoherente afirmar que la Biblia puede ser infalible en su propósito y al mismo tiempo contener errores, por pequeños que sean.

Una de las declaraciones más sencillas y profundas de la perfección de la Biblia vino del propio Jesús. En la noche que fue traicionado, oró al Padre por Su Iglesia con estas palabras:

> Santifícalos en tu verdad;
> tu palabra es verdad.
> Juan 17:17

Uno de los primeros mensajes que Cristo resucitado dirigió a Sus discípulos en el camino de Emaús fue que creyeran «todo lo que han dicho los profetas» (Luc. 24:25).

La Biblia es suficiente. No debemos añadir nada a la Biblia ni sustraer nada de ella. Dios advirtió claramente a Su pueblo: «No añadiréis a la palabra que yo os mando, ni disminuiréis de ella, para que guardéis los mandamientos de Jehová vuestro Dios que yo os ordeno» (Deut. 4,2). Confiando en la sabiduría de Dios que se encuentra en la Biblia, se nos advierte que no recurramos a la sabiduría del mundo. Nuestras mentes deben estar cautivas de la Palabra de Dios, decidiendo todas las cuestiones desde la sabiduría bíblica.

Como explica la *Fe y mensaje bautistas*, por eso la Biblia es «el centro verdadero de la unión cristiana, y la norma suprema por la cual toda conducta humana, credos, y opiniones religiosas deben ser juzgadas». ¿A qué otro lugar podríamos acudir?

La Biblia es eterna. Esto es cierto sencillamente porque Dios es eterno. Pedro explicó esta verdad citando al profeta Isaías del Antiguo Testamento (ver 1 Ped. 1:24-25). Esta verdad se ilustró en tiempos de Jeremías. El profeta vivió y predicó durante los últimos días antes de que su nación fuera derrocada por Babilonia. Hacia el año 604 a. C., Dios ordenó al profeta que escribiera Sus palabras en un rollo. Cuando el rey Joacim se enteró del pergamino, ordenó que lo trajeran y lo leyeran ante él. El rey estaba sentado ante un fuego abierto mientras el siervo leía la Palabra de Dios. «Cuando Jehudí había leído tres o cuatro planas, lo rasgó el rey con un cortaplumas de escriba, y lo echó en el fuego que había en el brasero, hasta que todo el rollo se consumió sobre el fuego que en el brasero había» (Jer. 36:23).

Joacim aprendió pronto lo que los enemigos de la Biblia han descubierto a lo largo de los siglos: la Palabra de Dios no puede ser destruida. «Y vino palabra de Jehová a Jeremías [...] diciendo: vuelve a tomar otro rollo, y escribe en él todas las palabras primeras que estaban en el primer rollo que quemó Joacim rey de Judá» (Jer. 36:27-28).

La Biblia no es un depósito pasajero de la revelación divina. No puede ser sustituida por otra palabra o revelación. En última instancia, se cumple por completo en Jesucristo, el Verbo encarnado, y su verdad perdura para siempre.

«Porque:
Toda carne es como hierba,
Y toda la gloria del hombre como flor de la hierba.
La hierba se seca, y la flor se cae;
Mas la palabra del Señor permanece para siempre».
1 Pedro 1:24-25

Aquí cinco términos para describir la Biblia.
Empareja cada término con la definición correcta.

___ 1. Autoritativa
___ 2. Infalible
___ 3. Inerrante
___ 4. Suficiente
___ 5. Eterna

a. La Biblia es toda la verdad y no contiene ningún error.
b. Perdurará para siempre.
c. Cada palabra de la Biblia lleva la misma autoridad de Dios.
d. Nunca falla.
e. Debemos depender en la sabiduría de Dios que está en la Biblia en lugar de la del mundo.

Las respuestas correctas son: 1. c, 2. d, 3. a, 4. e, 5. b.

La *Fe y mensaje bautistas* no comienza con la Escritura por mero accidente o costumbre. ¿Por dónde más íbamos a empezar? Dios ha hablado y nos ha dado Su Palabra en la Biblia. Todas las demás doctrinas que estudiaremos en este libro son verdades que se encuentran en la Palabra de Dios.

«Amado Dios, me comprometo a leer una porción de tu Palabra cada día. Por favor, ayúdame a cumplir este compromiso y a aprender lo que tú quieres enseñarme a través de tu Palabra. En el nombre de Jesús».

FIRMA

FECHA

Una forma de mostrar aprecio y confianza en la Biblia como Palabra de Dios es leerla cada día. Considera la posibilidad de firmar la oración del margen como una afirmación a Dios de que empezarás o seguirás leyendo la Biblia cada día.

Dios ha prometido bendecirnos cuando meditamos en Su Palabra. Considera la posibilidad de meditar en el versículo para memorizar de este capítulo: 2 Timoteo 3:16-17, Aquí tienes sugerencias para meditar.

1. Comprométete a dedicar 15 minutos cada día.
2. Busca un espacio especial para encontrarte con Dios.
3. Comienza orando el Salmo 19:14.
4. Lee lentamente los versículos con un corazón abierto, humilde y apacible. Léelos de forma audible y repetida, dejando que los versículos hablen a tu mente y a tu corazón.
5. Medita en el pasaje. Piensa en el significado de cada palabra y de cada frase. Deja que el pasaje sature tu ser. Reconoce en tu corazón la grandeza y santidad del Dios amoroso que dio Su Palabra.
6. Ora, dando gracias a Dios por las verdades del pasaje. Ora el versículo a Dios. Tu oración puede incluir adoración, confesión, acción de gracias y súplica o petición. Los periodos de silencio están bien.
7. Escribe los versículos en una pequeña tarjeta y llévala contigo. Léelos y reflexiona sobre ellos durante la semana.[17]

CAPÍTULO 2

DIOS

Artículo 2

Dios

«Hay un Dios, y solo uno, viviente y verdadero. Él es un Ser inteligente, espiritual y personal, el Creador, Redentor, Preservador y Gobernador del universo. Dios es infinito en santidad y en todas las otras perfecciones. Dios es todopoderoso y omnisciente; y su perfecto conocimiento se extiende a todas las cosas, pasadas, presentes y futuras, incluyendo las decisiones futuras de sus criaturas libres. A Él le debemos el amor más elevado, reverencia y obediencia. El Dios eterno y trino se revela a sí mismo como Padre, Hijo y Espíritu Santo, con distintos atributos personales, pero sin división de naturaleza, esencia o ser».[1]

Versículo para memorizar

«No tendrás dioses ajenos delante de mí».

Éxodo 20:3

Escanea este código QR
y accede a herramientas, recursos y ayudas adicionales que complementan los principios expuestos en este estudio. Todo está disponible en nuestra página de recursos digitales para Fe y mensaje bautistas: www.lifeway.com/feymensajebautistas

Conocer a Dios es el privilegio más elevado concedido a la humanidad.

El conocimiento más importante y urgente que los humanos pueden llegar a poseer es el conocimiento del único Dios vivo y verdadero. Este es el principio y el fin de todo conocimiento genuino, y conocer a Dios es el privilegio más elevado concedido a la humanidad. Además, el conocimiento de Dios es el fundamento de la cosmovisión cristiana, que la diferencia de todas las demás cosmovisiones.

Al mismo tiempo, debemos tener mucho cuidado de asegurarnos de que nuestro conocimiento de Dios se basa sólidamente en la Biblia y no en especulaciones humanas. Los investigadores indican que solo una mínima parte de los estadounidenses son ateos o agnósticos. Si tomaras este hecho al pie de la letra, pensarías que EE. UU. debe estar experimentando un gran renacimiento y recuperación espiritual. Pero no es así.

La triste verdad es que muchos estadounidenses sólo tienen una idea superficial de Dios. El Dios que imaginan no es el Dios vivo de la Biblia, sino más bien el producto del sentimentalismo. La sabiduría humana no revela la verdadera naturaleza de Dios, ni la imaginación humana puede siquiera acercarse a Su gloria. Solo podemos conocer a Dios tal como se ha revelado en las Escrituras. Como Dios habló a través del profeta Jeremías:

> No se alabe el sabio en su sabiduría,
> ni en su valentía se alabe el valiente,
> ni el rico se alabe en sus riquezas.
> Mas alábese en esto el que se hubiere de alabar: en entenderme y conocerme.
> Jeremías 9:23-24

La aspiración más elevada del alma y de la mente humanas debe ser conocer al único Dios vivo y verdadero, gozar de Él y servirle con alegría.

Dios vivo y verdadero

La *Fe y mensaje bautistas* establece el primer paso más importante para conocer a Dios: «Hay un Dios, y solo uno, viviente y verdadero». Las palabras *un Dios, y solo uno* expresan un punto sobre el que Dios mismo es muy particular e insistente. Él no es uno entre otros dioses, ni siquiera el mayor entre todos los demás dioses. Es el único Dios verdadero. Dios expuso este punto a través de Isaías cuando declaró:

> Yo soy Jehová, y ninguno más hay;
> no hay Dios fuera de mí.
> Isaías 45:5

Cuando los hijos de Israel se preparaban para entrar en la tierra prometida, Moisés les instruyó: «Oye, Israel: Jehová nuestro Dios, Jehová uno es» (Deut. 6:4). En el Nuevo Testamento, Pablo enseñó esta misma verdad a los corintios: «Sabemos que un ídolo nada es en el mundo, y que no hay más que un Dios» (1 Cor. 8:4). E. Y. Mullins explicó esta verdad señalando: «La doctrina de muchos dioses es politeísmo, y contra ella los profetas del Antiguo Testamento vertieron su inspirada y ardiente elocuencia. El Antiguo Testamento es el registro de cómo Dios formó a Israel en el pensamiento de un monoteísmo puro, es decir, en la creencia en un Dios santo y espiritual».[2]

Los atributos de Dios

Dios es inteligente, espiritual y personal. Por *inteligente* afirmamos que Dios es un Ser conciente, no una fuerza ciega. No sólo está consciente, sino que también es omnisciente o, como Dios se describió a Sí mismo: «perfecto en sabiduría» (Job 37:16). En el mejor de los casos, nuestro conocimiento humano es parcial. El conocimiento de Dios es infinito. Por *espiritual* afirmamos que Dios es un Ser trascendente que no está limitado en modo alguno por un cuerpo físico. Como dijo Jesús a la mujer del pozo: «Dios es Espíritu; y los que le adoran, en espíritu y en verdad es necesario que adoren» (Juan 4:24). Por *personal* afirmamos que Dios tiene una personalidad y se relaciona con Su pueblo de forma personal (ver Ezeq. 34:24,30-31). El hecho de que sea personal hace posible que nos relacionemos con Él (ver Sal. 86:1-7; 116:1-2).

> «Yo Jehová les seré por Dios, y mi siervo David príncipe en medio de ellos. Yo Jehová he hablado [...] Y sabrán que yo Jehová su Dios estoy con ellos, y ellos son mi pueblo, la casa de Israel, dice Jehová el Señor. Y vosotras, ovejas mías, ovejas de mi pasto, hombres sois, y yo vuestro Dios, dice Jehová el Señor».
> Ezequiel 34:24,30-31

Dios es *autoexistente, autosuficiente* y *eterno.* No depende de nada y es completo en Sí mismo. Único ser increado, Dios hizo todas las cosas y dio existencia a todas las criaturas (ver Gén. 1:1). Es eterno (ver Isa. 57:15). Nunca hubo un tiempo en que Él no fuera, nunca habrá un tiempo en que Él no sea, y Él mismo es el Creador del tiempo. Cuando Moisés le preguntó Su nombre, Dios respondió: «YO SOY EL QUE SOY» (Ex. 3:14). Su nombre establece Su eternidad y autoexistencia.

«Proclamad entre las naciones su gloria, En todos los pueblos sus maravillas».
Salmo 96:3

Dios es glorioso. Aunque Dios no necesita a Sus criaturas, elige glorificarse a través de ellas. Nuestro Dios es un Dios de gloria. La Biblia está llena de pasajes sobre la gloria de Dios: el resplandor de Su deidad y el reflejo brillante de Su majestad (ver Núm. 16:42; 1 Crón. 16:28-29; 29:11; Sal. 19:1; 24:7-8; 72:19; 96:3; Rom. 11:36; Apoc. 4:11). No hay nadie como Él ni nadie con quien pueda compararse. Cuanto más lo conocemos, más vemos Su gloria y más perfectamente lo glorificamos.

«Porque de él, y por él, y para él, son todas las cosas. A él sea la gloria por los siglos».
Romanos 11:36

«Porque yo Jehová no cambio; por esto, hijos de Jacob, no habéis sido consumidos».
Malaquías 3:6

Dios es inmutable. A diferencia de nosotros, Dios nunca cambia. Como dice un gran himno: «No hay sombra de variación»[3] en Él; no se ve obligado a cambiar Su voluntad ni Sus caminos (ver 1 Sam. 15:29). El ser de Dios es inmutable. Nunca es mayor ni menor de lo que era antes. Su carácter también es inmutable, un hecho que es un gran consuelo para Su pueblo (ver Mal. 3:6). Nuestro Dios no se enfada rápidamente (ver Núm. 14:18), y cumple Sus promesas (ver 1 Rey. 8:56; Jer. 33:14).

Empareja cada atributo de Dios con su descripción

___ 1. Inmutable	a. Nunca hubo un tiempo en que Dios no existiera.
___ 2. Espiritual	b. Dios es autosuficiente; no depende de nada.
___ 3. Omnisciente	c. Dios no cambia Su esencia
___ 4. Eterno	d. Su conocimiento es infinito.
___ 5. Autoexistente	e. Dios no está limitado a un cuerpo.
___ 6. Personal	f. Dios se relaciona con Su pueblo de una manera personal.

Así deberá quedar el emparejamiento: 1. c, 2. e, 3. d, 4. a, 5. b, 6. f.

La actividad de Dios

La Biblia nos dice que Dios es el Creador, el Redentor, el Preservador y el Gobernador del universo. Estos términos nos ayudan a comprender la naturaleza integral de la relación de Dios con el orden creado. Esta comprensión es fundamental para nuestra confianza en que Dios controla la historia y la creación.

Dios es Creador. Dios creó todas las cosas por el poder de Su palabra (ver Gén. 1). No creó el mundo a partir de materia preexistente, sino que creó todas las cosas *ex nihilo,* de la nada. Hasta que Dios creó el mundo y todo lo que hay en él, no existía nada en absoluto. Después de crear el mundo, Dios declaró que era bueno (ver Gén. 1), y toda la creación existe en última instancia para Su gloria (ver Sal. 19:1).

«Los cielos cuentan la gloria de Dios,
Y el firmamento anuncia la obra de sus manos».
Salmo 19:1

Dios es Redentor. Dios rescata a Su pueblo del peligro. En el Antiguo Testamento redimió a Israel de la esclavitud de los egipcios (ver Ex. 6-12) y prometió una redención más perfecta en el futuro. El Nuevo Testamento narra la historia del amor redentor de Dios, revelado y cumplido por Jesucristo.

Dios es Preservador. Dios protege y guarda Su creación y Sus criaturas. Ninguna criatura, por pequeña que sea, escapa a Su cuidado. Como Jesús enseñó a Sus discípulos, ni siquiera un gorrión cae sin que Él lo permita (ver Mat. 10:29). Ningún átomo o molécula de materia escapa a Su cuidado.

Dios es el Gobernador. Dios ejerce Su señorío real sobre todo el cosmos. Como deja claro la Biblia, Dios sigue íntimamente implicado en Su creación. El cristianismo es incompatible con el deísmo, la creencia de que Dios creó el mundo sólo para retirarse de él, limitándose a observar el desarrollo de su historia. Por el contrario, Dios sigue siendo siempre el Gobernante de todo lo que ha creado (ver 1 Crón. 29:11-12; Dan. 4:17).

Puesto que Dios es el Gobernador, le debemos el amor, la reverencia y la obediencia más elevados. El hecho mismo de que Dios nos permita conocerlo y amarlo es un signo de Su carácter amoroso. La reverencia

«Tuya es, oh Jehová, la magnificencia y el poder, la gloria, la victoria y el honor; porque todas las cosas que están en los cielos y en la tierra son tuyas. Tuyo, oh Jehová, es el reino, y tú eres excelso sobre todos. Las riquezas y la gloria proceden de ti, y tú dominas sobre todo; en tu mano está la fuerza y el poder, y en tu mano el hacer grande y el dar poder a todos».
1 Crón. 29:11-12

fluye naturalmente del reconocimiento de que Él es nuestro Creador y Redentor. Lo reverenciamos honrando Su nombre y respetando Su Palabra. Además, Dios como Gobernador exige ser obedecido. Como Moisés instruyó a los hijos de Israel: «Guardad cuidadosamente los mandamientos de Jehová vuestro Dios, y sus testimonios y sus estatutos que te ha mandado» (Deut. 6:17).

Lee cada Escritura y emparéjala con la actividad de Dios a la que se refiere.

___ 1. Salmo 147:9	a. Gobernador
___ 2. Salmo 66:7	b. Preservador
___ 3. Éxodo 15:18	c. Creador
___ 4. Juan 1:3	d. Redentor
___ 5. Jeremías 32:17	
___ 6. Colosenses 1:17	
___ 7. Tito 2:14	
___ 8. Job 19:25	

Las respuestas correctas son: 1. b, 2. a, 3. a, 4. c, 5. c, 6. b, 7. d, 8. d.

La Trinidad

La doctrina de la Trinidad constituye un principio esencial de la verdad cristiana. Sin esta doctrina no hay verdadero cristianismo, pues la Biblia revela que sólo hay un Dios y que Él es Padre, Hijo y Espíritu Santo. Los testigos de Jehová, los mormones y los seguidores de la ciencia cristiana rechazan la doctrina de la Trinidad.[4]

La Trinidad
La revelación de Dios como Padre, Hijo y Espíritu Santo, unificados en la Deidad pero distintos en persona y función.

El cristianismo bíblico afirma un Dios en tres personas. Dios se refiere a Sí mismo tanto en singular como en plural:

> ¿A quién enviaré,
> y quién irá por nosotros?
> Isaías 6:8

En Mateo 28:19 Jesús se refirió a las tres personas de la Trinidad: «Por tanto, id, y haced discípulos a todas las naciones, bautizándolos en el nombre del Padre, y del Hijo, y del Espíritu Santo». Estas personas de la Trinidad no son meros modos de existencia o apariencia de Dios, como tres máscaras que lleva un actor. La Biblia tampoco nos permite creer en tres dioses, porque, como hemos visto, enseña que sólo hay un Dios. Sin embargo, Él es uno en tres. Debemos afirmar la Deidad plena del Padre, del Hijo y del Espíritu Santo. Dentro de la comunión perfecta de la Trinidad, existe también un orden perfecto.

Dentro de la comunión perfecta de la Trinidad, existe también un orden perfecto.

Se han utilizado muchas analogías para ilustrar la Trinidad y ayudar a comprender la doctrina. Algunos han comparado la Trinidad con un hombre que, al mismo tiempo, es hijo, padre y abuelo. Otros han dicho que es como las formas sólida, líquida y gaseosa del agua. Sin embargo, todas las analogías acaban por romperse.[5] John Dagg escribió sobre la Trinidad: «El Padre es Dios; el Hijo es Dios; el Espíritu Santo es Dios; no hay más que un Dios».[6] Añadió que nuestra inteligencia finita no puede armonizar la última afirmación con las tres anteriores. Escribió: «Es mucho más sensato admitir que nadie puede descubrir a Dios buscando, y abstenerse de esfuerzos inútiles por comprender lo que es incomprensible para nuestras mentes finitas».[7] E. Y. Mullins expresó una postura similar: «La Biblia no explica la Trinidad. Simplemente nos da los hechos [...] cuanto más breve sea la definición de la Trinidad, mejor a efectos prácticos. Dios se nos revela como Padre, Hijo y Espíritu Santo. Estos tienen cualidades personales. Sin embargo, Dios es uno. Esta es la enseñanza del Nuevo Testamento. Más allá de esto tendemos a la especulación».[8]

James T. Draper Jr. escribió: «Quizá la verdad sobre Dios que más nos cuesta comprender es el hecho de que en la Biblia Dios se revela como Padre, Hijo y Espíritu Santo. Cada uno de ellos es una persona distinta con funciones específicas; sin embargo, los tres tienen la misma esencia, naturaleza y características: son el mismo Dios. Por tanto, Dios es un Dios en tres personas. Tal realidad está más allá de nuestra capacidad de comprensión. Sin embargo, aceptamos muchos misterios de la vida como verdaderos aunque no podamos explicarlos».[9]

Cuando afirmamos la Trinidad, nos unimos a los cristianos de todas las épocas que, como el apóstol Pablo, comprendieron la seguridad que aporta esta doctrina. Como concluyó Pablo su segunda carta a la iglesia de Corinto: «La gracia del Señor Jesucristo, el amor de Dios, y la comunión del Espíritu Santo sean con todos vosotros» (2 Cor. 13:14).

Marca cada frase con una *V* (verdadero) o *F* (falso).

___ 1. No puede haber un cristianismo verdadero sin la doctrina de la Trinidad.
___ 2. La Biblia no explica la Trinidad.
___ 3. Dios se revela a Sí mismo como el Padre, el hijo y el Espíritu Santo.
___ 4. Dios es un Dios en tres personas.
___ 5. No podemos comprender totalmente la doctrina de la Trinidad.
___ 6. La doctrina de la Trinidad no es una doctrina esencial de nuestra fe.
___ 7. No existe analogía adecuada para ilustrar la Trinidad.

¿Cuál frase describe mejor a la Trinidad?

☐ 1. La Trinidad es una jerarquía divina: Dios es el primero, el Hijo el segundo y el Espíritu Santo el tercero.
☐ 2. Dios se revela como Padre, Hijo y Espíritu Santo; sin embargo, son el mismo Dios.
☐ 3. La Trinidad son tres seres divinos separados, cada uno distinto de los demás.

Todas las frases verdadero/falso son verdaderas excepto la número 6. La frase 2 es la que mejor describe la Trinidad.

Certezas sobre Dios

En la base de nuestro conocimiento de Dios se encuentran dos grandes verdades reveladas en la Biblia.

Soberanía
El ilimitado dominio y control de Dios sobre Su creación.

La *soberanía de Dios* es una de las doctrinas más comprometidas en la Iglesia. Muchos de los que dicen ser cristianos creen en un Dios que tiene buenas intenciones, pero que parece que no puede hacer que se cumpla Su voluntad, un Dios que necesita ayuda externa para cumplir Su voluntad, o un Dios que no está muy seguro de lo que quiere que se haga en determinadas circunstancias. Este no es el Dios de la Biblia:

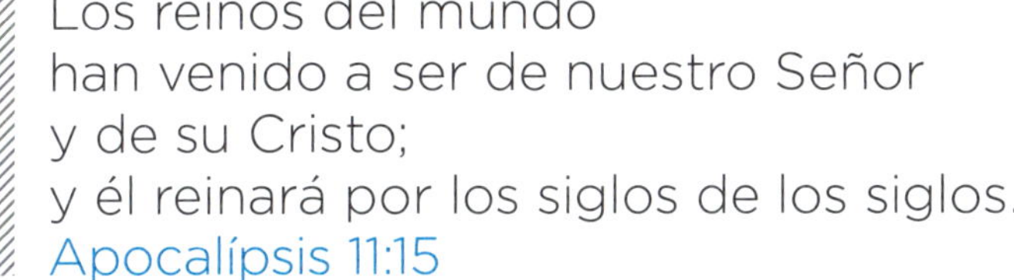

> Los reinos del mundo
> han venido a ser de nuestro Señor
> y de su Cristo;
> y él reinará por los siglos de los siglos.
> Apocalípsis 11:15

El carácter de Dios. Dios es santo. No hay la menor imperfección en Dios, pues es puro y perfecto. Isaías oyó el clamor de los serafines:

> Santo, santo, santo, Jehová de los ejércitos;
> toda la tierra está llena de su gloria.
> Isaías 6:3

El reconocimiento de la santidad de Dios hizo que el profeta Isaías reconociera su pecaminosidad. En cambio, Dios no peca ni puede pecar. Él es la justicia absoluta, pues Él es la norma de la justicia y la santidad.

La santidad es el atributo por excelencia del carácter moral de Dios, y define todos los demás atributos. El poder de Dios es el poder de la santidad, y Su omnisciencia es un conocimiento santo. El amor de Dios es un amor santo, y Su justicia es una justicia santa, así como Su ira es una ira santa y justa. La doctrina de la ira de Dios ha sido desterrada de demasiados púlpitos, pero la santidad de Dios no puede entenderse al margen de Su determinación de castigar el pecado. Un Dios santo exige y merece un pueblo santo, y por eso nosotros también estamos llamados a ser santos (ver 1 Ped. 1:15-16).

Al final, el lenguaje no consigue transmitir la perfección absoluta de Dios. Por eso la *Fe y mensaje bautistas* resume Su perfección explicando que Él es «infinito en santidad y en todas las otras perfecciones». Esta afirmación global significa que, en todos Sus atributos, Dios es perfecto. Posee todos Sus atributos en grado infinito, y es infinitamente perfecto.

«Concebir a Dios con respecto a cualquiera de Sus atributos aparte de los demás es tener sólo una imagen parcial de Dios. Él se revela plenamente en y a través de Jesucristo, que nos es interpretado por Su Palabra y a través de Su Espíritu Santo».[10]

Herschel Hobbs
1907–95
Pastor, First Baptist Church; Oklahoma City, Oklahoma; presidente, Convención Bautista del Sur, 1961–63

«Sino, como aquel que os llamó es santo, sed también vosotros santos en toda vuestra manera de vivir; porque escrito está: Sed santos, porque yo soy santo».
1 Pedro 1:15-16

Para aprender más sobre Dios, lee estos versículos de la Biblia. Después, une cada versículo con la descripción que mejor muestra cómo es Dios en ese versículo.

___ 1. Deuteronomio 6:4	a. Dios no cambia
___ 2. Job 37:16	b. Dios es uno.
___ 3. Malaquías 3:6	c. Dios es espíritu.
___ 4. 1 Pedro 1:15-16	d. Dios es santo.
___ 5. Génesis 1:1	e. Dios es nuestro Redentor.
___ 6. Juan 4:24	f. Dios todo lo sabe.
___ 7. Salmo 19:14	g. Dios es el Creador.
___ 8. 1 Pedro 5:7	h. Dios cuida de nosotros.

Los pasajes y las afirmaciones deben emparejarse de la siguiente manera: 1. b, 2. f, 3. a, 4. d, 5. g, 6. c, 7. e, 8. h.

Aprenderemos otras verdades sobre Dios en el próximo capítulo.

¿Cómo puedes demostrar reverencia por Dios en estos aspectos de tu día a día?

En tu hogar: ________________________

En tu trabajo: ________________________

En tu vida social: ________________________

En tu iglesia: ________________________

En tu vida privada: ________________________

Con tu tiempo: ________________________

Con tu dinero: ________________________

Al finalizar tu estudio, adora a Dios por los atributos de Dios que has aprendido en este capítulo.

CAPÍTULO 3

DIOS EL PADRE

Artículo 2A

Dios el Padre

«Dios como Padre reina con cuidado providencial sobre todo su universo, sus criaturas, y el fluir de la corriente de la historia humana de acuerdo a los propósitos de su gracia. Él es todopoderoso, omnisciente, todo amor, y todo sabio. Dios es Padre en verdad de todos aquellos que llegan a ser sus hijos por medio de la fe en Cristo Jesús. Él es paternal en su actitud hacia todos los hombres».[1]

Versículo para memorizar

«Mirad las aves del cielo, que no siembran, ni siegan, ni recogen en graneros; y vuestro Padre celestial las alimenta. ¿No valéis vosotros mucho más que ellas?»

Mateo 6:26

Escanea este código QR
y accede a herramientas, recursos y ayudas adicionales que complementan los principios expuestos en este estudio. Todo está disponible en nuestra página de recursos digitales para Fe y mensaje bautistas: www.lifeway.com/feymensajebautistas

«Como el padre se compadece de los hijos, se compadece Jehová de los que le temen».
Salmo 103:13

Providencia
El cuidado de Dios y la guía de Su creación contra toda oposición

Es asombroso saber que Dios se revela a nosotros como un Padre (ver Sal. 103:13). Nunca debemos subestimar el poder de esta imagen relacional. A través de Su amor y cuidado por Sus criaturas, Dios demuestra el verdadero carácter de la paternidad. Cuando Jesús nos enseñó a orar a «nuestro Padre, que está en los cielos» (Mat. 6:9), nos abrió los ojos al hecho de que el amor paternal de Dios es el fundamento de nuestro ser y la garantía de nuestro futuro con Él.

Cuidado providencial

La Biblia describe el amor y el cuidado de Dios por Su creación en términos de providencia. Literalmente, *providencia* significa que Dios provee a los suyos, dándonos todo lo que necesitamos (ver Mat. 6:26). Además, significa que Dios está íntimamente implicado en Su creación y con Sus criaturas (Sal. 104). Los seres humanos son el centro especial de Su cuidado, y el flujo de la historia humana es el relato de la providencia de Dios.

Dios demuestra Su providencia de varias maneras.

Dios demuestra Su providencia con Su cuidado y protección. El cuidado providencial de Dios y la perfección de Su propósito creador se demuestran en el funcionamiento previsible y fiable del orden natural. Dios ha creado un mundo en el que se puede confiar en el funcionamiento de la gravedad y otras leyes naturales. No vivimos en un universo de azar y casualidad ciega.

El relato bíblico de José desde su niñez en la tierra de Canaán hasta su vejez en la tierra de Egipto ilustra vívidamente el cuidado providencial de Dios (ver Gén. 37-50).

Lee Génesis 50:15-21. ¿Qué planearon los hermanos de José para él (ver v. 20)?

____

¿Qué planeó Dios para José (ver v. 20)?

____

Dios demuestra Su providencia con Su provisión. La alimentación milagrosa de Elías junto al arroyo de Querit nos recuerda que Dios sabe quiénes somos, dónde vivimos y cuáles son nuestras necesidades.

Lee 1 Reyes 17:2-7. ¿Qué comió Elías (ver v. 6)?

¿Cómo recibió la comida (vv. 4,6)?

Igual que Dios vio la necesidad de Elías y proveyó para él, Él sabe quién eres y cuida de ti. Lo sabe todo sobre ti, y te ama con un amor eterno (ver Jer. 31:3).

Dios lo sabe todo sobre ti, y te ama con un amor eterno.

En el Padrenuestro, Jesús nos enseñó a pedir a Dios «el pan nuestro de cada día» (Mat. 6:9-13). John Broadus (1827-95), otro de los fundadores del Seminario Teológico Bautista del Sur, advirtió que no deberíamos espiritualizar esta petición del versículo 11. Escribió: «El pan representa naturalmente el alimento en general, y todo lo necesario para mantener la vida, de lo cual el pan se considera comúnmente la parte más importante e indispensable».[2]

Jesús destacó el cuidado providencial de Dios por Sus hijos en el Sermón del Monte.

Lee Mateo 6:25-34 y completa lo siguiente.

Jesús nos instruye a no __________________.

El versículo 25 nos enseña qué vale más que otra cosa.

- La vida es más que __________________.
- El cuerpo es más que __________________.
- Porque Dios nos ha entregado la vida y los cuerpos, Él ciertamente nos dará __________________.

Luego Jesús nos enseña qué vale menos que otra cosa. (ver vv. 26-30):

- Dios alimenta las __________________.
- Dios viste a los __________________.
- Porque Dios provee para las aves y los lirios del campo, ciertamente Él proveera para __________________.

Dios demuestra Su providencia en la estructura moral del universo. Dios ha construido en el universo una estructura de causa y efecto que es evidente. Por ejemplo, el pecado conduce al desastre y al juicio. Casi al final de su vida, Moisés presentó a los israelitas dos formas distintas de vida. Si obedecían a Dios, disfrutarían de sus bendiciones; si desobedecían, serían maldecidos. Entonces los amonestó: «Hoy [...] que os he puesto delante la vida y la muerte, la bendición y la maldición; escoge, pues, la vida, para que vivas tú y tu descendencia; amando a Jehová tu Dios, atendiendo a su voz, y siguiéndole a él» (Deut. 30:19-20). En el Nuevo Testamento, Pablo también se refirió a las consecuencias de la desobediencia: «No os engañéis; Dios no puede ser burlado: pues todo lo que el hombre sembrare, eso también segará. Porque el que siembra para su carne, de la carne segará corrupción; mas el que siembra para el Espíritu, del Espíritu segará vida eterna» (Gál. 6:7-8).

«Pero Dios, habiendo pasado por alto los tiempos de esta ignorancia, ahora manda a todos los hombres en todo lugar, que se arrepientan; por cuanto ha establecido un día en el cual juzgará al mundo con justicia, por aquel varón a quien designó, dando fe a todos con haberle levantado de los muertos».
Hechos 17:30-31

Dios demuestra Su providencia en cómo lleva a cabo Su propósito en la historia. De hecho, todo el cosmos existe con el propósito supremo de mostrar la gloria de Dios mediante la redención de los pecadores (ver Hech. 17:24-31). Ese hecho increíble explica el curso de la historia humana y el sentido mismo de la vida. Por supuesto, solo quienes conocen a Dios como Padre pueden comprender esta verdad. Para los que no conocen a Dios, la finalidad misma del universo está más allá de toda comprensión.

Define la providencia de Dios en tus propias palabras.

____

____

Escribe las cuatro maneras en que la providencia de Dios se manifiesta en el mundo.

1. ______________________________
2. ______________________________
3. ______________________________
4. ______________________________

Atributos de Dios el Padre

Ningún lenguaje puede expresar adecuadamente la realidad de Dios, pero existen varias palabras clave que describen atributos importantes de Dios (verdades sobre Él reveladas en la Biblia). Estas son verdades que debemos conocer y enseñar.

Dios es todopoderoso. Dios es omnipotente: Su poder no tiene límite. Cuando la Biblia describe a Dios como todopoderoso, significa que Él tiene todo el poder. En el Antiguo Testamento se revela como *El Shaddai*: Dios Todopoderoso (ver Gén. 17:1). Él es la fuente de todo, incluido todo reino y potestad. Ningún poder en el cielo o en la tierra puede frustrar Sus planes, Su voluntad o forzar Su mano. En su visión, el apóstol Juan vio a la gran multitud del cielo «como el estruendo de muchas aguas, y como la voz de grandes truenos, que decía:

Omnipotente
Todopoderoso

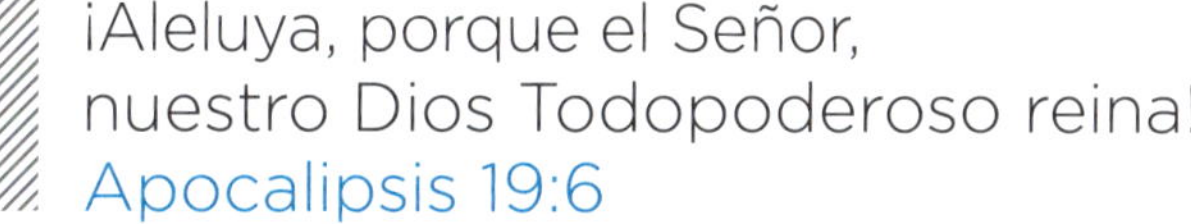

La omnipotencia de Dios es una fuente de consuelo y seguridad para Su pueblo. Nadie puede alterar ni vencer los propósitos de Dios. Lo que Él se propone hacer, lo hace. Ningún poder lo desafía, y ningún poder en el cielo o en la tierra puede resistirse a Él. El rey Nabucodonosor aprendió esto a las malas: «No hay quien detenga su mano» (Dan. 4:35).

Omnipotente significa que (selecciona uno)—

- ☐ Dios conoce todo: el presente, pasado y futuro;
- ☐ Dios está presente en todas partes;
- ☐ Dios es todopoderoso;
- ☐ Dios ama a todas las personas.

Enmarca la traducción de _El Shaddai_ en el párrafo anterior. ¿Cómo se ha manifestado _El Shaddai_ en tu vida?

Omnisciente
Todo lo sabe.

«Oh Jehová, tú me has examinado y conocido. Tú has conocido mi sentarme y mi levantarme; H has entendido desde lejos mis pensamientos. Has escudriñado mi andar y mi reposo, y todos mis caminos te son conocidos. Pues aún no está la palabra en mi lengua, y he aquí, oh Jehová, tú la sabes toda».
Salmo 139:1-4

«Porque yo sé los pensamientos que tengo acerca de vosotros, dice Jehová, pensamientos de paz, y no de mal, para daros el fin que esperáis».
Jeremías 29:11

Dios es omnisciente. Dios conoce todas las cosas: pasadas, presentes y futuras. Nada está oculto a Su vista (ver Rom. 11:33). Dios nunca aprende nada, porque no necesita aprender. Describimos este atributo como Su *omnisciencia.* El conocimiento de Dios lo abarca todo y es perfecto.

Como afirma *Fe y mensaje bautistas*, la Biblia revela que el conocimiento de Dios «se extiende a todas las cosas, pasadas, presentes y futuras, incluyendo las decisiones futuras de Sus criaturas libres». Nada queda excluido de Su conocimiento (ver Sal. 50:11). Dios conoce perfectamente el futuro, incluso nuestras decisiones personales. Conoce nuestra mente antes de que nosotros mismos la conozcamos (ver 1 Rey. 8:39; Sal. 142:3). Dios conoce a todos los habitantes de la tierra, y nos conoce mejor de lo que nos conocemos a nosotros mismos (ver Sal. 139:1-4).

Aunque Dios sabe todo, los seres humanos seguimos siendo responsables de nuestras decisiones. Cualquier confusión al respecto surge de nuestras limitaciones para entender estos conceptos. Saber todo no hace a Dios causante directo de todos los sucesos; por lo tanto, Su omnisciencia no equivale a determinismo.

El conocimiento infinito y exhaustivo de Dios también incluye la presciencia. Dios no espera a ver qué ocurrirá. Esto es reconfortante para el pueblo de Dios, pues estamos seguros bajo el cuidado de Aquel que conoce y gobierna el futuro. Dios conoce perfectamente el futuro. Herschel Hobbs expuso sucintamente esta verdad: «La presciencia de Dios se basa en Su omnisciencia, o todo conocimiento. Puesto que la Biblia considera a Dios como presente en todo momento y lugar contemporáneamente en Su universo, conoce todas las cosas simultáneamente.[3] ¿Significa esto que los seres humanos no experimentan la libertad moral ni tienen responsabilidad moral? En absoluto, explicó Hobbs: «La Biblia no intenta armonizar la soberanía de Dios y el libre albedrío del hombre con respecto a Su presciencia. Da por sentado que ambas son verdaderas. Esto es un misterio para nuestras mentes finitas, pero no para la mente infinita de un Dios omnisciente».[4]

Lee Jeremías 29:11 en el margen. ¿Cuál es una manera en que la presciencia de Dios te consuela y asegura?

Omnisciente significa que (selecciona una)—

- ☐ Dios todo lo sabe: el pasado, presente y futuro;
- ☐ Dios está presente en todas partes;
- ☐ Dios es todopoderoso;
- ☐ Dios ama a todas las personas.

Dios es todo amor. Como lo afirma la Biblia en 1 Juan 4:8, destacando Su naturaleza generosa y Su esencia, reflejada en actos de compasión y misericordia sin fin. Este amor divino trasciende cualquier comparación con el amor humano, siendo este último solo un reflejo del amor verdadero y perfecto de Dios. La constancia y perfección del amor de Dios nos brindan una seguridad inquebrantable, evidenciando que, dada Su omnipotencia, Su amor es infalible, como se menciona en el Salmo 33:5. A diferencia del amor humano, a menudo imperfecto y complicado, el amor de Dios es incondicional, sin segundas intenciones ni dudas.

El amor de Dios se caracteriza por ser un amor redentor y desinteresado, que no se retrae ni impone condiciones. Pablo nos ofrece una perspectiva profunda de este amor al señalar que, aun siendo pecadores, Cristo murió por nosotros (Rom. 5:8), destacando la naturaleza incondicional del amor divino. Es un error reducir el amor de Dios a mera indulgencia o sentimentalismo; tal interpretación no solo es imprecisa, sino que también subestima la profundidad de Su amor. El verdadero amor de Dios es el sacrificio generoso de un Padre que, lejos de consentir el pecado, demuestra Su amor a través de Su firmeza y justicia constante. Dios ama incondicionalmente, pero eso no excluye la corrección del pecado ni la omisión de la justicia. Su amor va de la mano con Su justicia y santidad, mostrando que el amor divino no es indulgente con el pecado, sino que lo confronta con un amor que redime y santifica.

«Él ama justicia y juicio; de la misericordia de Jehová está llena la tierra».
Salmo 33:5

¿De qué dos maneras se ha manifestado el amor de Dios en tu vida esta semana?

1. ____

2. ____

«¿Enseñará alguien a Dios sabiduría, Juzgando él a los que están elevados?».
Job 21:22

«Mas tú, Señor, Dios misericordioso y clemente, lento para la ira, y grande en misericordia y verdad».
Salmo 86:15

«¡Oh Señor Jehová! he aquí que tú hiciste el cielo y la tierra con tu gran poder, y con tu brazo extendido, ni hay nada que sea difícil para ti».
Jeremías 32:17

«¡Oh profundidad de las riquezas de la sabiduría y de la ciencia de Dios! ¡Cuán insondables son sus juicios, e inescrutables sus caminos!».
Romanos 11:33

Dios posee omnisciencia y, más aún, es *omnisapiente*; entendiendo que la sabiduría va más allá del mero conocimiento. La sabiduría divina, según la Biblia, implica no solo poseer conocimiento, sino también aplicarlo de manera moral y justa, es decir, saber el propósito y significado profundo de las cosas. Dios, en Su sabiduría perfecta, no necesita consejo ni asesoría de nadie, como se menciona en Romanos 11:34.

La sabiduría bíblica se asocia con la moralidad y la acción adecuada, no solo con el conocimiento exacto. A diferencia de los humanos, que a menudo fallamos en actuar conforme a nuestro conocimiento, Dios siempre actúa en armonía con Su naturaleza y sabiduría sin fallas. Pablo ilustra nuestra lucha interna y nuestra incapacidad para actuar siempre correctamente en Romanos 7:14-15, destacando nuestra naturaleza conflictiva. En contraste, Dios actúa siempre coherente con Su conocimiento y carácter perfectos, lo cual es la esencia de la omnisciencia.

Respecto a la relación de Dios con la humanidad, aunque es Padre de todos, *Fe y mensaje bautistas* señala que Dios se convierte en Padre en un sentido pleno solo para aquellos que se hacen Sus hijos a través de la fe en Jesucristo. Aunque Dios tiene una actitud paternal hacia toda la humanidad, la salvación se ofrece específicamente a través de la fe en Cristo. Nuestra misión es compartir este camino hacia Dios con todos, para que puedan experimentar el amor infinito de nuestro fiel Padre celestial mediante la fe.

Lee cada pasaje al margen y empeájalo con el atributo de Dios al que se refiere.

___ 1. Job 21:22	a. Amor
___ 2. Salmo 86:15	b. Sabiduría
___ 3. Jeremías 32:17	c. Poder
___ 4. Romanos 11:33	d. Conocimiento

¿Emparejaste los versículos de esta manera? 1. d, 2. a, 3. c, 4. b y/o d.

Da gracias a Dios por Su amor, sabiduría, poder y conocimiento.

CAPÍTULO 4

DIOS EL HIJO

Artículo 2B

Dios el Hijo

«Cristo es el Hijo eterno de Dios. En su encarnación como Jesucristo fue concebido del Espíritu Santo y nacido de la virgen María. Jesús reveló y cumplió perfectamente la voluntad de Dios, tomando sobre sí mismo la naturaleza humana con sus demandas y necesidades e identificándose completamente con la humanidad, pero sin pecado. Él honró la ley divina por su obediencia personal, y en su muerte sustituta en la cruz, Él hizo provisión para la redención de los hombres del pecado. Él fue levantado de entre los muertos con un cuerpo glorificado y apareció a sus discípulos como la persona que estaba con ellos antes de su crucifixión. Él ascendió a los cielos y está ahora exaltado a la diestra de Dios donde Él es el Único Mediador, completamente Dios, completamente hombre, en cuya Persona se ha efectuado la reconciliación entre Dios y el hombre. Él volverá con poder y gloria para juzgar al mundo y consumar su misión redentora. Él mora ahora en todos los creyentes como el Señor vivo y omnisciente».[1]

Versículo para memorizar

«Mas Dios muestra su amor para con nosotros, en que siendo aún pecadores, Cristo murió por nosotros».

Romanos 5:8

Escanea este código QR
y accede a herramientas, recursos y ayudas adicionales que complementan los principios expuestos en este estudio. Todo está disponible en nuestra página de recursos digitales para Fe y mensaje bautistas: www.lifeway.com/feymensajebautistas

«En el principio era el Verbo, y el Verbo era con Dios, y el Verbo era Dios. Este era en el principio con Dios». Juan 1:1-2

«Abraham vuestro padre se gozó de que había de ver mi día; y lo vio, y se gozó». Juan 8:56

Jesucristo es el eternal Hijo de Dios. Esta gran verdad es el primer principio del cristianismo, la verdad en la que se cimientan todas las demás verdades. Esta unica frase explica la esencia misma del cristianismo, porque el conocer a Cristo es conocer a Dios. John Broadus escribió: «Jesús es el centro de la Escritura. Todo en el Antiguo Testamento apunta hacia Él; todo en el Nuevo Testamento fluye de Él».[2]

El eternal Hijo de Dios

La plena deidad y la plena humanidad de Cristo son fundamentales para el verdadero cristianismo. La Biblia afirma la preexistencia de Cristo: Su existencia con el Padre antes de la creación del mundo. Justo antes de Su crucifixión, Jesús oró al Padre, recordando «aquella gloria que tuve contigo antes que el mundo existiera» (Juan 17:5). Al igual que con el Padre, nunca hubo un tiempo en el que Cristo no existiera (ni lo habrá).

La Biblia también identifica a Cristo como el agente de la creación:

> Todas las cosas por él fueron hechas,
> y sin él nada
> de lo que ha sido hecho,
> fue hecho.
> Juan 1:3

Además, Cristo es el Señor de toda la creación y mantiene unido todo el universo. El apóstol Pablo afirmó: «Él es antes que todas las cosas, y por Él todas las cosas subsisten» (Col. 1:17). La preeminencia de Cristo será revelada a todas las personas algún día, pero la Iglesia conoce esta verdad y comprende que es el centro mismo de nuestra fe.

Lee las palabras de Cristo al margen y escribe cómo cada pasaje afirma Su preexistencia.

Juan 1:1-2: ______________________________

Juan 8:56: ______________________________

Juan 8:58: ______________________________

Juan 10:30: ______________________________

Apocalipsis 22:13: ______________________________

El nacimiento de Cristo

La venida de Dios a la tierra en carne humana es el mayor suceso de la historia de la humanidad; sin embargo, fue oculto grandemente a la vista del mundo, por lo menos al principio. La historia del nacimiento humilde de Jesús en Belén no sólo es la esencia de la historia de la Navidad, sino que también señala el comienzo del ministerio terrenal de Cristo. El ángel declaró a los pastores que el niño era «un Salvador, que es Cristo el Señor» (Luc. 2:11). El ángel dijo a los pastores que aquel niño era el Salvador prometido, el Mesías y Señor de todo. ¡Qué declaración!

Encarnación es la palabra para describir la venida de Cristo en forma humana. Él era literalmente Dios en carne humana. En palabras de Juan, el Verbo eterno «se hizo carne y habitó entre nosotros» (Juan 1:14). Fue un acto de humildad infinita, pues Cristo:

> se despojó a sí mismo,
> tomando forma de siervo,
> hecho semejante a los hombres.
> Filipenses 2:7

El que hizo el universo vino a Su propia creación para salvar a Su pueblo. Esta es la verdad distintiva de la fe cristiana: en Jesús, Dios vino y habitó entre nosotros.

La *encarnación* significa que (selecciona una):

- ☐ Jesucristo de Dios;
- ☐ Jesucristo vino a la tierra en forma humana;
- ☐ Jessucrito ejemplificó una humildad infinita;
- ☐ Jesucrito murió por nuestros pecados.

En la encarnación, Cristo asumió forma humana, nacido de la virgen María y concebido por el Espíritu Santo. La importancia del nacimiento virginal es clave en el cristianismo para entender la identidad de Jesús: humano pero sin padre terrenal y sin pecado, un milagro que subraya Su naturaleza divina y Su capacidad de compartir nuestra humanidad sin sus faltas.

«Antes que Abraham fuese, yo soy».
Juan 8:58

«Yo y el Padre uno somos».
Juan 10:30

«Yo soy el Alfa y la Omega, el principio y el fin, el primero y el último».
Apocalipsis 22:13

Encarnación
La venida del divino Hijo Jesús y Su vida en la tierra en forma humana

«Si Jesús no nació de virgen, no tenemos Salvador, ni integridad, ni credibilidad, ni autoridad, ni fiabilidad en las Escrituras. Todo esto está involucrado en la verdad del nacimiento virginal. Si Cristo nació de un hombre y no de Dios, el Calvario no tiene sentido; los Evangelios no son buenas noticias, sino emisiones de falsedad. La resurrección es impensable sin el nacimiento sobrenatural».[5]

R. G. Lee
1886–1978
Pastor, Bellevue Baptist Church; Memphis, Tennessee; presidente, Convención Bautista del Sur, 1949–51

El nacimiento virginal de Cristo como hecho no debería ser difícil de aceptar. Como el ángel Gabriel aseguró a la joven María cuando oyó por primera vez que daría a luz al Hijo de Dios: «Nada hay imposible para Dios» (Luc. 1:37). John Dagg escribió: «El poder divino, que formó un hombre del polvo de la tierra, también podía formar un hombre en el vientre de la virgen».[3] James Draper escribió: «El particular nacimiento virginal de Jesús reveló Su naturaleza sobrenatural como Hijo de Dios. En Jesús, Dios vino a la tierra en carne y hueso. Por lo tanto, a diferencia de cualquier otro humano, Jesús vivió sin pecado como perfecta humanidad y perfecta Deidad».[4]

La vida de Cristo

Jesús vivió como Hijo del Hombre e Hijo de Dios, ambos en uno, plenamente humano, plenamente divino. R. G. Lee contrastó la humanidad y la Deidad de Jesús:

> Como hombre, se cansó; Jesús dijo: «Venid a mí todos los que estáis trabajados y cargados, y yo os haré descansar».
>
> Como hombre, tuvo hambre; como Dios, alimentó a miles con el almuerzo de un muchacho.
>
> Como hombre, tuvo sed; como Dios, dio agua viva.
>
> Como hombre, oró; como Dios, al orar, nunca hizo confesión de pecados.
>
> Como hombre, fue tentado en todo según nuestra semejanza; como Dios, estaba libre de pecado, desconcertando a sus enemigos con la pregunta»: ¿Quién me convence de pecado?».
>
> Como hombre, durmió; como Dios, se despertó y calmó la tempestad. [...]
>
> Como hombre, se transportó en un barco; como Dios, caminó sobre el mar ondulante y agitado.
>
> Como hombre, aceptó la invitación de una aldeana a su boda; como Dios, convirtió el agua en vino. [...]
>
> Como hombre, lloró ante la tumba de Lázaro; como Dios, resucitó a Lázaro de entre los muertos.[6]

El ministerio terrenal de Jesús cumplió una profecía de Isaías que Jesús leyó en la sinagoga de Nazaret un día de reposo:

> El Espíritu del Señor está sobre mí
> porque me ha ungido el SEÑOR
> Para traer buenas nuevas a los afligidos.
> Me ha enviado para vendar
> a los quebrantados de corazón,
> Para proclamar libertad a los cautivos
> y liberación a los prisioneros;
> Para proclamar el año favorable del SÉÑOR.
> Isaías 61:1-2 (NBLA)

Cristo, en Su humanidad sin pecado, vivió en perfecta obediencia, a diferencia de Adán y Eva. Resistió el pecado y la tentación, y Hebreos 4:15 nos asegura que Él compartió nuestras pruebas. Esto nos invita a buscar con confianza gracia y ayuda en Él (Heb. 4:16). Su vida demostró una obediencia que cumplió la ley divina, culminando en Su muerte.

En Su perfecta humanidad, Cristo se identificó perfectamente con nosotros; sin embargo, Él no pecó.

Repasa la sección anterior. Subraya tres pruebas de la humanidad y tres de la Deidad de Jesús.

La muerte de Cristo

Jesús vino a morir. Juan el Bautista lo declaró cuando conoció a Jesús, diciendo a Sus discípulos: «He aquí el Cordero de Dios, que quita el pecado del mundo» (Juan 1:29). Al principio, ni siquiera los propios discípulos de Jesús comprendieron que Él debía morir. Justo después de que Pedro lo reconociera correctamente como «el Cristo, el Hijo del Dios viviente» (Mat. 16:16), Jesús dijo a Sus seguidores que debía «padecer mucho de los ancianos, de los principales sacerdotes y de los escribas; y ser muerto, y resucitar al tercer día». (Mat. 16:21). Su muerte no fue algo desafortunado que le sucedió, sino que fue el plan del Padre desde el principio. Como declaró Pedro en su gran sermón del día de Pentecostés, Cristo «entregado por el determinado consejo y anticipado conocimiento de Dios» (Hech. 2:23).

«Y casi todo es purificado, según la ley, con sangre; y sin derramamiento de

sangre no se hace remisión».
Hebreos 9:22

«Fuisteis rescatados de vuestra vana manera de vivir, la cual recibisteis de vuestros padres, no con cosas corruptibles, como oro o plata, sino con la sangre preciosa de Cristo, como de un cordero sin mancha y sin contaminación».
1 Pedro 1:18-19

«En quien tenemos redención por su sangre, el perdón de pecados según las riquezas de su gracia».
Efesios 1:7

Jesús murió por una razón crucial: para abordar nuestra pecaminosidad y la santidad perfecta de Dios, quien no deja el pecado sin castigo. Jesús, entregando voluntariamente Su vida como el Buen Pastor (Juan 10:11), ofreció el sacrificio perfecto y único aceptable ante Dios por nuestros pecados.

Lee Hebreos 9:22 en el margen. La base del perdón de los pecados es ____________________.

Lee 1 Pedro 1:18-19 y Efesios 1:7 en el margen. La base de nuestra redención y perdón es ____________________.

Dios estableció a través de Moisés que la sangre es necesaria para la expiación, como lo dice Levítico 17:11: «Porque la vida de la carne en la sangre está, y yo os la he dado para hacer expiación por vuestras almas en el altar; porque la sangre es la que hace expiación por la vida». El Nuevo Testamento reafirma en Hebreos 9:22: «Y casi todo es purificado, según la ley, con sangre; y sin derramamiento de sangre no se hace remisión».

¿Cómo resultó la muerte de Cristo en la salvación de los pecadores? Pablo explicó: «A quien Dios puso como propiciación por medio de la fe en su sangre, para manifestar su justicia» (Rom. 3:25). El término «propiciación» se refiere principalmente a la ira de Dios y Su demanda de justicia. Según la Biblia de Estudio Criswell, la propiciación es la obra de Cristo en la cruz, satisfaciendo las demandas de justicia de Dios y anulando la culpa del hombre. Pablo también destaca que la muerte de Cristo muestra la misericordia y justicia de Dios, para ser justo y justificador del que tiene fe en Jesús (Rom. 3:26). Dios requirió un sacrificio perfecto, y Su amor proveió ese sacrificio en Su Hijo, demostrando así que es justo y justificador.

Subraya la definición de *propiciación* en el párrafo anterior.

Hablar de la muerte sustitucionaria de Cristo es afirmar lo que la Biblia enseña con tanta claridad: que Cristo murió en nuestro lugar. Pablo escribe que: «Cristo murió por los impíos» (Rom. 5:6). Este acto fue la demostración suprema del amor de Dios: «Dios demuestra Su amor para con nosotros, en que siendo aún pecadores, Cristo murió por nosotros» (Rom. 5:8).

John Broadus declaró: «Con creces, lo más maravilloso que jamás haya sucedido en el universo es la muerte expiatoria de Jesucristo el Señor.[8] [...] Cristo tomó nuestro lugar y murió como un pecador, para que nosotros pudiéramos tomar Su lugar y ser justos en Él».[9] Pablo escribió: «Al que no conoció pecado, por nosotros lo hizo pecado, para que nosotros fuésemos hechos justicia de Dios en él» (2 Cor. 5:21). R. G. Lee explicó: «Toda nuestra culpa fue cargada a la cuenta de Cristo. Por Su crucifixión, Él ha descargado todas nuestras responsabilidades. Así que ahora, estando en Cristo, no tenemos ninguna cuenta que descargar. A los ojos de Dios, somos tan justos como Él, y en Él somos aceptos».[10]

Expiación
Dios supera el pecado mediante la obediencia y muerte de Cristo para restaurar a los creyentes a una relación correcta con Dios.

Propiciación
La obra de Jesús en la cruz para satisfacer la demanda justa de Dios contra el pecado.

Sustitución
Jesús murió en nuestro lugar, pagando el precio por nuestro pecado.

La muerte sustitutiva de Cristo significa que (escoge una):

- ☐ Cristo murió para darnos ejemplo;
- ☐ Cristo murió en sustitución de la obras;
- ☐ Cristo murió en nuestro lugar;
- ☐ Cristo murió para sustituir la ley.

La muerte sustitutiva de Cristo significa que murió en nuestro lugar. Al realizar este sacrificio perfecto, Cristo cumplió y completó lo que había comenzado bajo el antiguo pacto, cuando los sacerdotes sacrificaban animales para expiar los pecados del pueblo. Como aclara el libro de Hebreos, esos sacrificios de animales eran limitados y temporales. Bajo el sistema del Antiguo Testamento, los sacerdotes tenían que entrar en el lugar santísimo cada año para hacer expiación. Por su muerte en la cruz, Cristo «entró una vez para siempre en el Lugar Santísimo, habiendo obtenido eterna redención» (Heb. 9:12). Así pues, Cristo es «mediador de un nuevo pacto» (Heb. 9:15), el único «mediador entre Dios y los hombres» (1 Tim. 2:5).

El enfoque de la obra redentora de Cristo es la cruz, un antiguo instrumento de ejecución. En la cruz, Jesús dio su vida por pecadores, padeciendo y muriendo en nuestro lugar. Cuando cantamos de la cruz, señalamos a la obra de Dios que logró nuestra salvación. Pablo

«En la cruz, el creyente encuentra el motivo más fuerte hacia la santidad. Al estar frente a ella y ver la muestra del amor del Salvador, nos resolvemos a vivir para aquel que murió por nosotros. El mundo deja de encantarnos. El pecado se ve infinitamente odioso. Lo consideramos como la cosa maldita que causó la muerte de nuestro amado Señor. La cruz es un lugar sagrado, donde aprendemos a ser como Cristo y a deleitarnos en la ley de Dios que estaba en su corazón. En presencia de la cruz, sentimos que la gracia omnipotente toma nuestro corazón; y nos rendimos al amor que muere».[11]

John Dagg
1794–1884
Pastor, maestro y administrador bautista

dijo a los gálatas que sólo se gloriaría en la cruz de Jesucristo, «por quien el mundo me es crucificado a mí, y yo al mundo» (Gal. 6:14). Para el mundo incrédulo, la cruz es necedad, pero para los que se están salvando, es el poder de Dios (ver 1 Cor. 1:18).

¡Detente un momento y da gracias a Dios por esta verdad!

La resurrección y ascensión de Cristo

El poder de Dios resucitó a Jesús de entre los muertos. La resurrección de Cristo es el fundamento de nuestra esperanza y la prueba de la victoria de Cristo sobre el pecado y la muerte. Sin la resurrección, Jesucristo no es más que la mera víctima de una conspiración humana que terminó en la cruz. Mientras qué, resucitado de entre los muertos, Cristo se revela tanto como Salvador y como Señor. La resurrección de Cristo es absolutamente esencial para la fe cristiana. Sin resurrección no hay cristianismo. El apóstol Pablo insistió en este punto cuando enseñó a los cristianos de Corinto que «si Cristo no resucitó, vana es entonces nuestra predicación, vana es también vuestra fe» (1 Cor. 15:14). Además, «Cristo no resucitó, vuestra fe es vana; aún estáis en vuestros pecados» (1 Cor. 15:17).

Pero Cristo ha resucitado de entre los muertos. Su resurrección fue un acontecimiento en el espacio y el tiempo, la resurrección literal de Su cuerpo. Tras la resurrección, Tomás pudo poner su mano en el costado herido del Salvador y declarar: «¡Señor mío y Dios mío!». (Juan 20:28). El cuerpo resucitado de Cristo estaba plenamente vivo, caracterizado por carne y hueso real. Al mismo tiempo, el cuerpo resucitado es diferente de los cuerpos perecederos que poseemos ahora. A los cristianos se nos promete que un día, cuando resucitemos con Cristo, se nos darán cuerpos de resurrección. Pablo explicó que «la carne y la sangre no pueden heredar el reino de Dios, y la corrupción no puede heredar la incorrupción» (1 Cor. 15:50). Pero a través del poder de la resurrección del Señor Jesucristo, los creyentes también serán resucitados de entre los muertos, se les darán cuerpos de resurrección y serán «revestidos de inmortalidad» (1 Cor. 15:53). Pablo escribiendo a los romanos se lo dijo de esta manera: «Y si el Espíritu de aquel que levantó de los muertos a Jesús mora en vosotros, el que levantó de los muertos a Cristo Jesús vivificará también vuestros cuerpos mortales por su Espíritu que mora en vosotros» (Rom. 8:11).

John Broadus explicó que la resurrección valida la fe cristiana: «La resurrección del Señor Jesús establece la verdad del cristianismo. El apóstol Pablo dice que Él es declarado Hijo de Dios por la resurrección de entre los muertos. [...] Declaró que Él era todo lo que había profesado ser, y así establece la verdad de todas Sus enseñanzas y la verdad de toda la sociedad cristiana. El gran hecho que Jesucristo resucitó de entre los muertos es el hecho central de la evidencia del cristianismo».[12]

La resurrección ocupaba un lugar central en la fe de los apóstoles y en su predicación. El día de Pentecostés, Pedro proclamó que Dios había resucitado a Jesucristo, «poniendo fin a los dolores de la muerte, pues no era posible que fuese retenido por ella» (Hech. 2:24). Ante el Sanedrín, Pedro y Juan dieron testimonio de la resurrección de Cristo, identificándose como seguidores de «Jesucristo el Nazareno, a quien vosotros crucificasteis y a quien Dios resucitó de entre los muertos» (Hech 4:10). La resurrección se afirma en los cuatro Evangelios y se confirma en todo el Nuevo Testamento. El Cristo resucitado fue visto por cientos de observadores y reconocido por Sus seguidores (ver 1 Cor. 15:1-8). La resurrección dio confianza a los primeros cristianos para afrontar las dificultades, la muerte y el martirio. Al igual que la resurrección fue fundamental para la fe de los primeros cristianos, también debe serlo para la nuestra.

Broadus identificó el significado práctico de la resurrección: «La resurrección de Cristo no es sólo un pilar de la evidencia cristiana, sino que tiene importantes relaciones teológicas y prácticas. (a) Completó Su obra de expiación y la selló con la aprobación divina. [...] (b) Es el fundamento y el juramento de la resurrección de Su pueblo. [...] De su resurrección espiritual, para que andemos en vida nueva. ... De la resurrección del cuerpo. [...] (c) Está representada en el bautismo. [...] (d) Se celebra en el Día del Señor».[14]

Apenas unas semanas después de la resurrección, Cristo ascendió al Padre. Cristo estaba bendiciendo a sus discípulos cuando «los dejó y fue llevado al cielo» (Luc. 24:51). Una nube recibió a Jesús fuera de su vista. Mientras los discípulos observaban, se les aparecieron dos

«Una persona tiene que desacreditar todo testimonio y descartar todas las leyes de evidencia si repudia o cuestiona la gran enseñanza de la resurrección de Jesús de entre los muertos... Un hecho tan completamente autenticado como cualquier hecho en toda la historia es el hecho de que Jesús de Nazaret, crucificado bajo Poncio Pilato y enterrado en la nueva tumba de José, al tercer día salió de la tumba, triunfante como hombre, triunfante como Dios, sobre el poder de la muerte».[13]

George W. Truett
1867–1944
Pastor, First Baptist Church; Dallas, Texas; presidente, Convención Bautista del Sur, 1927–29

hombres vestidos de blanco. Les dijeron: «Galileos, ¿por qué estáis mirando al cielo? Este Jesús, que ha sido arrebatado de vosotros al cielo, vendrá de la misma manera que le habéis visto ir al cielo» (Hech. 1:11).

Escribe la forma en que responderías a un vecino que te preguntara: «¿Por qué crees en la resurrección de Cristo?».

____

____

____

____

____

«Toda la Biblia se ha resumido en: Jesús viene; Jesús ha venido; Jesús vendrá de nuevo. El regreso del Señor es la gran esperanza del pueblo de Dios y será la consumación de todas las cosas».[15]
Jerry Vines
1937–
Pastor emérito, First Baptist Church; Jacksonville, Florida; presidente, Convención Bautista del Sur, 1988–90

El regreso de Cristo

La ascensión de Cristo conecta su ministerio terrenal con su regreso. El regreso de Jesucristo se menciona más de 380 veces en el Nuevo Testamento.16 La Biblia revela claramente que Cristo vendrá otra vez, esta vez con poder y gloria. Cuando regrese, reclamará a Su iglesia, completará Su misión, llevará todas las cosas a su consumación, juzgará al mundo y se revelará como el Señor de toda la creación. El regreso de Cristo será corporal, visible, glorioso y triunfal. Los cristianos esperan el regreso de Cristo con anticipación y esperanza, sabiendo que los propósitos de Dios se cumplirán y Cristo reclamará a Su iglesia y vindicará a Su pueblo.

Incluso cuando la Iglesia espera con fe y esperanza el regreso de Cristo, tenemos la seguridad de que Él ya es el Señor de Su Iglesia. Cristo habita en los corazones de su pueblo. Sentado a la diestra del Padre, Cristo intercede por nosotros (ver Rom. 8:34). Él es el Mediador, y Su ministerio intersesorio es vital para la seguridad y protección de Su pueblo.

Los bautistas han sido fieles a lo largo de los siglos en la defensa de las enseñanzas bíblicas sobre Jesucristo. E. Y. Mullins, tanto al guiar la redacción de la primera declaración oficial de fe de los bautistas del sur, *Fe y el mensaje bautistas*, en 1925, como en sus propios escritos, expuso claramente las verdades bíblicas sobre Cristo: «Jesucristo nació de la virgen María por obra del Espíritu Santo. Era el Hijo divino y eterno de Dios. Hizo milagros, curó enfermos, expulsó demonios, resucitó muertos. Murió como Salvador expiatorio vicario del mundo y fue sepultado. Resucitó de entre los muertos. La tumba fue vaciada de su contenido. En su cuerpo resucitado se apareció muchas veces a sus discípulos. Ascendió a la diestra del Padre. El mismo Jesús que ascendió del Monte de los Olivos, Vendrá de nuevo en persona».[17]

Los herejes y los falsos maestros siempre han dirigido sus ataques contra las doctrinas más estrechamente relacionadas con Jesucristo. La iglesia creyente siempre debe confrontar estas falsas enseñanzas y errores doctrinales con vigor y verdad (ver Gál. 1:6-9). Debemos estar prestos a defender el nacimiento virginal de Cristo, Su plena Deidad, Su plena humanidad, Sus actos milagrosos, Sus resurrección corporal, Su regreso victorioso y la naturaleza sustitutiva de Su expiación, así como todas las demás verdades bíblicas acerca de Jesucristo. Ceder en estas doctrinas sería fatal para nuestro testimonio y perjudicial para nuestra fe. Al declarar estas grandes doctrinas de la fe cristiana estamos firmes sobre la roca inconmovible. La fidelidad a Cristo demanda que nos aferremos a Él y le sirvamos todos nuestros días.

«Quién es el que condenará? Cristo es el que murió; más aun, el que también resucitó, el que además está a la diestra de Dios, el que también intercede por nosotros. ¿Quién nos separará del amor de Cristo? ¿Tribulación, o angustia, o persecución, o hambre, o desnudez, o peligro, o espada?».
Romanos 8:34-35

Lee el artículo de la *Fe y el mensaje bautistas* sobre Dios el Hijo, página 39, y responde a las siguientes preguntas.

¿De qué manera fue sobrenatural el nacimiento de Jesús? ______________________________

¿Cómo se identificó Jesús con la humanidad? ________

____

¿Cómo honró Jesús la ley divina? ______________

____

¿Cómo proveyó Jesús para la redención?

____

¿Cómo se apareció Jesús a Sus discípulos después de Su resurreción? ______________________

____

¿Dónde está Jesús ahora? ______________________

____

¿Cuál es la posición actual de Jesús? ______________

____

¿Cómo regresará Jesús a la tierra? ______________

____

¿Por qué volverá Jesús a la tierra? ______________

____

¿Cuál es la relación actual de Jesús con los creyentes?

____

Gracias a Dios por la preexistencia, nacimiento, vida, muerte en cruz, resurrección, ascención y segunda venida.

CAPÍTULO 5

DIOS, EL ESPÍRITU SANTO

Artículo 2C

Dios, el Espíritu Santo

«El Espíritu Santo es el Espíritu de Dios, completamente divino. Él inspiró a santos hombres de la antigüedad para que escribieran las Escrituras. Mediante la iluminación Él capacita a los hombres para entender la verdad. Él exalta a Cristo. Él convence a los hombres de pecado, de justicia, y de juicio. Él llama a los hombres al Salvador, y efectúa la regeneración. En el momento de la regeneración Él bautiza a cada creyente en el Cuerpo de Cristo. Él cultiva el carácter cristiano, conforta a los creyentes, y les da los dones espirituales por medio de los cuales ellos sirven a Dios mediante su iglesia. Él sella al creyente para el día de la redención final. Su presencia en el cristiano es la garantía de que Dios llevará al creyente hasta alcanzar la plenitud de la estatura de Cristo. Él ilumina y da poder al creyente y a la iglesia en adoración, evangelismo, y servicio».[1]

Versículo para memorizar

«No os embriaguéis con vino, en lo cual hay disolución; antes bien sed llenos del Espíritu». Efesios 5:18

Escanea este código QR
y accede a herramientas, recursos y ayudas adicionales que complementan los principios expuestos en este estudio. Todo está disponible en nuestra página de recursos digitales para Fe y mensaje bautistas: www.lifeway.com/feymensajebautistas

El Espíritu Santo obra en creyentes para cumplir Sus propósitos soberanos.

Muchos cristianos saben muy poco sobre el Espíritu Santo. Esto es una tragedia, pues el Espíritu Santo es plenamente divino y cumple a la perfección la voluntad del Padre. A lo largo de la Biblia el Espíritu Santo es identificado como el agente divino detrás de muchos de los eventos más importantes en las interacciones de Dios con la humanidad. El Espíritu interviene en muchos aspectos de nuestra salvación. Como manifestación espiritual de Dios, el Espíritu Santo actúa entre nosotros incluso ahora, al igual que lo ha hecho desde antes de la creación del mundo.

La *Fe y mensaje bautistas* comienza este artículo afirmando que el Espíritu Santo «es el Espíritu de Dios, plenamente divino». Esto nos recuerda que debemos mantener la doctrina de la Trinidad en el primer plano de nuestra comprensión. El Espíritu Santo es una persona, no una fuerza inanimada o despersonalizada. Como Espíritu de Dios y Espíritu de Cristo, es de la misma naturaleza que el Padre y el Hijo. W. A. Criswell escribió: «El Espíritu Santo es Dios. Posee todos los atributos de Dios. Es eterno, según Hebreos 9; es omnipotente, según Génesis 1; es omnisciente, según 1 Corintios 2; y es omnipresente, según el Salmo 139».[2]

El Espíritu Santo inspiró la Palabra de Dios

La Escritura revela que el Espíritu Santo desempeñó un papel vital en la creación de la Palabra escrita de Dios. La *Fe y mensaje bautistas* afirma que el Espíritu Santo inspiró «a los santos hombres de la antigüedad a escribir la Escritura». La Palabra de Dios escrita es uno de los mayores regalos de Dios para nosotros. La inspiración del Espíritu Santo explica cómo la Biblia puede ser simultáneamente las palabras de los hombres y la Palabra de Dios.

Pedro nos dice que «movidos por el Espíritu Santo, los hombres hablaron de parte de Dios» (2 Ped. 1:21). Este versículo confirma la inspiración de la Biblia, pero no implica dictado. El Espíritu Santo no puso a estos escritores en trance ni los privó de su capacidad creativa. Al contrario, la Biblia presenta el proceso de inspiración —la inspiración plenaria verbal— como el Espíritu Santo moviendo a los autores humanos de las Escrituras a escribir exactamente lo que Él quería que escribieran. Al mismo tiempo, las palabras que escribieron los autores humanos eran las mismas que querían escribir. Esto se debe a que el Espíritu Santo obra dentro de los creyentes para cumplir Sus propósitos soberanos. Así, Pablo enseñó a Timoteo a honrar la Biblia como la Palabra de Dios plenamente inspirada (ver 2 Tim. 3:16-17).

Sin la obra del Espíritu Santo, no podríamos ver lo que es pecado.

El Espíritu Santo ministra a las personas

El Espíritu Santo es responsable de una serie de ministerios para llevar a las personas a creer en Cristo y nutrir la vida espiritual de los creyentes.

El Espíritu Santo convence de pecado. El Espíritu Santo convence «al mundo de pecado, de justicia y de juicio» (Juan 16:8). Sin la obra del Espíritu Santo, no veríamos el pecado por lo que es, y estaríamos ciegos a la realidad de nuestra injusticia. Además, seríamos ignorantes o no nos preocuparía el juicio que ha de venir.

¿Cómo te diste cuenta de que estabas perdido y de que necesitabas un Salvador?

____

¿Cómo te convenció de pecado el Espíritu Santo?

____

El Espíritu Santo llama a los incrédulos a la salvación. La obra de salvación de Dios incluye el ministerio especial del Espíritu Santo. El Espíritu Santo, habiendo convencido al pecador de pecado, también llama al pecador a Cristo. Como el libro de Apocalipsis presenta la llamada del evangelio: «Y el Espíritu y la Esposa dicen: Ven. Y el que oye, diga: Ven. Y el que tiene sed, venga; y el que quiera, tome del agua de la vida gratuitamente» (Apoc. 22:17). Dios llama a los pecadores a Cristo mediante el testimonio interno del Espíritu Santo, al igual que utiliza el testimonio externo de la Biblia y la presentación del evangelio.

El Espíritu Santo trae la regeneración. La regeneración es también obra del Espíritu Santo. Cuando Pedro predicó en Cesarea, «el Espíritu Santo cayó sobre todos los que oían el discurso» (Hech. 10:44). Y como dijo Jesús a Nicodemo: «Todo lo que ha nacido de la carne, es carne; y lo que es nacido del Espíritu, espíritu es» (Juan 3:6). Las palabras de Jesús describen el papel del Espíritu Santo en la regeneración —el nuevo nacimiento— cuando nos llama a la fe en Cristo.

«Y no contristéis al Espíritu Santo de Dios, con el cual fuisteis sellados para el día de la redención».
Efesios 4:30

El Espíritu Santo mora en los creyentes. Algunas iglesias enseñan que los cristianos deben buscar una segunda bendición, descrita como un bautismo del Espíritu Santo, que es independiente del don del Espíritu en el momento de la regeneración. *Fe y mensaje bautistas* excluye claramente esta enseñanza. Los bautistas creen que el don del Espíritu viene cuando, «en el momento de la regeneración Él bautiza a cada creyente en el Cuerpo de Cristo». Como Pedro proclamó el evangelio el día de Pentecostés, «Arrepentíos [...] y bautícese cada uno de vosotros en el nombre de Jesucristo para perdón de los pecados; y recibiréis el don del Espíritu Santo» (Hech. 2:38).

«En esto conocemos que permanecemos en él, y él en nosotros, en que nos ha dado de su Espíritu».
1 Juan 4:13

El Espíritu Santo sella a los creyentes. El Espíritu Santo sella la salvación del creyente y sirve como garantía absoluta de que la obra salvadora de Dios se completará en la vida del creyente. En el Espíritu Santo los creyentes son sellados «para el día de la redención» y así permanecen en Cristo (Ef. 4:30; ver también 1 Jn. 4:13).

El Espíritu Santo ilumina la verdad. El Espíritu Santo ilumina el discernimiento espiritual de los creyentes para que comprendan la verdad. Como escribió Pablo a los corintios: «No hemos recibido el espíritu del mundo, sino el Espíritu que proviene de Dios, para que sepamos lo que Dios nos ha concedido, lo cual también hablamos, no con palabras enseñadas por sabiduría humana, sino con las que enseña el Espíritu, acomodando lo espiritual a lo espiritual» (1 Cor. 2:12-13).

Criswell identificó la obra iluminadora del Espíritu Santo con la presencia del propio Jesús: «Jesús ya no está con nosotros en la carne para explicarnos todas las cosas que necesitamos saber y para mostrarnos todas las cosas que necesitamos hacer. El Espíritu Santo nos es dado para que tengamos la sabiduría, la dirección y la iluminación que la presencia viva de nuestro Señor nos proporcionaría. [...] Él ocupa el lugar de Jesús en la carne. Jesús ha vuelto al cielo y el Espíritu de Jesús, que es Jesús mismo, está aquí con nosotros. En la religión práctica es imposible distinguir entre el Espíritu de Cristo en el corazón y Cristo mismo en el corazón. [...] Cuando poseemos el Espíritu Santo, poseemos a Jesús».[3]

El Espíritu Santo obra dentro de los creyentes para lograr entender las cosas espirituales.

El Espíritu Santo enseña a los creyentes. El Espíritu Santo ilumina a los creyentes, ayudándolos a comprender las verdades espirituales, la Escritura y el evangelio. Su rol es vital en abrir nuestros ojos a las profundidades de Dios y en exaltar a Cristo, como Jesús mismo dijo: «Él me glorificará», dijo Cristo, «porque tomará de lo mío y os lo hará saber» (Juan 16:14). Actuando como nuestro guía y maestro, el Espíritu nos introduce en la verdad divina, glorificando a Dios al madurar a los seguidores de Cristo y guiándonos hacia toda la verdad (ver Juan 16:13).

Reflexiona sobre tu vida. Identifica dos maneras en que el Espíritu Santo te ha guiado.

1. ______________________________

2. ______________________________

Jesús preparó a Sus discípulos para Su muerte, resurrección y ascensión prometiéndoles: «Y yo rogaré al Padre, y os dará otro Consolador, para que esté con vosotros para siempre: el Espíritu de verdad, al cual el mundo no puede recibir, porque no le ve, ni le conoce; pero vosotros le conocéis, porque mora con vosotros, y estará en vosotros» (Juan 14:16-17). El ayudante prometido es el Espíritu Santo. Jesús dijo a Sus discípulos que el Espíritu Santo «os enseñará todas las cosas, y os recordará todo lo que yo os he dicho» (Juan 14:26).

El Espíritu Santo intercede por los creyentes. Durante nuestro servicio terrenal a Dios, el Espíritu Santo intercede por los creyentes «con gemidos indecibles», suplicando por nosotros de maneras que no sabemos pedir (Rom. 8:26). Esta es una de las obras más dulces y cruciales del Espíritu Santo en la vida del pueblo redimido de Dios.

Marca cada afirmación *V* (verdadero) o *F* (falso).

___ 1. El Espíritu Santo es una fuerza, no una persona.
___ 2. El Espíritu Santo se sobrepuso a las personalidades de los escritores de la Escritura.
___ 3. El Espíritu vive en cada creyente.
___ 4. El Espíritu Santo mora en los creyentes desde el momento de la salvación.
___ 5. El Espíritu Santo bautiza a los creyentes en el cuerpo de Cristo en el momento de la salvación.
___ 6. El bautismo del Espíritu Santo viene a algunos creyentes después de la conversión.
___ 7. El Espíritu Santo sella a los creyentes para el día de la redención.

Las afirmaciones 1, 2 y 6 son falsas; 3, 4, 5 y 7 son verdaderas.

El Espíritu Santo edifica a la iglesia

El Espíritu Santo actúa tanto en los creyentes como en la iglesia, infundiéndola de vida. Según la *Fe y mensaje bautistas*, el Espíritu fomenta el carácter cristiano, consuela a los creyentes y otorga dones espirituales para servir a Dios en Su iglesia. Se insta a los creyentes a vivir «según el Espíritu» y no «según la carne» (Rom. 8:4)

La unidad es uno de los dones del Espíritu Santo más valiosos para la iglesia.

El Espíritu Santo trae la unidad. La unidad es uno de los mayores dones del Espíritu Santo a la Iglesia. Pablo recordó a los corintios: «Fuimos todos bautizados en un cuerpo, sean judíos o griegos, sean esclavos o libres; y a todos se nos dio a beber de un mismo Espíritu» (1 Cor. 12:13). Pablo también ordenó a los efesios que se esforzaran por mantener la unidad del Espíritu en el vínculo de la paz y fueran un cuerpo, y un Espíritu, como fueron «también llamados en una misma esperanza de vuestra vocación; un Señor, una fe, un bautismo, un Dios y Padre de todos, el cual es sobre todos, y por todos, y en todos» (Ef. 4:4-6).

El Espíritu Santo otorga dones espirituales, enriqueciendo la iglesia con diversos dones. Como Pablo señaló, «hay diversidad de dones, pero el Espíritu es el mismo» (1 Cor. 12:4), asegurando que cada cristiano reciba dones específicos (ver 1 Pedro 4:10) para fortalecer la comunidad. Actuando con propósito, el Espíritu reparte estos dones a cada uno individualmente como él quiere (ver 1 Cor. 12:11), integrando y potenciando la iglesia conforme a las necesidades y el crecimiento espiritual de sus miembros. Pablo insta a los creyentes a valorar sus dones sin envidiar los de los demás, recordando que cada uno recibe al menos un don según la voluntad divina, sin que ningún don sea universal.

Don espiritual
Una habilidad dada por Dios para servir a Cristo por medio de Su iglesia.

«Según cada uno ha recibido un don especial, úselo sirviéndose los unos a los otros como buenos administradores de la multiforme gracia de Dios».
1 Pedro 4:10, NBLA

Lee Romanos 12:3-8 y 1 Corintios 12:1-11, reflexiona sobre los dones del Espíritu y completa las afirmaciones.

El principal don que me ha dado el Espíritu Santo es

____.

Estoy usando este don en el cuerpo de Cristo al

____.

Lee cada pasaje y relaciona la referencia con el ministerio del Espíritu Santo correspondiente.

___ 1. Efesios 1:13-14	a. Inspiró la Escritura
___ 2. Apocalipsis 22:17	b. Enseña, guía
___ 3. Efesios 4:7-8	c. Convence de pecado
___ 4. Juan 16:7-11	d. Nos lleva hacia Cristo
___ 5. 2 Pedro 1:21	e. Regenera
___ 6. Tito 3:5-6	f. Habita en los creyentes
___ 7. 1 Corintios 2:13	g. Otorga dones
___ 8. 1 Corintios 3:16	h. Sella a los creyentes

Las respuestas son 1. h, 2. d, 3. g, 4. c, 5. a, 6. e, 7. b, 8. f.

Escribe una cosa nueva que hayas aprendido sobre el Espíritu Santo en tu estudio de este capítulo.

____

____

Valora en qué medida eres consciente de la presencia del Espíritu Santo en tu vida.

	Poco				Mucho
Mientras estás solo	1	2	3	4	5
En el trabajo	1	2	3	4	5
Estando con la familia	1	2	3	4	5
En la iglesia	1	2	3	4	5
Sirviendo al Señor	1	2	3	4	5
En mis devocionales	1	2	3	4	5
En mi vida social	1	2	3	4	5
En mis pasatiempos	1	2	3	4	5

¿Qué puedes hacer para vivir más plenamente bajo la guía del Espíritu Santo?

____

Concluye el estudio de este capítulo orando en voz alta el siguiente himno.

Espíritu Santo, respira sobre mí,
Hasta todo mi corazón limpiar;
Destella tu luz infinita en mí,
y jamás nada se pueda nublar.

Espíritu Santo, respira sobre mí,
Hasta que todo de mí sea para ti,
Hasta que mi voluntad se pierda en ti,
Y tú seas la única razón de vivir para mí.

CAPÍTULO 6

EL HOMBRE

Artículo 3

El hombre

«El hombre es la creación especial de Dios, hecho a su propia imagen. Él los creó hombre y mujer como la corona de su creación. La dádiva del género es por tanto parte de la bondad de la creación de Dios. En el principio el hombre era inocente y fue dotado por Dios con la libertad para elegir. Por su propia decisión el hombre pecó contra Dios y trajo el pecado a la raza humana. Por medio de la tentación de Satanás el hombre transgredió el mandamiento de Dios, y cayó de su estado original de inocencia, por lo cual su posteridad heredó una naturaleza y un ambiente inclinado al pecado. Por tanto, tan pronto como son capaces de realizar una acción moral, se convierten en transgresores y están bajo condenación. Solamente la gracia de Dios puede traer al hombre a su compañerismo santo y capacitar al hombre para que cumpla el propósito creativo de Dios. La santidad de la personalidad humana es evidente en que Dios creó al hombre a su propia imagen, y en que Cristo murió por el hombre; por lo tanto, cada persona de cada raza posee absoluta dignidad y es digna del respeto y del amor Cristiano».[1]

Versículo para memorizar

«Y creó Dios al hombre a su imagen, a imagen de Dios lo creó; varón y hembra los creó».

Genesis 1:27

Escanea este código QR y accede a herramientas, recursos y ayudas adicionales que complementan los principios expuestos en este estudio. Todo está disponible en nuestra página de recursos digitales para Fe y mensaje bautistas: www.lifeway.com/feymensajebautistas

Imagen de Dios
La capacidad espiritual y de relacionarse con Dios de los seres humanos.

La creación del ser humano representa el acto culminante de Dios en la creación. Según Génesis 2:7, Dios «formó al hombre del polvo de la tierra, y sopló en su nariz aliento de vida, y fue el hombre un ser viviente». La visión bíblica de la humanidad sitúa la cosmovisión cristiana en oposición directa a las ideologías actuales, como el humanismo secular y la evolución. Cuando el antiguo filósofo griego Protágoras declaró que el ser humano es la medida de todas las cosas, articuló el lema de lo que hoy conocemos como la filosofía del humanismo. Pero la Biblia dice que no somos la medida de todas las cosas, pues ni siquie-ra somos capaces de entendernos a nosotros mismos sin la revelación de Dios. Por el contrario, debemos preguntarnos con el salmista: «¿Qué es el hombre, para que tengas de él memoria?». (Sal. 8:4). Nuestro marco de referencia nunca debe comenzar con los seres humanos.

La teoría de la evolución sostiene que los seres humanos, junto con todas las demás criaturas vivas, son simplemente el producto de un proceso ciego y naturalista de desarrollo evolutivo. Así pues, los seres humanos sólo se distinguen de los demás animales por el tamaño de su cerebro u otras capacidades. Por definición, la evolución no tiene cabida para el concepto de que los seres humanos están hechos a imagen de Dios, porque la teoría evolutiva no tiene cabida para Dios. La Biblia afirma que los seres humanos no son accidentes ni meros animales que viven entre otros animales. Sólo los seres humanos están hechos a imagen de Dios.

Hechos a imagen de Dios

Como deja claro la Biblia, los seres humanos —tanto hombres como mujeres— fueron creados a imagen de Dios (ver Gén. 1:27; 2:7; Col. 3:10). Por supuesto, esto no significa que nos parezcamos a Dios, pues Dios es espíritu. Significa que poseemos una capacidad espiritual que nos convierte en criaturas morales que pueden conocer y adorar a Dios (ver Deut. 10:12; Sal. 29:2; 42:1; 139:1). Aunque toda la creación declara la gloria de Dios, sólo los seres humanos tienen una conciencia moral (ver Rom. 2:15; 1 Cor. 8:7) y la capacidad de conocer a Dios. Al hacernos a Su imagen, Dios aparta a la humanidad del resto de la creación, y Su propósito de redención está dirigido específicamente a la salvación de la humanidad pecadora. Nuestra creación a imagen de

Dios explica por qué fuimos hechos para el trabajo, la acción, la comunicación y la reflexión.

Los humanos somos las únicas criaturas autoconscientes. A diferencia de un perro que excava sin reflexionar sobre su acción, o aves y peces que no contemplan su existencia o documentan sus experiencias, solo los seres humanos pueden reconocer y declarar la gloria de Dios. Hechos a Su imagen, estamos dotados para conocerlo.

La *imagen de Dios* en nosotros se refiere a (elige una):

☐ nuestra capacidad intelectual y de razonamiento;
☐ nuestro dominio sobre toda la creación;
☐ nuestra capacidad espiritual, de comunión con Dios;
☐ nuestro estado físico, caminar erguidos.

La *imagen de Dios* en nosotros manifiesta nuestra esencia espiritual y la capacidad de comunión con Él. Fuimos creados con un anhelo profundo de conexión divina. Nuestra alma, eterna según la Biblia, encarna nuestra consciencia espiritual y sobrevive más allá de la muerte. Si bien valoramos el cuerpo como un regalo divino y morada del Espíritu Santo, no es objeto de adoración. Las experiencias corporales subrayan nuestra dependencia de Dios y cómo Él manifiesta Su gloria en nosotros (2 Cor. 12:7-10).

Marca cada afirmación *V* (verdadero) o *F* (falso).

___ 1. Somos seres físicos y espirituales.
___ 2. Las necesidades físicas nos recuerdan nuestra constante dependencia en Dios.
___ 3. El alma es la inclinación interior hacia el pecado.
___ 4. Las personas tienen un hambre innata de Dios.
___ 5. Debemos dar la máxima prioridad al cuerpo.
___ 6. Ser espiritual es renunciar a los placeres físicos.
___ 7. La conciencia y el alma son idénticas.
___ 8. Debemos cuidar el cuerpo, pero no adorarlo.
___ 9. El alma es nuestra esencia espiritual.

Las afirmaciones 1, 2, 4, 8 y 9 son verdaderas; 3, 5, 6 y 7 son falsas.

«Todos tenemos algo dentro que no se satisface solo con lo visible o lo pasajero. Anhelamos algo más grande: lo espiritual y eterno. Profundamente, sentimos la necesidad de Dios. Aunque estemos rodeados por lo que podemos ver y sabemos que no durará, buscamos lo que es invisible y permanente. Esto se asemeja a lo que el salmista expresó: "Como el ciervo brama por las corrientes de las aguas, así clama por ti, oh Dios, el alma mía" (Sal. 42:1). Sin importar dónde, las personas han mantenido alguna forma de religión. Gente de todos los rincones ha buscado a Dios».[2]

W. T. Conner
1877–1952
Profesor, Southwestern Baptist Theological Seminary

Masculino y femenino

Los seres humanos son creados varón y mujer (ver Gén. 1:27). Este simple hecho es un aspecto profundo de la auténtica humanidad. La gloria de Dios se revela en las distinciones entre hombres y mujeres, así como en nuestra unidad como hechos a imagen de Dios. Puesto que el género refleja la bondad de la creación de Dios, debemos celebrar la verdadera masculinidad y la verdadera feminidad como dones de Dios.

Las enseñanzas bíblicas sobre el género entran en conflicto directo con el pensamiento del mundo secular, que considera cada vez más que las diferencias de género no son más que formas de opresión construidas socialmente. Los movimientos para normalizar el transexualismo y los procedimientos transgénero representan formas de rebelión contra el propósito de Dios en la creación. El caos de género prevalece ahora en gran parte de nuestra cultura, provocando confusión y daño en la vida de las personas, las familias e incluso las iglesias. La creación de los seres humanos como varón y hembra y la afirmación común de Dios de ambos géneros demuestran el amor de Dios por nosotros y Su diseño de funciones y responsabilidades diferentes para hombres y mujeres.

Caída de la inocencia

En el Edén, Adán y Eva vivían en perfección. Moralmente inocentes, ignoraban el pecado. Dios les permitió disfrutar del jardín, excepto del árbol del conocimiento del bien y del mal (Gén. 2:16-17). Tenían libre albedrío, pudiendo obedecer o no a Dios.

Como seres morales, Adán y Eva tenían la capacidad de elegir o decidir moralmente.

Entonces llegó la tentación. Cuando Adán y Eva comieron del fruto prohibido, desobedecieron a Dios y se rebelaron contra Su mandato (ver Gén. 3:1-7). Las consecuencias de su pecado fueron incalculables. Como Adán era la cabeza de la raza humana, la humanidad misma cayó en el pecado y la condenación por su pecado. Ahora que Adán y Eva eran pecadores, Dios los expulsó justamente del jardín (ver Gén. 3:23-24). Las consecuencias de su pecado fueron verdaderamente catastróficas. Con el pecado llegaron la enfermedad y la muerte, y la propia tierra se volvió hostil a la humanidad (ver Gén. 3:17-19). Este relato bíblico no es un mito. Es el relato histórico de la caída de la humanidad de la inocencia al pecado.

En el párrafo anterior subraya las consecuencias del pecado de Adán y Eva.

Una vez que Adán pecó, toda la humanidad quedó bajo la condena del pecado. De Adán, toda la raza humana hereda una naturaleza caída e inclinada al pecado. No nacemos en un estado de inocencia moral; ningún ser humano después de Adán es inocente. Aunque aún poseemos la capacidad de albedrío moral, debemos elegir constantemente entre la obediencia y la desobediencia. En cuanto somos capaces moralmente, pecamos, quebrantamos la ley de Dios y quedamos bajo la condena de Dios por nuestro propio pecado. No es una imagen bonita, pero es real y honesta. Sin un diagnóstico claro de nuestra condición humana de pecadores, no podemos comprendernos a nosotros mismos ni darnos cuenta de nuestra necesidad de un Salvador.

«La caída de la humanidad significa que las personas pecaron contra Dios. El pecado no es solo una debilidad humana, ni un simple error, ni solo ignorancia. Tampoco es un paso adelante en la evolución humana hacia su máximo desarrollo. La caída representó un retroceso, no un progreso. Trajo consigo culpa y transgresión, y con esto, la necesidad de perdón, gracia y redención».[3]

E. Y. Mullins
1860–1928
Presidente,
Southern Baptist
Theological Seminary

Restaurada la comunión con Dios

Los humanos somos dependientes desde el nacimiento, siendo los bebés extremadamente vulnerables. Esta dependencia sigue en la madurez, confiando en Dios para salud y sustento. Espiritualmente, también somos indefensos, necesitando el plan divino de redención para comunión con Dios (ver Rom. 5:6). Conocer a Jesucristo es entender la humanidad verdadera, y por la gracia en Cristo, se nos restaura esa comunión y propósito.

El amor divino se expresa plenamente en Cristo, cuya obra asegura nuestra salvación (ver 1 Tes. 5:9). Dios, buscando glorificar Su nombre, nos amó hasta entregar a Su Hijo para nuestra redención (ver Juan 3:16), prometiendo salvación a quienes creen (ver Rom. 10:13).

Desde el primer momento de la vida, somos dependientes, especialmente los bebés humanos, quienes son extremadamente vulnerables. Nuestra dependencia continúa a lo largo de la vida, confiando en Dios para las necesidades básicas y la protección. Necesitamos de la redención divina para relacionarnos con Dios y entender la verdadera humanidad a través de Jesucristo. Por la gracia divina en Cristo, recuperamos la comunión con Dios y podemos vivir

Los cristianos deben ver a cada persona como creada a imagen de Dios y merecedora de todo respeto y amor.

nuestro propósito. Dios muestra Su amor supremo en Jesús, cuya obra asegura nuestra salvación, ofreciendo redención a todos los que creen en Él, conforme a 1 Tesalonicenses 5:9 y Juan 3:16.

Lee los siguientes pasajes sobre la humanidad. Empareja cada referencia con la afirmación correcta.

___ 1. Génesis 1:26-27; Santiago 3:9
___ 2. Salmo 51:5; Romanos 3:10-12,23
___ 3. Juan 3:16; Romanos 5:6-8

a. Todos han pecado.
b. Fuimos creados a la imagen de Dios.
c. Dios nos ama y Cristo murió por nuestros pecados.

Deberías haber emparejado de esta forma: 1. b, 2. a, 3. c.

Como estás hecho a imagen de Dios, tienes capacidad para conocerlo y adorarle. Responde a estas preguntas:

¿En qué medida refleja mi vida la imagen de Dios?

____

¿Disfruto de la comunión diaria con Él?	☐ Sí	☐ No
¿Mantengo una vida de oración?	☐ Sí	☐ No
¿Tengo devocionales diarios?	☐ Sí	☐ No
¿La Palabra guía mis pensamientos y acciones?	☐ Sí	☐ No
¿Paso tiempo reflexionando sobre mi relación con Dios?	☐ Sí	☐ No

¿Cómo puedo mejorar mi relación con Dios?

____

CAPÍTULO 7

SALVACIÓN

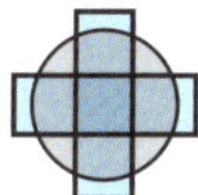

Artículo 4

Salvación

«La salvación implica la redención total del hombre, y se ofrece gratuitamente a todos los que aceptan a Jesucristo como Señor y Salvador, quien por su propia sangre obtuvo redención eterna para el creyente. En su sentido más amplio la salvación incluye la regeneración, la justificación, la santificación, y la glorificación. No hay salvación aparte de la fe personal en Jesucristo como Señor.

A. Regeneración, o el nuevo nacimiento, es una obra de la gracia de Dios por la cual los creyentes llegan a ser nuevas criaturas en Cristo Jesús. Es un cambio de corazón, obrado por el Espíritu Santo por medio de la convicción de pecado, al cual el pecador responde en arrepentimiento hacia Dios y fe en el Señor Jesucristo. El arrepentimiento y la fe son experiencias de gracia inseparables. El arrepentimiento es una genuina vuelta del pecado hacia Dios. La fe es la aceptación de Jesucristo y la dedicación de la personalidad total a Él como Señor y Salvador.

B. Justificación, es la obra de gracia de Dios y la completa absolución basada en los principios de su gracia hacia todos los pecadores que se arrepienten y creen en Cristo. La justificación coloca al creyente en una relación de paz y favor con Dios.

C. Santificación es la experiencia que comienza en la regeneración, mediante la cual el creyente es separado para los propósitos de Dios, y es capacitado para progresar hacia la madurez moral y espiritual por medio de la presencia del Espíritu Santo que mora en él. El crecimiento en gracia debe continuar durante toda la vida de la persona regenerada.

D. Glorificación es la culminación de la salvación y es el estado bendito y permanente del redimido».[1]

Escanea este código QR
y accede a herramientas, recursos y ayudas adicionales que complementan los principios expuestos en este estudio. Todo está disponible en nuestra página de recursos digitales para Fe y mensaje bautistas: www.lifeway.com/feymensajebautistas

Salvación
El proceso mediante el cual Dios redime a Su creación a través de la vida, muerte y resurrección de Su Hijo Jesucristo.

Versículo para memorizar

«Porque de tal manera amó Dios al mundo, que ha dado a su Hijo unigénito, para que todo aquel que en él cree, no se pierda, mas tenga vida eterna».

Juan 3:16

La salvación es el gran tema de la Biblia. El eje central del mensaje evangélico es la verdad de que Dios salva a los pecadores. Esta es la mejor noticia que el mundo ha oído jamás, y constituye el fundamento mismo de la fe cristiana.

Las justas exigencias de Dios

La salvación bíblica se basa en el carácter de Dios, quien es tanto un Padre amoroso que redime a los pecadores como el Santo juez de Israel. La salvación reconcilia cómo Dios es justo y justificador de los que tienen fe en Jesús. La *propiciación* es central en esto, siendo el sacrificio que satisface la justicia divina, provisto por Dios mismo en Jesucristo. La muerte, sepultura y resurrección de Jesús son los eventos cruciales que aseguran nuestra salvación.

¿Por qué era necesaria la muerte de Jesús para salvarnos?

____

____

Sólo el sacrificio del Hijo perfecto de Dios podía satisfacer la justa exigencia de justicia de Dios y cancelar la culpa de los que acuden a Él con fe.

Nuestra necesidad

Nuestro pecado explica la necesidad de la obra salvadora de Dios. El pecado separó a los seres humanos de Dios, y el juicio de Dios contra el pecado creó una barrera que ningún esfuerzo humano podría superar. Como dijo Isaías, todos los intentos humanos de alcanzar la justicia de la ley son como trapos de inmundicia (ver Isaías 64:6). Los pecadores no pueden resolver el problema del pecado. Como describió Pablo nuestra situación, los pecadores estamos «muertos en vuestros delitos y pecados» (ver Ef. 2:1).

Lee las siguientes referencias bíblicas que tratan sobre el pecado y asócialas con sus descripciones correspondientes.

1. Isaías 59:1-2	a. El pecado es universal; nadie es justo; todos se han desviado de Dios.
2. Jeremías 17:9	b. No creer en Jesús trae condenación.
3. Juan 3:18,36	c. El pecado nos separa de Dios.
4. Rom. 3:10-18,23	d. Omitir el bien conocido es pecar.
5. Santiago 4:17	e. Pecar es violar la ley divina.
6. 1 Juan 3:4	f. El corazón humano es falaz y corrupto.

«Si bien todos nosotros somos como suciedad, y todas nuestras justicias como trapo de inmundicia; y caímos todos nosotros como la hoja, y nuestras maldades nos llevaron como viento».
Isaías 64:6

Marca cada afirmación *V* (verdadero) o *F* (falso).

___ 1. La ignorancia, no el pecado, es nuestro problema.
___ 2. Todos cometen pecados.
___ 3. Pecar es desobedecer a Dios.
___ 4. El pecado nos aleja de Dios.
___ 5. La debilidad humana origina el pecado.
___ 6. Pecar es rebelarse contra Dios.
___ 7. Dudar de Jesús como Hijo de Dios es pecado.
___ 8. El pecado afecta a la sociedad, no a Dios.
___ 9. Pecado es adorar lo que no es Dios.
___ 10. No podemos liberarnos del poder del pecado solos.

Este debe ser el emparejamiento: 1. c, 2. f, 3. b, 4. a, 5. d, 6. e. Las afirmaciones 1, 5, y 8 son falsas; 2, 3, 4, 6, 7, 9 y 10 son verdaderas.

«Porque el Hijo del Hombre no vino para ser servido, sino para servir, y para dar su vida en rescate por muchos».
Marcos 10:45

«Porque el Hijo del Hombre vino a buscar y a salvar lo que se había perdido».
Lucas 19:10

«El siguiente día vio Juan a Jesús que venía a él, y dijo: He aquí el Cordero de Dios, que quita el pecado del mundo».
Juan 1:29

«Porque primeramente os he enseñado lo que asimismo recibí: Que Cristo murió por nuestros pecados, conforme a las Escrituras».
1 Corintios 15:3

La expiación de Cristo

Si Dios no hubiera logrado nuestra salvación mediante Cristo, ahí es donde habría terminado la historia humana: con pecadores enfrentados a la justa ira de Dios y sin esperanza. Pero ese no es el final de la historia, y eso es lo que hace que el evangelio cristiano sea la mejor noticia jamás conocida. Como explicó Pablo: «Dios estaba en Cristo reconciliando consigo al mundo» (2 Cor. 5:19; ver también Mar. 10:45; Luc. 19:10; Juan 1:29).

La Biblia también revela el modo en que Dios logró nuestra salvación por medio de Cristo. La cruz está en el centro mismo de la fe cristiana. La muerte de Cristo fue una expiación por el pecado: murió en la cruz en lugar de los pecadores. Por eso describimos la obra de Cristo como expiación *sustitutiva*. En pocas palabras, Cristo murió en nuestro lugar.

En Su encarnación, Jesucristo fue plenamente Dios y plenamente hombre. Como explicó el autor de Hebreos, Jesús fue «probado en todo según nuestra semejanza, pero sin pecado» (Heb. 4:15). Su impecabilidad es una parte vital de la historia del evangelio. Su impecabilidad también significa que cumplió perfectamente la ley, anulando así el juicio de Dios contra nosotros. Triunfó sobre el pecado, la muerte y la maldición.

La expiación de Cristo abarca el rescate y liberación del pecado, con un enfoque en su rol sustitutivo, como lo destaca Pablo: «Cristo murió por nosotros» cuando éramos pecadores (ver Rom. 5:8). Su muerte cubre la penalidad de nuestros pecados, como se explica en 1 Cor. 15:3, siendo una acción penal que satisface la deuda por el pecado.

Elige la forma correcta de completar la frase.
La muerte de Cristo en la cruz fue sustitutiva porque:

- ☐ Ocupó el lugar del sumo sacerdote judío;
- ☐ Ocupó nuestro lugar;
- ☐ Ocupó el lugar del cordero pascual.

La muerte de Cristo en la cruz fue penal porque:

- ☐ Pagó la pena por nuestros pecados;
- ☐ Murió como nuestro ejemplo.

En la cruz, Cristo ocupó nuestro lugar y pagó la pena por nuestros pecados. *Fe y mensaje bautistas* afirma que Jesucristo obtuvo la redención eterna para los creyentes «por Su propia sangre». Se trata de una afirmación muy importante, que entrelaza temas del Antiguo y del Nuevo Testamento. En el libro del Levítico, Dios instruyó a Israel que «la vida de la carne en la sangre está, y yo os la he dado para hacer expiación sobre el altar por vuestras almas; y la misma sangre hará expiación de la persona» (Lev. 17:11). El libro de los Hebreos hace aún más hincapié en este punto: «Y casi todo es purificado, según la ley, con sangre; y sin derramamiento de sangre no se hace remisión» (Heb. 9:22).

El libro de los Hebreos describe maravillosamente el significado de la muerte y la expiación de Cristo explicando que Cristo es nuestro Gran Sumo Sacerdote que entró en el tabernáculo celestial y, al igual que los sumos sacerdotes de Israel en el tabernáculo terrenal, hizo expiación de los pecados mediante la aspersión de la sangre. Pero a diferencia de aquellos sumos sacerdotes humanos, Jesús pagó nuestra pena con Su propia sangre, entrando «una vez para siempre en el lugar santísimo, habiendo obtenido eterna redención» (Heb. 9:12).

«[La fe] es siempre una palabra de voluntad. Es dinámica, nunca pasiva o letárgica. Se mueve; avanza; es un compromiso. La fe nunca es asentimiento intelectual o reconocimiento histórico».[2]
W. A. Criswell
1909–2002
Pastor, First Baptist Church; Dallas, Texas

Quienes niegan la expiación por la sangre niegan el centro mismo de la presentación que hace el Nuevo Testamento del don divino de la salvación. En la Última Cena, Jesús dio a Sus discípulos la copa, diciendo: «Porque esto es mi sangre del nuevo pacto, que por muchos es derramada para remisión de los pecados» (Mat. 26:28).

Detente y da gracias a Jesús por derramar Su sangre en la cruz por tu pecado.

El único camino

Fe y el mensaje bautistas afirma que la salvación «se ofrece gratuitamente a todos los que aceptan a Jesucristo como Señor y Salvador». Citando al profeta Joel, el apóstol Pablo afirmó: «Porque todo aquel que invocare el nombre del Señor, será salvo» (Rom. 10:13). En el versículo más citado de la Biblia, Jesús dijo a Nicodemo: «Porque de tal manera amó Dios al mundo, que ha dado a su Hijo unigénito, para que todo aquel que en él cree, no se pierda, mas tenga vida eterna» (Juan 3:16).

El factor crucial aquí es la creencia. Los cristianos son creyentes en Cristo; creen lo que la Biblia revela sobre quién es Él, por qué vino, qué logró y qué significa esto para los pecadores. En otras palabras, la fe salvadora es una fe confiada, una creencia que implica a toda la persona, no sólo al intelecto.

Pablo prometió a los cristianos de Roma que «que si confesares con tu boca que Jesús es el Señor, y creyeres en tu corazón que Dios le levantó de los muertos, serás salvo» (Rom. 10:9). Creer con el corazón —el centro mismo del ser humano— representa una maravillosa definición de la fe salvadora. W. T. Conner explicó que la fe «es asumir la actitud de entera dependencia de Dios. Ninguna otra cosa es fe. Negarse a asumir esta actitud es lo que mantiene al hombre fuera del reino de Dios».[3]

«Dios ha tenido un único plan de salvación para todos, en cualquier lugar: solo por gracia, a través de la fe únicamente, en Jesucristo solo».[4]
Timothy George
1950–
Decano fundador, Beeson Divinity School, Samford University

La salvación *sólo llega* a los que aceptan a Jesucristo como Salvador y Señor. No hay otro salvador ni otro evangelio que salve. Pedro declaró en Jerusalén: «En ningún otro hay salvación, porque no hay bajo el cielo otro nombre dado a los hombres en que podamos ser salvos» (Hech 4:12). Del mismo modo, Jesús dijo a Tomás: «Yo soy el camino, y la verdad, y la vida; nadie viene al Padre, sino por mí» (Juan 14:6). Por tanto, no podemos contemplar la idea de que pueda haber otras vías de salvación. Jesús no dijo: «Yo soy *un* camino». Dijo: «Yo soy *el camino*». No hay otro camino.

Un mundo escéptico puede ver el evangelio como intolerante por afirmar que solo Jesucristo salva y se necesita fe en Él. Aun así, debemos rechazar el universalismo e inclusivismo, proclamando el verdadero evangelio que salva a quienes creen.

Si un vecino pregunta: «¿Por qué dices que solo Cristo salva?», ¿qué versículos usarías en tu explicación?

____

____

Aspectos de la salvación

La doctrina de la salvación abarca varios aspectos importantes de nuestra redención. Todos ellos apuntan a la gracia y la misericordia de Dios hacia los pecadores.

Gracia. La gracia es una de las palabras más bellas de la Biblia, que nos recuerda que nos salvamos gracias al favor inmerecido de Dios. La gracia afirma nuestra absoluta dependencia de Dios: «Porque por gracia sois salvos por medio de la fe; y esto no de vosotros, pues es don de Dios; no por obras, para que nadie se gloríe» (Ef. 2:8-9).

Timothy George escribió: «Hay un sentido en el que la gracia de Dios es tan sencilla que hasta un niño pequeño puede captar su significado. Y, sin embargo, es tan profunda que los teólogos más eruditos no pueden comprender plenamente su maravilla, su belleza y su poder».[5] George describió la abundancia de la gracia de Dios: «La gracia de Dios es inagotable, incontenible, desbordante. Dios no es tacaño. La gracia suficiente de Dios irradia su adecuación para satisfacer las necesidades más profundas del pecador más vil que jamás haya existido. No hay infierno en la tierra tan profundo como para que la gracia de Dios pueda llegar aún más hondo».[6]

Fe. Herschel Hobbs iluminó claramente el significado bíblico de la fe: «Fe significa creer. Pero en su sentido más verdadero es algo más que intelectual. Implica un acto de voluntad por el que uno confía en Cristo y se entrega a Él, a Su voluntad y a Su camino. Significa aceptar o recibir a Cristo como Señor y Salvador. Así uno será llevado a confesarle como tal (Rom. 10:9-10)».[7]

Adrian Rogers explicó la conexión entre la gracia y la fe: «Así es como funciona la salvación y se produce el nuevo nacimiento. Pongo mi fe en la gracia de Dios. No es la fe la que salva; es la gracia la que salva. La fe sólo se aferra a esa gracia. Piensa en la gracia como la mano de amor de Dios que baja del cielo y dice: "Te quiero. Quiero salvarte". Es una mano atravesada por un clavo, porque Él ha pagado por nuestros pecados. Piensa en la fe como tu mano manchada por el pecado, que dice: "Dios, te necesito. Te quiero". Y cuando pones tu mano de fe en la mano de gracia de Dios, eso es la salvación».[8]

Gracia
El favor inmerecido de Dios que provee salvación.

Fe
Creencia y compromiso personal con Jesucristo para la salvación eterna.

Regeneración
Renacimiento espiritual.

«La salvación, desde su inicio en el propósito divino antes de la creación del mundo hasta su consumación en gloria, es toda por gracia».[9]

B. H. Carroll
1843–1914
Fundador, Southwestern Baptist Theological Seminary

«En algunos casos, las personas que desean transferir su ciudadanía de otro país a los Estados Unidos de América, renuncian a toda lealtad al antiguo país y aceptan la Constitución, la Bandera y las leyes del país en el que buscan la ciudadanía. En la Biblia, esto se llama arrepentimiento y fe. El arrepentimiento significa la renuncia al antiguo país y creer significa la aceptación del nuevo país».[12]

M. E. Dodd
1878–1952
Pastor, First Baptist Church; Shreveport, Louisiana; presidente, Convención Bautista del Sur, 1934–35

Regeneración. La *Fe y mensaje bautistas* define la regeneración, o el nuevo nacimiento, como la obra de la gracia de Dios «por la que los creyentes se convierten en nuevas criaturas en Cristo Jesús». Este concepto explica por qué los cristianos hablan a menudo de nacer de nuevo. El propio Jesús enseñó el concepto bíblico del nuevo nacimiento; dijo a Nicodemo: «El que no naciere de nuevo, no puede ver el reino de Dios» (Juan 3:3). La regeneración es la forma en que Dios comienza Su obra de salvación en nosotros, y explica por qué cada cristiano es una nueva creación en Cristo (ver 2 Cor. 5:17).

Pedro nos dice que nacemos de nuevo «por la palabra de Dios que vive y permanece para siempre» (1 Ped. 1:23). También nos dice que Dios nos «hizo renacer para una esperanza viva, por la resurrección de Jesucristo de los muertos» (1 Ped. 1:3).

Arrepentimiento. El arrepentimiento del pecado es el dolor piadoso por el pecado: un verdadero alejamiento de lo que antes nos había atrapado. La obra salvadora de Cristo se hace evidente en los cre-yentes cuando empiezan a odiar el pecado que habían amado. En el libro de los Hechos, los apóstoles afirmaron la importancia del arrepentimiento. El día de Pentecostés, Pedro ordenó a la multitud: «Convertíos[...] y bautícese cada uno de vosotros en el nombre de Jesús, el Mesías, para perdón de vuestros pecados» (Hech. 2:38). En la Colina de Marte, Pablo advirtió a los atenienses que Dios «ahora manda a todos los hombres en todo lugar, que se arrepientan» (Hech. 17:30). Ante el rey Agripa, Pablo defendió el evangelio, recordando al rey que había llamado constantemente tanto a judíos como a gentiles a arrepentirse y volverse a Dios (Hech. 26:20).

John Broadus definió el *arrepentimiento* de esta manera: «Arrepentirse del pecado significa que uno cambia sus pensamientos y sentimientos sobre el pecado, resolviendo abandonar el pecado y vivir para Dios».[10] Lee Scarborough (1870-1945), presidente del Seminario del Suroeste desde 1914 hasta su muerte en 1945, explicó: «¿Qué es el arrepentimiento? Es apartarte de tus pecados. Es renunciar al amor a tus pecados, a tu afecto por todo lo que sabes que está mal en tu vida.

Es volverse hacia la derecha con una nueva visión y una nueva visión de Dios».[11]

Arrepentimiento
Un cambio de corazón y mente que resulta en un giro del pecado hacia Dios.

Consulta el artículo sobre salvación en *Fe y mensaje bautistas*, página 65. Completa los espacios para definir *regeneración, arrepentimiento y fe.*

La regeneración, o el nuevo _________, es una obra de la gracia de Dios por la que los creyentes se convierten en nuevos _____________ en Cristo Jesús. Es un cambio de _________ obrado por el Espíritu Santo mediante la convicción de pecado, al que el pecador responde en ________ hacia Dios y _______ en el Señor Jesucristo. El arrepentimiento y la fe son experiencias inseparables de ___________. El arrepentimiento es una auténtica ___________ del pecado hacia Dios. La fe es la aceptación de Jesucristo y el compromiso de toda la personalidad con Él como _______ y ___________.

Lee cada pasaje y empareja cada referencia con el término.

___ 1. Lucas 15:17-18	a. Arrepentimiento
___ 2. Hechos 2:38	b. Fe
___ 3. Hechos 16:30-31	
___ 4. Romanos 10:8-10	
___ 5. Juan 5:24	
___ 6. Romanos 2:4	

Deberías haber emparejado así: 1. a, 2. a, 3. b, 4. b, 5. b, 6. a.

Justificación. La justificación, como afirma *Fe y mensaje bautistas*, «es la clemente y plena absolución» de Dios a los pecadores que creen en Cristo. W. A. Criswell explicó: «En la justificación, Dios declara que, sobre la base de la muerte expiatoria de Cristo, a quien estamos unidos por la fe, hemos pagado la pena de la ley por nuestros

Justificación
La declaración de Dios de un creyente como justo a través de la sangre de Cristo.

Santificación
La posición y proceso de santidad por el cual un creyente es apartado por y para Dios.

Glorificación
La perfección de la imagen y carácter de Dios en los creyentes cuando entran en la presencia de Dios.

pecados: la muerte. Jesús, a quien estamos unidos por la fe, murió por nosotros, de modo que la pena ha sido pagada. Estamos perdonados, justificados, declarados justos».[14] John Dagg escribió:

> La justificación es el acto por el que un juez absuelve a una persona acusada de un delito. Es lo contrario de la condena. [...] La justificación es una bendición de la gracia más elevada que el perdón. Este libera de la pena debida al pecado, pero no restablece plenamente el favor perdido de Dios. [...] Tal es la grandeza de la gracia divina para el pecador que vuelve a Dios por medio de Jesucristo, que se le trata como si nunca hubiera pecado; y esto se importa en la declaración de que está justificado. [...] Todo creyente penitente es a la vez perdonado y justificado. Como el arrepentimiento y la fe son deberes que se implican mutuamente, así el perdón y la justificación son bendiciones gemelas de la gracia, otorgadas conjuntamente por medio de Jesucristo. Todos aquellos a quienes Jesús libra de la ira venidera son justificados gratuitamente de todas las cosas y presentados sin mancha ante la presencia de Su gloria.[15]

Aunque parezca increíble, la Biblia afirma que Dios «justifica a los impíos» (Rom. 4:5). ¿Cómo puede ser esto cierto? ¿Puede Dios justificar verdaderamente a los impíos y seguir siendo santo y perfecto? *Fe y mensaje bautistas* estipula que la justificación de Dios a los pecadores se lleva a cabo «sobre los principios de Su justicia». En otras palabras, Dios actúa de un modo perfectamente coherente con Su carácter perfecto. En Romanos 3:21-26, Pablo nos muestra que, en la cruz, Dios demostró realmente Su justicia mediante el sacrificio de Cristo.

Los creyentes son justificados por la fe y sólo por la fe. No añadimos nada a la obra de Cristo, y nuestras obras no valen nada. Somos justificados sólo por la fe, ya que el don gratuito y bondadoso de Dios se hace nuestro por la propia declaración de Dios. *Fe y mensaje bautistas* define con gran ayuda *la fe salvadora* como «la aceptación de Jesucristo y el compromiso de toda la personalidad con Él como Señor y Salvador».

Ve al artículo sobre salvación en *Fe y mensaje bautistas*, página 65. Llena los espacios para definir la *justificación*.

La justificación es la gracia y plena ____________ de Dios sobre los principios de Su ____________________ de todos los pecadores que __________ y ________________ en ______________. La justificación lleva al creyente a una relación de __________ y ___________ con Dios.

La salvación implica la redención de toda la persona. No es una mera cura del pecado, sino la redención de todo el pecador. La obra de salvación que Dios ha iniciado en todos los verdaderos creyentes se cumplirá en la resurrección de nuestros cuerpos y en la culminación del plan redentor de Dios, un plan que incluye dimensiones pasadas, presentes y futuras.

Santificación. La santificación es la obra progresiva del Espíritu Santo por la cual, como afirma *Fe y mensaje bautistas*, «el creyente es apartado para los propósitos de Dios» y avanza hacia la madurez cristiana. Esta obra de la gracia de Dios comienza en la regeneración, cuando la nueva creación en Cristo empieza a crecer en gracia y a comprender las cosas de Dios.

La santificación es el proceso de maduración y plenitud en la vida cristiana. A diferencia de otras denominaciones que ven la santificación como instantánea y posible la perfección en esta vida, los bautistas ven la vida cristiana como un crecimiento continuo en gracia y conocimiento de la Biblia (Heb. 5:12-14). Los cristianos deben aspirar a la madurez para servir mejor a Cristo, aunque la completa madurez llegará con la glorificación en el futuro (Fil. 1:6).

Glorificación. La glorificación completa la obra salvadora de Dios. *Fe y mensaje bautistas* afirma que es «la culminación de la salvación y es el estado final bendito y permanente de los redimidos». Pablo animó a los cristianos a mirar con expectación el «peso eterno de gloria» que se promete a los creyentes (2 Cor. 4:17).

«Porque debiendo ser ya maestros, después de tanto tiempo, tenéis necesidad de que se os vuelva a enseñar cuáles son los primeros rudimentos de las palabras de Dios; y habéis llegado a ser tales que tenéis necesidad de leche, y no de alimento sólido. Y todo aquel que participa de la leche es inexperto en la palabra de justicia, porque es niño; pero el alimento sólido es para los que han alcanzado madurez, para los que por el uso tienen los sentidos ejercitados en el discernimiento del bien y del mal».
Hebreos 5:12-14

«El que comenzó en vosotros la buena obra, la perfeccionará hasta el día de Jesucristo».
Filipenses 1:6

Nuestra glorificación espera la aparición de Cristo.

Nuestra glorificación espera la aparición de Cristo. Juan prometió a los creyentes que, cuando Cristo aparezca, seremos como Él: «Ahora somos hijos de Dios, y aún no se ha manifestado lo que hemos de ser; pero sabemos que cuando él se manifieste, seremos semejantes a él, porque le veremos tal como él es» (1 Jn 3:2).

Subraya las definiciones de santificación y glorificación de los párrafos anteriores.

Lee cada pasaje y empareja la referencia con el aspecto de la salvación al que se refiere principalmente.

___ 1. Romanos 8:17
___ 2. 2 Timoteo 2:21
___ 3. Juan 3:3-6
___ 4. Colosenses 1:9-10
___ 5. 1 Corintios 15:52-53
___ 6. Romanos 5:1
___ 7. Romanos 3:23-24
___ 8. Tito 3:5

a. Regeneración
b. Justificación
c. Santificación
d. Glorificación

Las respuestas correctas son 1. d, 2. c, 3. a, 4. c, 5. d, 6. b, 7. b. 8. a.

Si una persona no salva te preguntar cómo salvarse, ¿qué le dirías? Escribe algunas ideas sobre cada tema en una hoja aparte.

- El pecado
- La cruz
- El arrepentimiento
- El amor de Dios
- La fe

Escribe al menos una referencia bíblica junto a cada punto del esquema. Practica compartiendo tu esquema con un familiar o un amigo. Pide a Dios que te dé oportunidades de compartir Su salvación con personas perdidas.

CAPÍTULO 8

EL PROPÓSITO DE LA GRACIA DE DIOS

Artículo 5

El propósito de la gracia de Dios

«La elección es el propósito de la gracia de Dios, según el cual Él regenera, justifica, santifica y glorifica a los pecadores. Es consistente con el libre albedrío del hombre, e incluye todos los medios relacionados con el fin. Es la gloriosa expresión de la bondad soberana de Dios, y es infinitamente sabia, santa e inmutable. Excluye la jactancia y promueve la humildad.

Todos los verdaderos creyentes perseveran hasta el fin. Aquellos a quienes Dios ha aceptado en Cristo y santificado por su Espíritu, jamás caerán del estado de gracia, sino que perseverarán hasta el fin. Los creyentes pueden caer en pecado por negligencia y tentación, por lo cual contristan al Espíritu, menoscaban sus virtudes y su bienestar, y traen reproche a la causa de Cristo y juicios temporales sobre sí mismos; sin embargo, ellos serán guardados por el poder de Dios mediante la fe para salvación».[1]

Versículos para memorizar

«Mis ovejas oyen mi voz, y yo las conozco, y me siguen, y yo les doy vida eterna; y no perecerán jamás, ni nadie las arrebatará de mi mano. Mi Padre que me las dio, es mayor que todos, y nadie las puede arrebatar de la mano de mi Padre».
Juan 10:27-29

Escanea este código QR y accede a herramientas, recursos y ayudas adicionales que complementan los principios expuestos en este estudio. Todo está disponible en nuestra página de recursos digitales para Fe y mensaje bautistas: www.lifeway.com/feymensajebautistas

Elección
La acción de la gracia de Dios para elegir a las personas que le sigan y obedezcan Sus mandamientos.

La salvación comienza en el propósito eterno de Dios: Su determinación de salvar a los pecadores mediante la expiación realizada por Jesucristo, Su Hijo. Es importante que los cristianos sepan esto porque asegura nuestra salvación en el poder y el propósito de Dios y no en nuestros propios esfuerzos. Esta gran verdad también recuerda a los cristianos que el plan de Dios para salvar a los pecadores comenzó antes de la creación del mundo. Jesucristo es el Cordero de Dios, inmolado «desde el principio del mundo» (Apoc. 13:8).

El propósito bondadoso de Dios

La elección es una doctrina central de la Biblia, que afirma que Dios salva a los pecadores. Tal y como la *Fe y mensaje bautistas* definen esta doctrina: «La elección es el propósito de gracia de Dios, según el cual Él regenera, justifica, santifica y glorifica a los pecadores». En otras palabras, la doctrina de la elección explica cómo la gracia de Dios trae la salvación a Su pueblo.

Dios anunció a los hijos de Israel Su propósito de redimir a un pueblo y les recordó constantemente que eran un pueblo elegido, una nación elegida. Dios eligió a Israel de entre todas las naciones de la tierra para mostrar el poder de Su nombre. Israel escuchó la voz de Dios (ver Deut. 4:33) y recibió la ley, revelada de forma suprema en los Diez Mandamientos (ver Ex. 20:1-18). Dios no eligió a Israel porque la nación fuera rica, numerosa o poderosa, sino porque quiso tomar una nación diminuta, engrandecerla y mostrar Su gloria a través del pueblo que había elegido (ver Deut. 7:7-8; Isa. 44:1; 45:4).

Israel fue elegido por Dios para ser el linaje del Mesías, el Salvador mundial. Su distinción y privilegio radicaban en ser el medio por el cual Dios bendeciría a todas las naciones, conforme a la promesa hecha a Abraham: «En tu simiente serán benditas todas las naciones de la tierra» (Gén. 22:18), en reconocimiento a su obediencia.

Israel rompió el pacto original con Dios, llevando al profeta Jeremías a anunciar un nuevo pacto (Jer. 31:31-34), cumplido por Jesús. En la Última Cena, Él declaró: «Esta copa es el nuevo pacto en mi sangre, derramada por vosotros» (Luc. 22:20). Así, el plan redentor de Dios se realiza en la Iglesia, adquirida a través de la sangre de Cristo, demostrando la iniciativa divina en nuestra salvación.

Lee Juan 6:37,44. Luego escribe tu propia paráfrasis.

____

____

«Todo lo que el Padre me da, vendrá a mí; y al que a mí viene, no le echo fuera. Ninguno puede venir a mí, si el Padre que me envió no le trajere; y yo le resucitaré en el día postrero».
Juan 6:37,44

¿Cuál es el propósito de Dios para la humanidad?

____

Puede que hayas escrito algo como esto «Los entregados a Jesús por el Padre nunca serán rechazados, y nadie puede venir a Jesús a menos que el Padre lo atraiga». Dios toma la iniciativa para llevar a cabo Su propósito de salvar a las personas.

La expiación que Cristo llevó a cabo no fue un plan que Dios pusiera en marcha tras observar la pecaminosidad humana. Al contrario, Dios determinó salvar a los pecadores, y lo hace de una manera coherente con Su poder, autoridad, rectitud, justicia, misericordia y amor. Una paráfrasis interpreta Efesios 1:11-12 de manera sorprendente: «Es en Cristo donde descubrimos quiénes somos y para qué vivimos. Mucho antes de que oyéramos hablar de Cristo por primera vez y nos ilusionáramos, Él tenía puestos Sus ojos en nosotros, tenía designios sobre nosotros para una vida gloriosa, parte del propósito general que está realizando en todo y en todos».[2] El plan de salvación de Dios es perfecto, y Él sigue siendo soberano a lo largo del desarrollo de la historia humana y de Sus tratos con la humanidad.

El libre albedrío del hombre

La *Fe y el mensaje bautista* reconoce que la gracia divina no contradice el libre albedrío humano. Herschel Hobbs y Charles Spurgeon subrayaron la coexistencia bíblica de la soberanía de Dios con la libertad y responsabilidad del hombre, un misterio para la razón humana que quizás se aclare en el cielo. Charles Spurgeon llegó a preguntarse si seríamos capaces de conciliar ambas verdades en el cielo: «No estoy seguro de que en el cielo podamos saber dónde se encuentran el libre albedrío del hombre y la soberanía de Dios, pero ambas son grandes verdades».[4]

A lo largo de la historia, los cristianos, incluidos los bautistas con diversas concepciones sobre la soberanía de Dios y el libre albedrío humano, han buscado armonizar ambas ideas. Sin embargo, coinciden en la esencial verdad de que solo Dios puede salvar a los pecadores, uniendo fe en la soberanía divina y la responsabilidad humana. Esta convicción común refleja nuestra fe, eco de las palabras de Pablo:

Solo Dios salva a los pecadores.

> ¡Oh profundidad de las riquezas
> de la sabiduría y de la ciencia
> de Dios!
> ¡Cuán insondable son sus juicios,
> e inescrutables sus caminos!
> Romanos 11:33

Analiza los siguientes versículos bíblicos y clasifica las referencias según enfaticen la soberanía divina o la libertad del hombre.

Juan 3:15-16; Juan 5:24; Juan 15:16,19; Hechos 13:48; Romanos 8:29-30; Romanos 10:9-13; 1 Tesalonicenses 5:9; 2 Tesalonicenses 2:13-14; Apocalipsis 22:17

Soberanía de Dios	*Libertad del hombre*
________________	________________
________________	________________
________________	________________
________________	________________
________________	________________

La soberanía de Dios: Juan 15:16,19; Hechos 13:48; Romanos 8:29-30; 1 Tesalonicenses 5:9; 2 Tesalonicenses 2:13-14.

El libre albedrío de los seres humanos: Juan 3:15-16; Juan 5:24; Romanos 10:9-13; Apocalipsis 22:17.

Fe y mensaje bautistas también señala la verdad más importante sobre el evangelio: es «la gloriosa exhibición de la soberana bondad de Dios». En efecto, el Evangelio se dirige a los pecadores, pero el propósito último de Dios es revelar Su carácter como el Dios que redime, salva y perdona a los pecadores.

No hay lugar para la jactancia humana en el plan redentor de Dios. Spurgeon escribió: «La elección, para un santo, es una de las doctrinas más despojadoras de todo el mundo: eliminar toda confianza en la carne, o toda dependencia de cualquier cosa excepto Jesucristo. Cuántas veces nos envolvemos en nuestra propia justicia y nos adornamos con falsas perlas y gemas de nuestras propias obras y acciones. Empezamos a decir: "Ahora seré salvo, porque tengo esta y aquella evidencia". En lugar de eso, es la fe desnuda la que salva; esa fe y sólo esa se une al Cordero, independientemente de las obras, aunque estas sean fruto de ella».[5]

«La [elección] postra toda esperanza humana a los pies de un Dios Soberano y enseña la oración, "Señor, si quieres, puedes limpiarme". Desalienta todo esfuerzo por salvarnos mediante nuestras propias obras de justicia; pero lleva al pecador a confiarse de inmediato a la misericordia soberana de Dios».[6]
John Dagg
Pastor bautista, maestro y administrador

Perseverar hasta el final

Debemos encontrar un gran consuelo y confianza en la promesa de que el propósito salvífico de Dios es inmutable. E. Y. Mullins escribió: «La elección... cuando se comprende verdaderamente, nos llena de humildad y de un sentido de la múltiple sabiduría de Dios al tratar con Sus criaturas libres».[7] El carácter de Dios es constante, y Su poder es ilimitado. Como Pablo animó a los romanos, debemos encontrar seguridad en el hecho de que nada puede separar a los creyentes del amor de Dios (ver Rom. 8:38-39).

Esta es una noticia increíblemente buena. Los propósitos de Dios no pueden frustrarse, y ningún poder puede arrebatar a los creyentes de la mano del Señor. Como dijo Jesús a Sus discípulos: «Mi Padre que me las dio, es mayor que todos, y nadie las puede arrebatar de la mano de mi Padre» (Jn. 10:29). En Isaías 40, el profeta escribió sobre el poder y la grandeza de Dios. Preguntó: ¿Quién midió las aguas con el hueco de su mano?». (Isa. 40:12). La implicación obvia es que Dios lo ha hecho. El salmista escribió: «Porque en su mano están las profundidades de la tierra» (Sal. 95:4). El gran Dios del universo, que sostiene los poderosos océanos en la palma de Su mano, también sostiene firmemente en Su mano a los creyentes en Cristo.

«Esta doctrina de la seguridad del hijo de Dios fomenta la vida más santa entre los hijos de Dios, pues tiene detrás el motivo más santo y poderoso que controla los corazones de hombres y mujeres: el gran motivo del amor. Si puedo ser salvado por la gracia de Dios y Él es responsable de mi salvación, y me ha dado su palabra de que me salvará y todo lo que debemos hacer es dejárselo a Él, por amor y gratitud hacia Él, le daré el servicio más profundo y consagrado de mi vida por lo que ha hecho por mí».[8]

M. E. Dodd
1878–1952
Pastor, First Baptist Church; Louisiana; presidente, Convención Bautista del Sur, 1934–35

Todos los verdaderos creyentes perduran hasta el final porque su salvación está asegurada en Cristo. Los cristianos deben aceptar la promesa vital de que el propósito salvífico de Dios se completará en nosotros. Pablo expresó una confianza similar a los filipenses, animándoles con estas palabras: «Estando persuadido de esto, que el que comenzó en vosotros la buena obra, la perfeccionará hasta el día de Jesucristo» (Fil. 1:6).

Los bautistas del sur siempre han estado absolutamente unidos al afirmar que todos los verdaderos creyentes perdurarán hasta el final. Esta seguridad es otra dimensión de la gracia de Dios. Somos salvados por la gracia, transformados por la gracia y guardados por la gracia a medida que el don de la salvación de Dios se hace nuestro por la fe. Los creyentes están seguros porque nada -ni nadie- puede separarnos del amor de Dios. Dios guarda a los Suyos y no pierde a ninguno.

Lee los siguientes pasajes de las Escrituras, todos ellos relacionados con la seguridad del creyente en Cristo. Empareja cada uno con la afirmación resumida correcta.

___ 1. 2 Timoteo 1:12
___ 2. Filipenses 1:6
___ 3. Hebreos 7:25
___ 4. Juan 5:24
___ 5. 1 Pedro 1:3-5
___ 6. Hebreos 13:5

a. Estamos protegidos por el poder de Dios.
b. La vida que Jesús no da es eterna.
c. Podemos saber que nuestra salvación está asegurada.
d. Jesús ha prometido no abandonarnos nunca.
e. Dios termina lo que empieza.
f. Jesús intercede por nosotros.

Los versículos deben emparejarse así: 1. c, 2. e, 3. f, 4. b, 5. a, 6. d.

La seguridad eterna no asegura la salvación a todos los que proclaman fe en Jesús, ya que existen falsas creencias y creyentes. Jesús advirtió sobre la inconstancia de fe en la parábola de los suelos

(Mat. 13:1-23; Luc. 8:4-15). Juan señaló que aquellos que se apartan nunca fueron verdaderos creyentes (1 Juan 2:19).

Según la *Fe y mensaje bautistas*, la autenticidad cristiana se evidencia en la perseverancia hasta el final. La verdadera fe implica una vida de santificación y no permite una permanencia en pecado, como se enfatiza en la exhortación de Pedro de asegurar nuestra vocación (2 Ped. 1:10). La perseverancia de los creyentes es la evidencia de una fe verdadera y auténtica, una fe que salva. Por lo tanto, los verdaderos creyentes «nunca caerán del estado de gracia».

La seguridad del creyente
La doctrina enseña que los verdaderos creyentes están eternamente salvados y, por lo tanto, seguros en su salvación.

Los creyentes pecan y pueden llegar a caer en pecados graves y horribles que los desacreditan a ellos mismos y a la Iglesia. Los verdaderos creyentes nunca pueden permanecer en tal estado de pecado y rebelión, sino que se arrepentirán. Pedro instruyó a los creyentes para que «procurad hacer firme vuestra vocación y elección» (2 Ped. 1:10). Esto debería animar a los cristianos a examinar cuidadosamente nuestras vidas, sabiendo que Cristo enseñó a los creyentes a ser fructíferos y fieles.

Finalmente, la seguridad del creyente descansa en Dios y Sus promesas, no en la fidelidad humana, como lo afirma Pedro (1 Ped. 1:5), y se refleja en la confianza expresada por Pablo en sus epístolas.

Lee Romanos 8:38-39. Subraya las 10 cosas que no pueden separar a un creyente del amor de Dios.

«Por lo cual estoy seguro de que ni la muerte, ni la vida, ni ángeles, ni principados, ni potestades, ni lo presente, ni lo por venir, ni lo alto, ni lo profundo, ni ninguna otra cosa creada nos podrá separar del amor de Dios, que es en Cristo Jesús Señor nuestro».
Romanos 8:38-39

John Dagg advirtió contra el mal uso de la enseñanza de la seguridad eterna del creyente: «La doctrina de la perseverancia final, correctamente entendida, no anima a la pereza ni a la negligencia en el deber; mucho menos conduce al libertinaje. Quién aprovecha esta doctrina para pecar contra Dios o para ser indolente en su servicio, no sólo la malinterpreta y la aplica erróneamente, sino que tiene motivos para temer que su corazón no sea recto ante Dios».[9]

Se anima a los creyentes a confiar con seguridad en Cristo. En cierto sentido, la seguridad es un deber cristiano, pues dudar de nuestra salvación es dudar de las promesas de Dios. El propósito de la gracia de Dios nos recuerda que la gracia explica la totalidad de nuestra salvación, de principio a fin. Somos salvados, preservados, protegidos y asegurados por la gracia de Dios. Este es el propósito perfecto de Dios.

Repasa marcando cada afirmación *V* (verdadero) o *F* (falso).

___ 1. La salvación inicia en el propósito eterno de Dios de salvar pecadores mediante Cristo.

___ 2. El plan de Dios para salvar pecadores existía antes de la creación del mundo.

___ 3. Dios es soberano en Su interacción con la humanidad.

___ 4. Los seres humanos tienen libre albedrío; pueden aceptar o rechazar la salvación de Dios.

___ 5. Los bautistas reconocen tanto la soberanía divina como la responsabilidad humana en la salvación.

___ 6. Todos los creyentes verdaderos persisten hasta el final y tienen seguridad eterna.

___ 7. Todos los que afirman creer en Jesús serán salvados.

___ 8. La perseverancia de los creyentes es la prueba de la fe verdadera.

___ 9. Los creyentes verdaderos no pueden pecar.

___ 10. La doctrina de la perseverancia final nos insta a ser negligentes en la vida cristiana.

Las afirmaciones 1, 2, 3, 4, 5, 6 y 8 son verdaderas; 7, 9 y 10 son falsas.

Escribe una cosa nueva que hayas aprendido.

____

____

____

Pide a Dios que te ayude a servirle con mayor confianza y seguridad debido a la seguridad eterna de tu salvación.

CAPÍTULO 9

LA IGLESIA

Artículo 6

La Iglesia

«Una iglesia del Nuevo Testamento del Señor Jesucristo es una congregación local y autónoma de creyentes bautizados, asociados en un pacto en la fe y el compañerismo del evangelio; cumpliendo las dos ordenanzas de Cristo, gobernada por sus leyes, ejercitando los dones, derechos, y privilegios con los cuales han sido investidos por su Palabra, y que tratan de predicar el evangelio hasta los fines de la tierra. Cada congregación actúa bajo el señorío de Jesucristo por medio de procesos democráticos. En tal congregación cada miembro es responsable de dar cuentas a Jesucristo como Señor. Sus oficiales escriturales son pastores y diáconos. Aunque tanto los hombres como las mujeres son dotados para servir en la iglesia, el oficio de pastor está limitado a los hombres, como lo limita la Escritura.

El Nuevo Testamento habla también de la iglesia como el Cuerpo de Cristo el cual incluye a todos los redimidos de todas las edades, creyentes de cada tribu, y lengua, y pueblo, y nación».[1]

Versículo para memorizar

«Y él es la cabeza del cuerpo que es la iglesia, él que es el principio, el primogénito de entre los muertos, para que en todo tenga la preeminencia». Colosenses 1:18

Escanea este código QR y accede a herramientas, recursos y ayudas adicionales que complementan los principios expuestos en este estudio. Todo está disponible en nuestra página de recursos digitales para Fe y mensaje bautistas: www.lifeway.com/feymensajebautistas

La iglesia del Nuevo Testamento -el cuerpo y la esposa de Cristo- ocupa un lugar central en la obra redentora de Dios. Los bautistas están moldeados por una fuerte y vibrante visión neotestamentaria de la iglesia como pueblo de Dios, un pueblo santo y un pueblo en misión.

La fundación de la iglesia

El fundamento de la Iglesia es Jesucristo (ver 1 Cor. 3:11). Pablo escribió que la iglesia está «edificada sobre el fundamento de los apóstoles y profetas, siendo la principal piedra del ángulo Jesucristo mismo» (Ef. 2:20). Así pues, Jesucristo es el Señor de Su Iglesia, y Su obra salvadora es el fundamento de la propia Iglesia. M. E. Dodd escribió: «La deidad de Jesús, Su nacimiento virginal, Su expiación vicaria, Su resurrección corporal y Su segunda venida son los componentes de este fundamento. ... La iglesia tiene un fundamento seguro, un fundamento sólido, un fundamento duradero, un fundamento eterno».[2]

En Mateo 16:13-19, Jesús anunció la fundación de la Iglesia tras la confesión de Pedro de que Él es «el Cristo, el Hijo del Dios viviente». Jesús proclamó que la Iglesia se edificaría sobre esta declaración, no sobre Pedro, asegurando Su victoria sobre la muerte, simbolizada por las «puertas del Hades». Esta confesión es central para todos los cristianos y constituye el cimiento de la Iglesia.

«Porque nadie puede poner otro fundamento que el que está puesto, el cual es Jesucristo». 1 Corintios 3:11

El Cuerpo de Cristo

La palabra griega *ekklesia*, la palabra principal del Nuevo Testamento para *iglesia*, significa los *llamados a salir*. Los cristianos son llamados del mundo a la comunión de la Iglesia. Los llamados a salir son visibles en congregaciones locales que forman parte del cuerpo de Cristo.

Iglesia
La comunidad de aquellos que creen y siguen a Jesucristo.

Lee Efesios 1:20-23 y Colosenses 1:18 en el margen de la siguiente página. La cabeza de la Iglesia es—

☐ el pastor; ☐ Cristo; ☐ los diáconos; ☐ los miembros.

Lee en tu Biblia 1 Corintios 12:12-27, en la que Pablo utiliza la analogía del cuerpo humano para describir a la Iglesia. Después de cada afirmación escribe el número del versículo que apoya esa afirmación.

1. El mismo Espíritu Santo obra en todos los creyentes, y la Iglesia trasciende las diferencias étnicas y sociales. Versículo _____
2. Pablo utilizó la figura del cuerpo humano para ilustrar el cuerpo de Cristo. Versículo _____
3. Cada miembro individual del cuerpo es una parte del cuerpo y pertenece al cuerpo. Versículo _____
4. La Iglesia es el cuerpo de Cristo. Versículo _____
5. Dios ha colocado a cada miembro en el cuerpo según Su plan. Versículo _____
6. Los cristianos con dones más evidentes no deben menospreciar a los creyentes menos dotados. Versículo _____
7. Cuando un miembro sufre, todo el cuerpo está implicado. Los miembros deben preocuparse los unos por los otros. Versículo _____

Así emparejamos: 1. versículo 13, 2. versículo 12, 3. versículos 15-17, 4. versículo 27, 5. versículo 18, 6. versículo 21, 7. versículo 26.

Lee Romanos 12:4-8. Este pasaje describe distintas funciones o dones de los miembros del cuerpo de Cristo. Después, completa la siguiente lista así:

Si el don es:	*Utilízalo de esta manera:*
Profecía	*Según la norma de la fe*
Servicio	______
Enseñanza	______
Exhortación	______
Dar	______
Liderar	______
Misericordia	______

«La cual operó en Cristo, resucitándole de los muertos y sentándole a su diestra en los lugares celestiales, sobre todo principado y autoridad y poder y señorío, y sobre todo nombre que se nombra, no solo en este siglo, sino también en el venidero; y sometió todas las cosas bajo sus pies, y lo dio por cabeza sobre todas las cosas a la iglesia, la cual es su cuerpo, la plenitud de Aquel que todo lo llena en todo». Efesios 1:20-23

«Y él es la cabeza del cuerpo que es la iglesia, él que es el principio, el primogénito de entre los muertos, para que en todo tenga la preeminencia». Colosenses 1:18

La gran mayoría de las referencias del Nuevo Testamento a la iglesia se refieren a congregaciones locales, pero la *Fe y mensaje bautistas* también afirma que la iglesia es «el Cuerpo de Cristo que incluye a todos los redimidos de todas las épocas, creyentes de toda tribu, lengua, pueblo y nación» (ver Apoc. 5:9). Así pues, la Iglesia tiene un significado tanto local como universal. Sin embargo, el Nuevo Testamento se centra principalmente en la congregación local como representación visible de la Iglesia.

Características de la Iglesia

Autonomía. Fe y mensaje bautistas identifica a la iglesia local como «una congregación local autónoma de creyentes bautizados». Esto significa que cada congregación local está investida de plena autoridad para cumplir su ministerio. Los bautistas no creen en un sistema jerárquico por encima de la iglesia local porque no se encuentra ninguno en el Nuevo Testamento. Ninguna sede terrenal puede ejercer autoridad sobre la iglesia local.

El Señorío de Jesús. Los bautistas valoran la autonomía de las iglesias locales y reconocen el señorío de Cristo sobre ellas. Cristo dirige Su iglesia a través de la Palabra y el Espíritu Santo, ejerciendo Su autoridad conforme a los principios neotestamentarios. Las congregaciones se organizan para reflejar Su gobierno, operando democráticamente bajo Su señorío, con todos los creyentes participando activamente.

Pacto
Un acuerdo donde Dios promete cuidar a Su pueblo y establece cómo ellos se relacionan con Él.

Pacto. El concepto de pacto es central en la visión bautista de la iglesia, más que una asociación voluntaria o una organización social. Es una congregación de creyentes en pacto para cumplir con el ministerio de Cristo. Este concepto, con un rico legado en el Antiguo Testamento (ver Gén. 9:8-17; 17:1-22; Éx. 24:1-8; Jer. 31:31-34), une a los miembros en un vínculo sagrado de amor y responsabilidad mutua ante Cristo. Los miembros prometen confianza, fe y colaboración para la gloria de Cristo. La iglesia local es una comunidad de pacto de creyentes, unidos por una fe común y una experiencia salvífica con el Señor Jesucristo, que voluntariamente entran en un pacto para cumplir con las responsabilidades y recibir las promesas de Dios.

Creyentes bautizados. Fe y mensaje bautistas dice que una iglesia local es una congregación de creyentes bautizados. El bautismo es la declaración pública de fe en Cristo del creyente, un signo y símbolo del nuevo nacimiento. Nuestro bautismo común nos une como creyentes y establece el límite de la membresía en la congregación.

Lee cada referencia bíblica y emparéjala con la afirmación resumida correcta.

___ 1. Mateo 16:13-19
___ 2. Hechos 6:1-3
___ 3. Hechos 13:1-3
___ 4. Efesios 2:19-22
___ 5. Colosenses 1:18
___ 6. 1 Pedro 5:1-4
___ 7. Apocalipsis 2:1-3

a. El pastor no debe señorear sobre los miembros, sino ser un ejemplo.
b. El Espíritu Santo habla a través de la iglesia.
c. Seguramente se refiere al origen del oficio del diácono.
d. Jesús dijo que Él edificaría Su iglesia.
e. Cristo conoce las obras de una iglesia.
f. Cristo es la Cabeza de la iglesia.
g. La iglesia se compara con un edificio.

Probablemente hayas emparejado los versículos y las afirmaciones de esta manera: 1. d, 2. c, 3. b, 4. g, 5. f, 6. a, 7. e.

«Por tanto, id, y haced discípulos a todas las naciones, bautizándolos en el nombre del Padre, y del Hijo, y del Espíritu Santo; enseñándoles que guarden todas las cosas que os he mandado; y he aquí yo estoy con vosotros todos los días, hasta el fin del mundo. Amén».
Mateo 28:19-20

El ministerio de la Iglesia

Nuestro Señor dejó a Su Iglesia un plan específico sobre la forma en que las congregaciones deben organizarse y cumplir Su Gran Comisión (ver Mateo 28:19-20) y Su Gran Mandamiento (ver Marcos 12:30). Las iglesias cristianas están obligadas a obedecer la ley de Cristo y a ejercer todos los dones, derechos y privilegios que el Señor concede a los creyentes a través de Su Palabra. Un aspecto central de esta tarea es el testimonio del Evangelio hasta los confines de la tierra. No existen límites geográficos a la responsabilidad evangélica de la iglesia local, aunque esta ministre a su propia comunidad.

«Y amarás al Señor tu Dios con todo tu corazón, y con toda tu alma, y con toda tu mente y con todas tus fuerzas».
Marcos 12:30

«Y el Espíritu y la Esposa dicen: Ven. Y el que oye, diga: Ven. Y el que tiene sed, venga; y el que quiera, tome del agua de la vida gratuitamente».
Apocalipsis 22:17

«La iglesia, al igual que los cristianos individuales, es la sal de la tierra; es la luz del mundo; es una ciudad situada en un monte que no puede ocultarse; y tiene el glorioso privilegio de dejar brillar su luz delante de los hombres para que vean las buenas obras y glorifiquen a Dios».[3]
J. M. Frost
1848–1916
Secretario fundador, Junta de la Escuela Dominical (ahora Lifeway Recursos) de la Convención Bautista del Sur.

Lee Apocalipsis 22:17. La misión principal de la Iglesia es—

☐ invitar a cada persona a venir a Cristo;
☐ observar las ordenanzas que Cristo ordenó;
☐ erradicar la pobreza y el sufrimiento humano.

Lee el artículo sobre la iglesia en la *Fe y mensaje bautistas*, página 85, y subraya la tarea misionera de la iglesia.

Las marcas de una iglesia incluye la predicación de la Palabra, la observancia de las ordenanzas, la disciplina de sus miembros y el ministerio según la Palabra de Dios. El culto ocupa un lugar destacado en el ministerio de la iglesia, y la predicación ocupa un lugar destacado en el culto. Una verdadera iglesia evangélica da prioridad a la predicación y la enseñanza. También se ordena a la congregación que haga que los miembros rindan cuentas ante los mandamientos de Cristo revelados en Su Palabra y que procure restaurar a los miembros a la plena comunión cuando el pecado o una brecha en la comunión dividan o perjudiquen a la iglesia y a sus miembros (ver Mat. 18:15-17; Gál. 6:1).

Fe y mensaje bautistas afirma que, en una iglesia del Nuevo Testamento, cada miembro «es responsable y rinde cuentas a Cristo como Señor». Cada creyente tiene una misión que cumplir y dones espirituales para compartir (ver Rom. 12:6-8; 1 Cor. 12:7-12, 28-30). El Nuevo Testamento no respalda un cristianismo de mero espectador. Los cristianos deben involucrarse en el ministerio de la congregación local, identificando y asumiendo roles de servicio, liderazgo y ministerio.

La estructura de la iglesia

El Nuevo Testamento proporciona un modelo para la estructura de la Iglesia. Los líderes bíblicos de la Iglesia son los pastores y los diáconos. Pablo mencionó a estos líderes en el saludo de su carta a los filipenses (ver Fil. 1:1).

Pastor. Las palabras del Nuevo Testamento que los bautistas identifican con el oficio pastoral incluyen términos traducidos como *obispo, anciano y pastor.* Cada término contribuye a nuestra comprensión del oficio pastoral y de la responsabilidad del pastor. *Obispo* significa *supervisor, alguien* que supervisa el trabajo de otros. Los judíos utilizaban la palabra *anciano* para designar a alguien que poseía dignidad y sabiduría. En la iglesia cristiana, *anciano* se utilizaba para designar a alguien que presidía las asambleas y actuaba como consejero. El término *pastor* describe a un pastor que ama y cuida a los creyentes que forman la congregación (ver Hechos 20:28).[4]

Los bautistas no creen que el Nuevo Testamento establezca el papel de un obispo sobre varias iglesias. En cambio, la Biblia dice que cada pastor debe servir como un obispo que ejerce y cumple el ministerio de la Palabra en nombre de la congregación como pueblo reunido de Dios.

Un aspecto central de la función del pastor es la responsabilidad de predicar y enseñar. Pablo instruyó a Timoteo: «que prediques la palabra; que instes a tiempo y fuera de tiempo; redarguye, reprende, exhorta con toda paciencia y doctrina» (2 Tim. 4:2). Por encima de todo, el pastor debe predicar y enseñar la Palabra de Dios.

También afirmamos que el oficio de pastor se limitaba a los hombres calificados por las Escrituras. Esta afirmación sólo se ha vuelto controvertida en los últimos años. Hasta hace poco, todos los cristianos afirmaban que el oficio de pastor se limita a los hombres reconocidos como plenamente cualificados por las definiciones bíblicas. La Biblia revela claramente una relación complementaria entre el hombre y la mujer. Ambos han sido creados por igual a imagen de Dios (ver Gén. 1:27; Gál. 3:28). Ambos están dotados para el servicio en la Iglesia. Pero el Nuevo Testamento define al pastor como un hombre que es «marido de una sola mujer» (1 Tim. 3:2) y un hombre dotado por Dios para desempeñar la función pastoral. La instrucción de Dios es que los hombres asuman y cumplan el ministerio de la predicación. En la iglesia hay muchos otros ministerios y responsabilidades disponibles tanto para hombres como para mujeres. Como Cristo dejó bien claro, no hay escasez de trabajo para Sus discípulos.

Diácono. El otro líder de la iglesia local del Nuevo Testamento es el diácono, que debe servir a la iglesia mediante el ministerio para que los pastores puedan dedicarse a la enseñanza y la predicación de la Palabra (ver Hech. 6:3-6). La Biblia establece un alto nivel para los diáconos, especificando muchas de las mismas cualificaciones que para los pastores (ver 1 Tim. 3:8-13).

«A todos los santos en Cristo Jesús que están en Filipos, con los obispos y diáconos».
Filipenses 1:1

«Por tanto, mirad por vosotros, y por todo el rebaño en que el Espíritu Santo os ha puesto por obispos, para apacentar la iglesia del Señor, la cual él ganó por su propia sangre».
Hechos 20:28

Obispo
Un supervisor.

Anciano
Un asesor y consejero.

Pastor
El pastor de un rebaño.

Diácono
Un oficio en la iglesia que implica ministerio y servicio.

«Los diáconos deben ser dignos de respeto, no hipócritas, no dados a mucho vino, no codiciosos de ganancias deshonestas, conservando el misterio de la fe con una conciencia limpia... Los diáconos deben ser maridos de una sola mujer, gobernando bien sus hijos y sus propias casas. Porque los que han servido bien como diáconos, ganan para sí mismos un grado honroso y mucha confianza en la fe que es en Cristo Jesús».
1 Timoteo 3:8-13

Marca cada afirmación *V* (verdadero) o *F* (falso).

___ 1. La congregación es autónoma, su propio órgano de autodeterminación.
___ 2. No existe un sistema jerárquico por encima de una iglesia bautista local.
___ 3. El pastor es la Cabeza de la Iglesia.
___ 4. La asociación bautista local ejerce su autoridad sobre una iglesia bautista local de esa asociación.
___ 5. Cada iglesia local tiene plena autoridad para cumplir su ministerio.
___ 6. La iglesia local funciona mediante procesos democráticos bajo el señorío de Cristo.
___ 7. Los términos *obispo, anciano,* y *pastor* se refieren al oficio pastoral, no a tres oficios distintos.
___ 8. Los hombres y las mujeres están dotados para el servicio en la iglesia.
___ 9. La Escritura limita el oficio de pastor a los hombres.

Las afirmaciones 1, 3 y 4 son falsas; 2, 5, 6, 7, 8 y 9 son verdaderas. La afirmación 1 es falsa porque Jesucristo es el Señor de la Iglesia, y la Iglesia debe buscar Su voluntad.

Comprueba los dos líderes escriturales de una iglesia.

☐ pastor ☐ administrador ☐ maestro ☐ diácono

Indica dos acciones que puedes desarrollar para fortalecer el ministerio de tu iglesia.

1. ____________________

2. ____________________

Ora por tu pastor y tus diáconos, por el personal y los líderes de tu iglesia y por el ministerio de tu iglesia.

CAPÍTULO 10

EL BAUTISMO Y LA CENA DEL SEÑOR

Artículo 7

El Bautismo y la Cena del Señor

«El bautismo cristiano es la inmersión de un creyente en agua en el nombre del Padre, del Hijo, y del Espíritu Santo. Es un acto de obediencia que simboliza la fe del creyente en un Salvador crucificado, sepultado y resucitado, la muerte del creyente al pecado, la sepultura de la antigua vida, y la resurrección para andar en novedad de vida en Cristo Jesús. Es un testimonio de su fe en la resurrección final de los muertos. Como es una ordenanza de la iglesia, es un requisito que precede al privilegio de ser miembro de la iglesia y a participar en la Cena del Señor.

La Cena del Señor es un acto simbólico de obediencia por el cual los miembros de la iglesia, al participar del pan y del fruto de la vid, conmemoran la muerte del Redentor y anuncian su segunda venida».[1]

Versículo para memorizar

«De modo que si alguno está en Cristo, nueva criatura es; las cosas viejas pasaron; he aquí todas son hechas nuevas». 2 Corintios 5:17

Escanea este código QR
y accede a herramientas, recursos y ayudas adicionales que complementan los principios expuestos en este estudio. Todo está disponible en nuestra página de recursos digitales para Fe y mensaje bautistas: www.lifeway.com/feymensajebautistas

Cristo asignó a Su Iglesia dos ordenanzas: el Bautismo y la Cena del Señor. *Ordenanza* significa *decreto* o *mandato*. Los bautistas se refieren al bautismo y a la Santa Cena como ordenanzas dadas por Cristo. Otras denominaciones consideran estos actos como sacramentos. La palabra *sacramento* implica que el acto en sí mismo transmite gracia al creyente. Los bautistas creen que Cristo dio el bautismo y la Cena del Señor a Su Iglesia no como sacramentos, sino como imágenes y afirmaciones de la gracia.

Traza líneas para conectar símbolo y sacramento con sus definiciones correctas.

Símbolo	Un rito cristiano como medio de gracia
Sacramento	Un rito cristiano como imagen

Una ordenanza es ☐ un mandamiento ☐ un sacramento.

Los bautistas practicamos las ordenanzas del bautismo y la Cena del Señor porque Cristo nos lo ordenó. Nuestra fiel obediencia a los mandatos de Cristo da testimonio de la gracia de Dios. Así pues, las ordenanzas son ilustraciones y recuerdos de la gracia y fuentes de bendición para los creyentes. No otorgan la gracia sacramental a los participantes ni a la congregación que las practica. Más bien, los creyentes recibimos gracia y bendición cuando obedecemos los mandamientos de Cristo y recordamos Sus actos salvíficos.

Bautismo

Ordenanza
Un decreto o mandato

Bautizar
Sumergir, zambullir o sumergirse

La Biblia define claramente el *bautismo* como la inmersión de los creyentes en el agua. El bautismo no es una excentricidad confesional. El bautismo por inmersión de los creyentes está profundamente arraigado en la naturaleza de la ordenanza y en la imagen que la inmersión proporciona a la Iglesia. La palabra griega utilizada en el Nuevo Testamento para *bautismo, baptizo*, se entiende claramente como inmersión en agua: la inmersión completa en agua de un objeto o, en este caso, de una persona. La aspersión y la inmersión parcial no satisfacen la definición neotestamentaria de *bautismo*.

En cumplimiento de la Gran Comisión, los bautistas bautizan «en el nombre del Padre y del Hijo y del Espíritu Santo» (Mat. 28:19). Así pues, el bautismo es un acto trinitario, que recuerda a los creyentes que nuestra salvación ha sido prometida, lograda y aplicada mediante la obra del único Dios verdadero: el Padre, el Hijo y el Espíritu Santo.

La inmersión de un creyente en el agua representa la muerte, la sepultura y la resurrección de Cristo, proporcionando una bella imagen de nuestra salvación y recordándonos Su obra salvadora (ver Rom. 6:4). La imagen de la vida a partir de la muerte es un poderoso testimonio del Evangelio y de las promesas que el Padre hizo al Hijo en el pacto de redención.

El bautismo representa la muerte del creyente al pecado y su resurrección para caminar en una vida nueva. Lee Scarborough escribió: «Pone públicamente una tumba entre él y su anterior vida de pecado».[2] El testimonio bíblico sobre este acto es rico y poderoso. El bautismo representa la entrega total de la vida y la transformación que sólo Cristo puede aportar. Mediante él, un creyente profesa públicamente su fe en Cristo.

«Porque somos sepultados juntamente con él para muerte por el bautismo, a fin de que como Cristo resucitó de los muertos por la gloria del Padre, así también nosotros andemos en vida nueva».
Romanos 6:4

Marca cada afirmación *V* (verdadero) o *F* (falso).

___ 1. El modo o forma del bautismo no es importante.
___ 2. Los bautistas practican el bautismo por inmersión debido a la tradición.
___ 3. La palabra griega para *bautismo* se refiere a la inmersión completa en agua.
___ 4. Se nos ordena bautizar en el nombre del Padre, del Hijo y del Espíritu Santo.
___ 5. Un creyente profesa públicamente su fe en Cristo mediante el acto del bautismo.
___ 6. El bautismo representa la muerte del creyente al pecado y su resurrección en novedad de vida.
___ 7. El bautismo representa la muerte, sepultura y la resurrección de Cristo.
___ 8. La Escritura presenta la asperción como un modo legítimo de bautismo.

«Que presentéis vuestros cuerpos en sacrificio vivo, santo, agradable a Dios, que es vuestro culto racional».
Romanos 12:1

Las afirmaciones 1, 2 y 8 son falsas; 3, 4, 5, 6 y 7 son verdaderas.

«Nos hundimos bajo la faz del agua, y te agradecemos por tu gracia salvadora; morimos al pecado y buscamos una tumba contigo, bajo la ola que cede, y mientras resucitamos contigo para vivir, oh deja que el Santo Espíritu conceda la unción selladora desde lo alto, la alegría de la vida, el fuego del amor».[3]

Adoniram Judson
1788–1850
El primer misionero internacional bautista de los Estados Unidos

El bautismo ilustra de forma única la descripción que hace Pablo del creyente como sacrificio vivo (ver Rom. 12:1). Estar muerto para uno mismo y vivo para Cristo no se ilustra en ninguna parte de forma más perfecta que en la ordenanza del bautismo, cuando el creyente muere simbólicamente y luego resucita a una nueva vida en la gracia de Cristo y en respuesta a Su llamado a la obediencia.

Los bautistas también ven el bautismo como el signo de entrada en la comunidad del pacto del cuerpo de Cristo. Jesús dejó claro que Sus discípulos deben profesarle públicamente (ver Mat. 10:32-33). Pablo reforzó la profesión pública de fe cuando definió la esencia de la salvación: «Con el corazón se cree para justicia, pero con la boca se confiesa para salvación» (Rom. 10:10). Pero esta profesión pública no es simplemente una declaración pública de creencia en Cristo o un compromiso público de seguir a Cristo en el discipulado. Incluye el bautismo, que representa no sólo la profesión de fe del creyente en Cristo, sino también el compromiso del creyente de entrar en la comunidad del pacto de la congregación y de aceptar todas las responsabilidades que Cristo ha dado a los creyentes, individual y en comunidad.

J. B. Gambrell (1841-1921), un líder muy conocido entre los bautistas de hace un siglo, fue presidente de la Convención Bautista del Sur durante cuatro mandatos. Describió el simbolismo del bautismo: «El bautismo es a la vez una ordenanza separadora y unificadora. Simbólicamente, separa de la vieja vida y compromete al bautizado con la nueva vida en Cristo. Por eso se dice que nos vestimos de Cristo por el bautismo. Como un uniforme común unifica a un ejército, porque el uniforme es un símbolo de obediencia y servicio en el único ejército y bajo una sola bandera, así el bautismo separa simbólicamente de la vieja vida y une a los que están alistados en el ejército de Cristo. Es, por tanto, una ordenanza de enseñanza sorprendente».[4]

El bautismo demuestra la obediencia del creyente. Aunque el bautismo no es necesario para la salvación (considera al ladrón en la cruz), sí lo es para la obediencia. Ningún creyente del Nuevo Testamento se resistió al bautismo ni descuidó la oportunidad de obedecer a Cristo de este modo.

Los bautistas rechazan con razón la noción de que el bautismo regenera a un individuo. El concepto antibíblico de regeneración bautismal distorsiona el bautismo y socava el Evangelio. La regeneración es un regalo de Dios que precede al bautismo. Los bautistas no bautizamos a las personas para que, mediante el bautismo, se conviertan en nuevas criaturas en Cristo. Por el contrario, bautizamos a personas que ya han dado pruebas creíbles de salvación. Cualquier enseñanza que afirme un papel regenerador del bautismo viola la clara enseñanza del Nuevo Testamento de que somos justificados sólo por la fe, no por la fe más cualquier otra cosa, incluido el bautismo (ver Ef. 2:8-9).

Una visión bíblica del bautismo exige que afirmemos su modo y su mensaje adecuados. El Nuevo Testamento nunca sugiere el bautismo de nadie que no sea un creyente consciente en el Señor Jesucristo. Por tanto, rechazamos el bautismo de bebés y de cualquier otra persona que no pueda profesar consciente y personalmente la fe en Cristo.

El bautismo es tan esencial para que los bautistas entendamos la Iglesia (al fin y al cabo, así es como recibimos nuestro nombre) que lo consideramos un requisito previo para otros derechos y responsabilidades en la Iglesia, incluida la participación en la Cena del Señor.

Los bautistas rechazan el bautismo de niños porque (elige una):

- ☐ la Escritura reserva el bautismo a las personas que son creyentes conscientes en Cristo;
- ☐ la Iglesia primitiva no apoya el bautismo de niños;
- ☐ el bautismo solo se ordena a los adultos.

Los bautistas rechazan la creencia de algunos grupos de que el bautismo salva (regeneración bautismal) porque (elige una):

- ☐ los primeros bautistas votaron a favor de rechazar la regeneración bautismal;
- ☐ la iglesia primitiva enseñaba contra la regeneración bautismal;
- ☐ nos salvamos solo por la fe.

La Escritura reserva el bautismo para personas que son creyentes conscientes en Cristo.

Los bautistas buscamos en las Sagradas Escrituras nuestras creencias sobre los requisitos para el bautismo. Por tanto, debemos rechazar el bautismo infantil porque la Escritura reserva el bautismo para las personas que son creyentes conscientes en Cristo. Rechazamos la regeneración bautismal porque la Escritura enseña que nos salvamos sólo por la fe.

La Cena del Señor

La Cena del Señor, establecida por Cristo, rememora la Última Cena con Sus discípulos antes de Su crucifixión. En esa cena, Cristo interpretó su muerte expiatoria mediante el pan y el vino. El pan simboliza Su cuerpo, quebrantado por los creyentes, un tema arraigado en textos del Antiguo Testamento como los del Siervo Sufriente en Isaías (Isa. 42; 44; 53). El pan quebrado señala lo que Cristo logró en la cruz a través de Su obediencia activa y pasiva. Su cuerpo fue literalmente quebrantado por nosotros. El fruto de la vid, dijo Jesús, representa Su sangre, destacando el tema bíblico del sacrificio expiatorio. La Biblia afirma que sin derramamiento de sangre no hay perdón de pecados (Heb. 9:22). Hebreos nos dice que Jesús, nuestro Gran Sumo Sacerdote, entró una vez y para siempre en el santuario celestial, no con sangre de animales, sino con la Suya propia.

«Haced esto en memoria de mí».
Lucas 22:19

Para algunos hoy en día, la idea del sacrificio expiatorio mediante la sangre resulta ofensiva y cruda, pero esa es la provocación del evangelio. No se puede afirmar las buenas nuevas de Jesucristo sin reconocer el sacrificio expiatorio. Así, cuando Cristo dijo a sus discípulos, «Esta copa es el nuevo pacto en mi sangre» (Lucas 22:20), presentó la esencia de lo que logró en la cruz, el núcleo de nuestra salvación.

La Cena del Señor no es solo un memorial para los cristianos. Es un acto congregacional donde la comunidad del pacto, obedeciendo el mandato de Dios y unidos en una fe, un Señor y un bautismo (Ef. 4:5), conmemora el sacrificio de Cristo (Lucas 22:19). No es una simple recreación de la Última Cena, sino una celebración y conmemoración de la obra completada de Cristo después de Su resurrección.

El mandato bíblico de que los creyentes examinen sus vidas antes de participar en la Cena del Señor alerta a los fieles sobre el pecado personal persistente. Así, observar cuidadosamente la Cena del Señor es parte del proceso de disciplina eclesiástica (ver 1 Cor. 11:27-32).

Como el bautismo, la Cena del Señor se entiende en términos simbólicos. Los bautistas creen que la Cena del Señor no es un sacramento, sino una ordenanza. No creemos que el pan se transforme literalmente en el cuerpo de Cristo ni que el fruto de la vid se convierta en Su sangre. En cambio, entendemos que estos elementos simbolizan la obra expiatoria de Cristo. Los bautistas creen que Cristo está presente en Su pueblo redimido, no en los elementos de la Cena del Señor.

Marca cada afirmación *V* (verdadero) o *F* (falso).

___ 1. La Cena del Señor es una representación de la Última Cena que Cristo celebró con Sus discípulos.

___ 2. La Cena del Señor fue instituida por la Iglesia primitiva.

___ 3. En la Cena del Señor, el pan representa el cuerpo de un creyente totalmente consagrado a Dios.

___ 4. El fruto de la vid representa la sangre de Cristo.

___ 5. La Cena del Señor ayuda a salvar a una persona.

___ 6. La Cena del Señor alerta al creyente para que esté en guardia contra el pecado personal.

___ 7. Los elementos de la Cena del Señor (pan y fruto de la vid) simboliza la obra expiatoria de Cristo.

___ 8. La Cena del Señor es una ordenanza que la congregación debe practicar unida.

«Gocémonos, alegrémonos y démosle gloria, porque han llegado las bodas del Cordero, y su esposa se ha preparado».
Apocalipsis 19:7

Las afirmaciones 1, 2, 3 y 5 son falsas. 4, 6, 7 y 8 son verdaderas.

Al celebrar la Cena del Señor, la iglesia local proclama la muerte y resurrección de Jesucristo y anticipa Su regreso y la cena de las bodas del Cordero (Apoc. 19:7). Del mismo modo, el bautismo muestra la transformación del creyente por la gracia de Dios. Ambos, practicados regularmente, instruyen a la congregación en el evangelio. Estas ordenanzas cumplen el mandato del Señor y son testimonios del evangelio. Los creyentes encuentran gozo y satisfacción en su práctica y participación.

Lee el artículo sobre el bautismo en la *Fe y mensaje Bautistas* en la página 93 y luego completa las siguientes frases y reflexiona sobre tus experiencias de bautismo y participación de la Cena del Señor.

La frase que se refiere al bautismo como un acto trinitario:

____

Tres imágenes del bautismo sobre Cristo:

____

El bautismo ilustra tres cosas sobre la persona que se bautiza:

____

Palabra que se refiere al modo de bautizar: __________

La palabra que identifica a la persona que se bautiza:

____

La declaración que habla de la relación del bautismo con la pertenencia a la Iglesia:

____

Las dos cosas que hacen los miembros de la Iglesia al participar en la Cena del Señor:

____

CAPÍTULO 11

EL DÍA DEL SEÑOR

Artículo 8

El Día del Señor

«El primer día de la semana es el Día del Señor. Es una institución cristiana que se debe observar regularmente. Conmemora la resurrección de Cristo de entre los muertos y debe incluir ejercicios de adoración y devoción espiritual, tanto públicos como privados. Las actividades en el Día del Señor deben estar de acuerdo con la conciencia Cristiana bajo el Señorío de Jesucristo».[1]

Versículo para memorizas

«Yo me alegré con los que me decían:

A la casa de Jehová iremos». Salmo 122:1

Escanea este código QR
y accede a herramientas, recursos y ayudas adicionales que complementan los principios expuestos en este estudio. Todo está disponible en nuestra página de recursos digitales para Fe y mensaje bautistas: www.lifeway.com/feymensajebautistas

Los cristianos se reúnen y celebran el Día del Señor. Esta práctica está profundamente arraigada en la tradición cristiana y en la práctica de las iglesias cristianas desde la época de los apóstoles. El domingo no se elige arbitrariamente como Día del Señor, sino que se designa como tal en la Escritura, que afirma que los apóstoles y otros discípulos se reunían para el culto el primer día de la semana (ver Hechos 20:7). Sin duda, esta práctica está vinculada a la resurrección del Señor Jesucristo el primer día de la semana, lo que indica la centralidad de la fe en la resurrección para la estructura misma de la iglesia en el culto cristiano.

Observancia regular

Fe y mensaje bautistas identifica el Día del Señor como «una institución cristiana de observancia regular». Por supuesto, dado que el Día del Señor se identifica con el primer día de la semana, esa observancia regular se traduce en un acontecimiento semanal. En el ritmo de la vida, los cristianos se reúnen el primer día de la semana, y esta observancia regular estructura el compromiso y el discipulado cristianos.

En un sentido muy real, el Día del Señor es el día por el que se juzgan todos los demás días. El Día del Señor es el único día en el que afirmamos que los cristianos deben dar prioridad no sólo a los actos de devoción personal y discipulado en obediencia a Cristo, sino también a la adoración colectiva. El Señor Jesucristo encargó a Su Iglesia que estuviera en el mundo, y así estamos durante la semana. Los creyentes deben participar activamente en los asuntos del mundo —en el comercio, en la política, en todas las esferas de la vida- como sal y luz (ver Mat. 5:13). Pero la comunidad reunida de la Iglesia es convocada el Día del Señor para cumplir el mandato bíblico de que no dejemos de congregarnos: «Y considerémonos unos a otros para estimularnos al amor y a las buenas obras; no dejando de congregarnos, como algunos tienen por costumbre, sino exhortándonos; y tanto más, cuanto veis que aquel día se acerca» (Heb. 10:24,25).

El Día del Señor se considera como el día supremo, el estándar por el cual se juzgan todos los demás días.

El primer día de la semana

Los cristianos han debatido a veces sobre el día apropiado para el culto. No hay duda de que el mandamiento del Sabbat, tal como se revela en los Diez Mandamientos, se centraba en el séptimo día de la semana, el día que ahora conocemos como sábado. Así pues, el pueblo judío ha considerado el sábado como día de reposo desde los tiempos del Antiguo Testamento. Esto plantea una distinción muy importante y una cuestión crucial para la Iglesia: ¿es el Día del Señor el sábado? Este ha sido un tema de acalorada controversia cristiana. Algunos grupos, como los Adventistas del Séptimo Día y los Bautistas del Séptimo Día, creen que los cristianos deben reunirse el último día de la semana -el sábado- para cumplir el mandamiento del Antiguo Testamento. En su opinión, la Iglesia debe limitarse a seguir el modelo y la práctica del pueblo judío.

Esta interpretación del Día del Señor plantea al menos dos problemas. El primero es bíblico. Tenemos suficientes razones para creer que los primeros cristianos cambiaron su día de observancia del sábado al domingo porque Cristo se apareció a Sus discípulos el primer día de la semana. Juan 20:19 revela que el primer día de la semana -el domingo siguiente a la crucifixión- Cristo se apareció a Sus discípulos y reveló Sus manos y Su costado heridos. El regocijo de los discípulos porque Jesús había resucitado de entre los muertos es un sello distintivo del verdadero culto cristiano. La observancia dominical del Día del Señor señala ciertamente la centralidad de la resurrección para la fe cristiana, afirmando lo que el apóstol Pablo escribió a los corintios: que les entregaba lo que era la primera prioridad:

> ... que Cristo murió por nuestros pecados
> conforme a las Escrituras;
> que fue sepultado,
> que resucitó al tercer día,
> conforme a las Escrituras;
> 1 Corintios 15:3-4

Para la fe cristiana, la observancia dominical del Día del Señor señala la certeza del retorno de Cristo.

El segundo problema para interpretar el Día del Señor como el sábado es la práctica y la tradición de la Iglesia. Hechos 20:7 nos dice que los creyentes se reunían «el primer día de la semana» para partir el pan y predicar, una clara referencia al culto corporativo. Está absolutamente claro que, desde los primeros días de la Iglesia, los cristianos se reunían el domingo y no el sábado.

Rellena para contrastar el Día del Señor con el Sabbat.

El Sabbat	*El Día del Señor*
Los judíos lo practican	Practicado por ___________
el séptimo día de la semana	el ________ día de la semana.
Conmemora la obra creativa de Dios y Su descanso en el séptimo día.	Conmemora ___________ ______________________ ______________________.
Énfasis en abstenerse del trabajo.	Énfasis en ______________ ______________________.

Marca las dos razones por las que los cristianos practican el domingo como día de culto cristiano en lugar del sábado, el Sabbat judío.

- ☐ 1. La Iglesia primitiva deseaba apartarse del mandamiento del Antiguo Testamento de observar el sábado.
- ☐ 2. Cristo se apareció a Sus discípulos el domingo siguiente a Su resurrección.
- ☐ 3. La observancia dominical del Día del Señor señala la certeza del retorno de Cristo.
- ☐ 4. Los primeros creyentes se reunían para el culto corporativo el domingo y no el sábado.
- ☐ 5. Cristo ordenó a Sus discípulos que observaran el domingo como el Día del Señor.

Hay preguntas sensibles y difíciles sobre lo que los cristianos deberían o no deberían hacer en el Día del Señor.

Deberías haber marcado las afirmaciones 2 y 4.

Culto y devoción espiritual

El propósito de reunirse el Día del Señor es, como dice la *Fe y mensaje bautistas*, para «ejercicios de adoración y devoción espiritual, tanto públicos como privados». Hay cuestiones delicadas y difíciles relacionadas con lo que los cristianos deben y no deben hacer el Día del Señor, y a veces los cristianos no están de acuerdo. Algunos sostienen que la obediencia al Cuarto Mandamiento exige que los cristianos eviten cualquier trabajo o entretenimiento en el Día del Señor. Otros sostienen que el Cuarto Mandamiento se ha cumplido en Cristo y no impone a los cristianos ninguna carga sobre el entretenimiento, el trabajo necesario y otras actividades, siempre que se dedique tiempo, prioridad y plena atención a la iglesia reunida para el culto.

Este debate se remonta a la época de los apóstoles (Rom. 14:5-6). Las autoridades judías habían convertido el sábado en una carga para el pueblo de Dios. Los rabinos se enzarzaban en debates inútiles sobre lo que se podía y no se podía hacer el sábado. Jesús reprendió este tipo de pensamiento cuando dijo a los fariseos: «El día de reposo fue hecho por causa del hombre, y no el hombre por causa del día de reposo» (Marcos 2:27).

Así como los cristianos pueden caer en el legalismo en la observancia del Día del Señor, perdiendo su esencia, este día es un regalo de Cristo que invita a la celebración, la alegría y la paz. Es fundamental priorizar el culto conjunto y vivirlo con gozo profundo. La vida del creyente debe reflejar esta prioridad, guiada por la Escritura, el señorío de Cristo y la responsabilidad ante su comunidad, para honrar adecuadamente el Día del Señor.

«Uno hace diferencia entre día y día; otro juzga iguales todos los días. Cada uno esté plenamente convencido en su propia mente. El que hace caso del día, lo hace para el Señor; y el que no hace caso del día, para el Señor no lo hace. El que come, para el Señor come, porque da gracias a Dios; y el que no come, para el Señor no come, y da gracias a Dios».
Romanos 14:5-6

En cuanto al trabajo y las diversiones en el Día del Señor, los cristianos deben guiarse por (elige una):

- ☐ la iglesia;
- ☐ tu conciencia;
- ☐ la práctica de otros cristianos;
- ☐ la comunidad.

La actividad principal de un cristiano en el Día del Señor debe ser: ______________________________.

El culto corporativo o congregacional, esencial en la devoción cristiana, une a los cristianos en alabanza a Dios y en la proclamación del Evangelio. A través de la predicación, cánticos, lectura bíblica y

«La palabra de Cristo more en abundancia en vosotros, enseñándoos y exhortándoos unos a otros en toda sabiduría, cantando con gracia en vuestros corazones al Señor con salmos e himnos y cánticos espirituales». Colosenses 3:16

oración, los creyentes profundizan su fe colectivamente (Col. 3:16). Además, se alienta la devoción privada mediante la oración y la lectura bíblica, así como el servicio cristiano (2 Cor. 8:1-3; 1 Tes. 5:12,17; 2 Tim. 3:16; Sant. 1:27). Estas prácticas diarias culminan en una celebración especial cada Domingo, reflejando la gratitud por las vivencias del culto conjunto.

Marca los cuatro pilares de la adoración congregacional.

- ☐ Canciones e himnos
- ☐ Ministerio a los enfermos
- ☐ Oración
- ☐ Visitación evangelística
- ☐ Lectura de la Escritura
- ☐ Predicación
- ☐ Drama

Marca los tres pilares de la devoción privada.

- ☐ Lectura de la Escritura
- ☐ Predicación
- ☐ Actos de servicio cristiano
- ☐ Canciones e himnos
- ☐ Oración

Si un vecino te preguntará: «¿Por qué trabajas el sábado y celebras el culto el domingo? Estás incumpliendo uno de los Diez Mandamientos», ¿qué responderías?

____

____

Concluye el estudio de este capítulo leyendo en voz alta el Salmo 63 como una oración de tu corazón a Dios.

CAPÍTULO 12

EL REINO

Artículo 9

El Reino

«El Reino de Dios incluye tanto su soberanía general sobre el universo como su señorío particular sobre los hombres que voluntariamente lo reconocen como Rey. Particularmente el Reino es el reino de la salvación en el cual los hombres entran mediante su entrega a Jesucristo por medio de una fe y confianza semejante a la de un niño. Los Cristianos deben orar y trabajar para que venga el Reino y que la voluntad de Dios se haga en la tierra. La consumación final del Reino espera el regreso de Jesucristo y el fin de esta era».[1]

Versículo para memorizar

«Mas buscad primeramente el reino de Dios y su justicia,

y todas estas cosas os serán añadidas».

Mateo 6:33

Escanea este código QR
y accede a herramientas, recursos y ayudas adicionales que complementan los principios expuestos en este estudio. Todo está disponible en nuestra página de recursos digitales para Fe y mensaje bautistas: www.lifeway.com/feymensajebautistas

El Dios vivo y verdadero es Rey, y Su reino representa Su gobierno y Su poder. La Biblia está llena de imágenes y metáforas de la realeza. Cuando Isaías vio al Señor en su visión registrada en Isaías 6:1-8, vio al Señor «sentado sobre un trono alto y sublime, y sus faldas llenaban el templo» (v. 1). Dios es el gran Rey celestial.

Lee el artículo de *Fe y mensaje bautistas* sobre el reino, página 107. Enumera las dos áreas de soberanía incluidas en el reino de Dios.

1. ______________________________

2. ______________________________

¿Cómo puede una persona entrar en el Reino de Dios?

____

¿Cuándo tendrá lugar la plena consumación del reino?

____

El Reino de Dios
El dominio soberano de Dios en el universo y en los corazones de los cristianos.

«Cuando el Hijo del Hombre venga en su gloria, y todos los santos ángeles con él, entonces se sentará en su trono de gloria».
Mateo 25:31

La Biblia también utiliza imágenes reales para referirse a Cristo. Jesús dijo a Sus discípulos que esperaran Su regreso y que Él se sentaría en un trono glorioso (ver Mat. 25:31). Jesús es el Príncipe de Paz, el Alfa y la Omega que se sienta en el trono de Su reino (ver Isaías 9:6; Apocalipsis 21:5-6).

El reino de Dios no es como los reinos de este mundo. Los reinos terrenales son temporales; el reino de Dios es eterno. Los reyes terrenales gobiernan reinos finitos, pero el gobierno de Dios no conoce limitaciones. El poder de un monarca terrenal está limitado por su soberanía parcial, pero el gobierno de Dios se establece en Su soberanía incondicional y suprema. Así pues, el reino de Dios es un reino inconmovible, donde Su gobierno es tan absoluto y tan perfecto que Sus criaturas sólo viven para agradarle, obedecerle y glorificarle (ver Heb. 12:28).

Consulta el párrafo anterior al contrastar los reinos terrenales con el reino de Dios.

Reinos terrenales	*El Reino de Dios*
Temporal	______________________
Finito	______________________
Poder limitado	______________________
Pecaminoso	______________________

El Reino en la Escritura

El reino de Dios es un tema importante en toda la Biblia. La Escritura nos presenta una comprensión del reino profundamente arraigada en la historia bíblica, muy relevante para el presente, pero centrada en última instancia en el futuro.

En el Antiguo Testamento, el reino de Dios se ve en el gobierno de Dios sobre toda Su creación. Dios es representado como un Rey cuya soberanía se extiende hasta los confines de la tierra, abarcando todo el cosmos (ver Sal. 47:2,7; 95:3). Dios está detrás del auge y la caída de las naciones (ver 2 Cor. 20:6; Job 12:23; Sal. 22:28). Su gobierno real es benevolente y está profundamente arraigado en la justicia (ver Sal. 99:4).

Los autores del Antiguo Testamento veían la historia como el escenario del plan divino, que se completaría con el tiempo. Ellos presentaron una visión inicial del Reino de Dios, que se revelaría plenamente en el Nuevo Testamento. Jesús, al predicar, anunció que el Reino estaba cerca, señalando que con Su presencia, el Reino se hacía presente, anticipando su futura y completa manifestación.

> Se doble toda rodilla ...
> y toda lengua confiese
> que Jesucristo es el Señor,
> para gloria de Dios Padre.
> Filipenses 2:10-11

«Porque un niño nos es nacido, hijo nos es dado, y el principado sobre su hombro; y se llamará su nombre Admirable, Consejero, Dios Fuerte, Padre Eterno, Príncipe de Paz».
Isaías 9:6

«Y el que estaba sentado en el trono dijo: He aquí, yo hago nuevas todas las cosas. Y me dijo: Escribe; porque estas palabras son fieles y verdaderas. Y me dijo: Hecho está. Yo soy el Alfa y la Omega, el principio y el fin. Al que tuviere sed, yo le daré gratuitamente de la fuente del agua de la vida».
Apocalipsis 21:5-6

«Así que, recibiendo nosotros un reino inconmovible, tengamos gratitud, y mediante ella sirvamos a Dios agradándole con temor y reverencia».
Hebreos 12:28

La aparición de Cristo como señal de que el reino de Dios había llegado se hizo evidente en Sus milagros, con los demonios obedeciendo Sus órdenes y en que incluso el viento y las olas obedeciendo Su voz.

Marca tres signos externos de que el reino de Dios llegó cuando Jesús vino a la tierra.

☐ Realizó milagros.
☐ Contaba parábolas.
☐ Los elementos de la naturaleza le obedecieron.
☐ Los demonios le obedecieron.
☐ Los discípulos le siguieron.
☐ Las multitudes se reunieron para oírle.

La verdad de la soberanía de Dios es absolutamente central en la presentación bíblica del reino de Dios. La mayoría de nosotros entendemos el concepto de monarquía, en el que un rey ejerce un gobierno absoluto sobre su reino. Esta es precisamente la imagen que presenta la Biblia para nuestra comprensión del gobierno de Dios sobre toda la creación. Aunque los líderes humanos tienen un poder limitado y son pecadores por naturaleza, Dios gobierna Su reino con una soberanía absolutamente ilimitada, un poder completamente ilimitado y una justicia absoluta que refleja Su santidad.

Dios gobierna Su reino con una soberanía absolutamente ilimitada, poder completamente incondicional y una justicia perfecta que refleja Su santidad.

Lee cada Escritura y empareja la referencia con la afirmación resumida correcta.

___ 1. Isaías 9:6-7	a. El nuevo nacimiento es clave para acceder al reino
___ 2. Mateo 6:33	b. El Reino de Dios empieza pequeño pero crece.
___ 3. Mateo 13:3-9	c. Personas que han entrado al Reino y aquellas que no, deben convivir.
___ 4. Mateo 13:24-30	d. El Reino del Hijo será establecido para siempre.
___ 5. Mateo 13:31-32	e. Jesús tendrá comunión con Su pueblo en Su Reino.

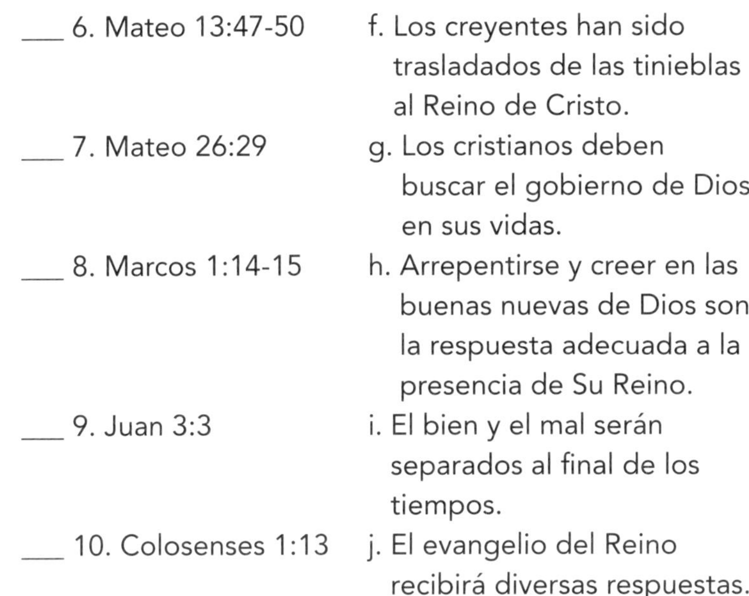
___ 6. Mateo 13:47-50 f. Los creyentes han sido trasladados de las tinieblas al Reino de Cristo.

___ 7. Mateo 26:29 g. Los cristianos deben buscar el gobierno de Dios en sus vidas.

___ 8. Marcos 1:14-15 h. Arrepentirse y creer en las buenas nuevas de Dios son la respuesta adecuada a la presencia de Su Reino.

___ 9. Juan 3:3 i. El bien y el mal serán separados al final de los tiempos.

___ 10. Colosenses 1:13 j. El evangelio del Reino recibirá diversas respuestas.

¿Cómo emparejaste los versículos? Los emparejamos así: 1. d, 2. g, 3. j, 4. c, 5. b, 6. i, 7. e, 8. h, 9. a, 10. f.

El Reino y la Iglesia

Aunque el dominio de Dios abarca a todas las personas, en todos los lugares y en todo momento, el reino de Dios se identifica y se manifiesta por aquellos que confiesan a Jesucristo como Señor. Los cristianos han presenciado la llegada del reino de Dios en la persona y obra de Jesucristo. Han rendido su autoridad a Él en sus vidas, comportamientos y posesiones. Es decir, Jesús tiene autoridad sobre todo en la vida del creyente. Así, quienes han experimentado el nuevo nacimiento y se han unido al cuerpo de Cristo entienden que el reino de Dios está presente en sus vidas personales y en la iglesia, pero también saben que el reino de Dios se realizará plenamente al final de los tiempos, cuando Cristo reine sobre toda la tierra.

Los cristianos han experimentado la llegada del reino de Dios a través de la persona y obra de Jesucristo.

Es importante no confundir por completo la Iglesia con el Reino. La Iglesia es el pueblo eterno de Dios, mientras que el Reino es el dominio eterno de Dios. El reino de Dios se extiende más allá de la iglesia, alcanzando el nuevo cielo y la nueva tierra, e incluye a todos los seres creados, como los ángeles.

En esta era, la Iglesia refleja el reino de Dios, rogando a través de la oración «Venga tu reino» (Mat. 6:10) la esperanza y el compromiso de vivir bajo Su influencia. La total revelación del Reino espera el regreso de Jesucristo y la consumación del propósito divino.

En el párrafo anterior subraya las dos cosas que se representan cuando un cristiano ora: «Venga tu reino».

Una persona puede entrar en el reino de Dios por:

- ☐ cumplir la Regla de Oro;
- ☐ confiar en Jesucristo como Señor y Salvador;
- ☐ unirse a la iglesia;
- ☐ cumplir los Diez Mandamientos.

Finalmente, la revelación plena del reino de Dios aguarda el regreso de Jesucristo.

Evalúa en qué medida las siguientes áreas de tu vida están sometidas a la autoridad de Jesús.

	Poco				*Mucho*
Tu vida de pensamiento	1	2	3	4	5
Los libros que lees	1	2	3	4	5
Tus pasamientos y recreación	1	2	3	4	5
Tu tiempo en las pantallas	1	2	3	4	5
Tu música y entrenamiento	1	2	3	4	5

¿De qué manera puedes representar más fielmente el Reino de Dios en tu vida?

____

Concluye el estudio de este capítulo estudiando la oración de Mateo 6:9-13 y luego ora esa oración a continuación. Pide a Dios que te ayude a representar Su reino en todos los ámbitos de tu vida.

CAPÍTULO 13

LAS ÚLTIMAS COSAS

Artículo 10

Las Últimas Cosas

«Dios, en su propio tiempo y en su propia manera, traerá el mundo a su fin apropiado. De acuerdo a su promesa, Jesucristo regresará a la tierra en gloria de manera personal y visible; los muertos resucitarán; y Cristo juzgará a todos los hombres en justicia. Los injustos serán consignados al Infierno, el lugar del castigo eterno. Los justos en sus cuerpos resucitados y glorificados recibirán su recompensa y morarán para siempre en el Cielo con el Señor».[1]

Versículos para memorizar

«No se turbe vuestro corazón; creéis en Dios, creed también en mí. In la casa de mi Padre muchas moradas hay; si así no fuera, yo os lo hubiera dicho; voy, pues, a preparar lugar para vosotros. Y si me fuere y os preparare lugar, vendré otra vez, y os tomaré a mí mismo, para que donde yo estoy, vosotros también estéis». Juan 14:1-3

Escatología
El estudio de las Últimas Cosas o del fin de los tiempos, momento en el cual Cristo regresará.

La Biblia describe una línea temporal que incluye el pasado, el presente y el futuro. Dios no está atrapado ni limitado por el tiempo. Creó el tiempo como una construcción dentro de la eternidad —parte de Su creación. Desde el principio, el tiempo debía tener una duración limitada. Nuestra experiencia como seres humanos está inevitablemente ligada al tiempo. No podemos imaginar la vida sin él, pero se nos ha prometido un día en que el tiempo ya no existirá. Aunque la Biblia nos señala el pasado para comprender la obra de Dios y el desarrollo de Su plan en la historia, y aunque la Biblia se toma muy en serio el presente, también se centra en lo que está por venir.

La doctrina bíblica de la escatología, que se centra en las Últimas Cosas, proporciona un horizonte de futuro para la teología y la vida cristianas. Los creyentes deben vivir en espera de la venida de Cristo y con la confianza absoluta de que Dios consumará todas las cosas y cumplirá Sus propósitos.

«Porque he aquí que yo crearé nuevos cielos y nueva tierra; y de lo primero no habrá memoria, ni más vendrá al pensamiento». Isaías 65:17

«Vi un cielo nuevo y una tierra nueva; porque el primer cielo y la primera tierra pasaron, y el mar ya no existía más». Apocalipsis 21:1

Lee el artículo de *Fe y mensaje bautistas* sobre las últimas cosas, página 113.

¿Cuándo se acabará el mundo? ____________________

Describe la forma en que Cristo volverá a la tierra.

____

Anota cuatro cosas que ocurrirán cuando Cristo regrese.
1. ____
2. ____
3. ____
4. ____

Para los cristianos, aunque el mundo es un lugar de increíble belleza y maravilla, también es un lugar de grave peligro. Entendemos que la creación está caída, como revelan las Escrituras. Pero aunque vivamos y demos testimonio en este mundo caído, esperamos un cielo nuevo y una tierra nueva (ver Isaías 65:17; Apocalipsis 21:1). Este mundo llegará a un fin necesario. Como afirma *Fe y mensaje bautistas*: «Dios, en Su propio tiempo y a Su propia manera, llevará al mundo a su fin apropiado». Este conocimiento debería humillar y consolar a los creyentes.

Los creyentes tienen opiniones distintas sobre el fin de los tiempos. Herschel Hobbs señaló que, dado que el Nuevo Testamento describe estas cosas de forma amplia, es natural que haya discrepancias en los detalles, como el número de venidas de Cristo, resurrecciones, juicios y el milenio, entre otros. Lo importante es recordar que, entre los bautistas, las diferencias en estos detalles no determinan la ortodoxia.[2]

Lee cada Escritura y empareja la referencia con la afirmación resumida correcta.

___ 1. Mateo 24:36
___ 2. Mateo 24:37-44
___ 3. Lucas 12:8-9
___ 4. Lucas 21:27
___ 5. Juan 5:28-29
___ 6. Hechos 1:11
___ 7. Apocalipsis 20:11-13

a. Jesús volverá cuando la gente no lo espera.
b. Jesús volverá con poder y gloria.
c. Todos permancerán en pie ante Dios en juicio.
d. Nadie sabe cuándo volverá Jesús.
e. Jesús volverá como se fue.
f. El destino eterno de alguien se decide en esta vida.
g. La muerte no es el fin.

Probablemente respondiste 1. d, 2. a, 3. f, 4. b, 5. g, 6. e, 7. c.

El retorno de Cristo

La doctrina de las Últimas Cosas se centra especialmente en Jesucristo y Su regreso. La Biblia nos dice que Él volverá a la Tierra personalmente, de forma visible y gloriosa. La venida de Cristo, a menudo denominada la segunda venida del Señor, será muy diferente de Su nacimiento. En Belén entró en la existencia humana en forma de un

Jesús retornará a la tierra de manera personal, visible y gloriosa.

humilde bebé. Su primer lugar de residencia fue el humilde comedero de un animal. No había adornos de majestad, y los pastores vieron la gloria de Dios desplegada en la debilidad de un bebé (Lucas 2:1-16).

Sin embargo, cuando Cristo regrese, vendrá en gloria como un rey conquistador para reclamar Su reino. Cristo regresará visiblemente para que todas las criaturas le vean, como el mundo natural dio testimonio de la obra acabada de Cristo cuando la tierra tembló y las nubes se oscurecieron en el Calvario (ver Mat. 27:45,51). Cuando Cristo regrese, vendrá en las nubes, y los cielos se abrirán para señalar Su llegada (ver Lucas 21:27; 1 Tesalonicenses 4:17).

«Entonces verán al Hijo del Hombre, que vendrá en una nube con poder y gran gloria».
Lucas 21:27

«Luego nosotros los que vivimos, los que hayamos quedado, seremos arrebatados juntamente con ellos en las nubes para recibir al Señor en el aire, y así estaremos siempre con el Señor».
1 Tesalonicenses 4:17

David Dockery (1952–), destacado teólogo bautista del sur y presidente de la Universidad Unión de Jackson, Tennessee, escribió: «La realidad del retorno de Cristo se fundamenta en los propósitos generales de Dios. Los temas centrales del mensaje cristiano que acompañan a la proclamación del señorío de Jesús incluyen Su impecabilidad, muerte, resurrección, ascensión y retorno. Estas garantías aportaron esperanza a la Iglesia primitiva, como nos la aportan a nosotros hoy. Desde el principio, el acontecimiento culminante del retorno de Cristo ha estado en el centro de la predicación cristiana, haciéndose eco de las palabras del propio Jesús: «Entonces verán al Hijo del Hombre, que vendrá en las nubes con gran poder y gloria» (Marcos 13:26). Dondequiera que predicaban los apóstoles, predicaban la realidad de este anuncio».[3]

Nombra dos formas en las que el regreso de Cristo será diferente de Su primera venida.

1. ______________________________

2. ______________________________

¿Cómo te da esperanza la promesa de Su regreso?

____

____

La resurrección de los muertos

Cuando Cristo vuelva, los muertos resucitarán (ver 1 Tes. 4:16). La promesa de nuestra resurrección es segura y cierta. Todos los que han muerto -creyentes e incrédulos- experimentarán la resurrección de los muertos. El apóstol Pablo aseguró a los creyentes que resucitaremos gracias a la resurrección de Cristo: «Porque por cuanto la muerte entró por un hombre, también por un hombre la resurrección de los muertos. Porque así como en Adán todos mueren, también en Cristo todos serán vivificado» (1 Cor. 15:21-22).

«Porque el Señor mismo con voz de mando, con voz de arcángel, y con trompeta de Dios, descenderá del cielo; y los muertos en Cristo resucitarán primero». 1 Tesalonicenses 4:16

¿Qué garantía tenemos los creyentes de que resucitaremos?

___

La resurrección de Cristo garantiza la nuestra. Nuestra resurrección precede al juicio que ha de venir. En ese día del juicio, Dios juzgará a todos los seres humanos, y Cristo juzgará a todas las personas con justicia. A los justos -aquellos que sean declarados justos por la fe en Cristo- se les permitirá entrar en el cielo. Los injustos serán enviados al infierno, el lugar del castigo eterno (ver Apoc. 20:11-15).

Destino eterno

Las encuestas indican que la inmensa mayoría de los estadounidenses no sólo creen en el cielo y el infierno, sino que creen que irán al cielo con toda seguridad. La concepción popular del cielo es que se trata de un lugar de ocio ilimitado y disfrute sensual o trivial. Además, la mayoría de los estadounidenses creen que estarán allí porque se consideran al menos tan buenos como sus vecinos, y no ven ninguna razón para que Dios no les dé la bienvenida al cielo. En esta concepción popular falta por completo la insistencia bíblica en que el cielo es un regalo de Dios sólo para los redimidos en Cristo. El cielo es la morada eterna de los creyentes en la presencia de Dios y en compañía de los santos (ver Juan 14:2-3; Fil. 3:20).

Podemos anticipar el cielo como un estado de existencia y un lugar donde los creyentes, ahora resucitados y glorificados, servirán, alabarán y honrarán a Dios para siempre. La imagen que aparece en el Apocalipsis nos ayuda a comprender lo que haremos en el cielo. Nuestra tarea consistirá en declarar la gloria de Dios y exaltar en Su santidad para siempre, uniéndonos a los ángeles y a los demás seres celestiales para disfrutar del infinito placer de estar en presencia de Dios Todopoderoso (ver Apoc. 4:8,11). Así, la Iglesia vive en espera de la venida de Cristo y ora: «Ven, Señor Jesús» (Apoc. 22:20).

Marca lo que posiblemente los creyentes harán en el cielo.

- ☐ 1. Disfrutar de los placeres
- ☐ 2. Servir a Dios
- ☐ 3. Alabar a Dios
- ☐ 4. Flotar en una nube
- ☐ 5. Disfrutar de la presencia de Dios

«Santo, santo, santo es el Señor Dios Todopoderoso, el que era, el que es, y el que ha de venir. Señor, digno eres de recibir la gloria y la honra y el poder; porque tú creaste todas las cosas, y por tu voluntad existen y fueron creadas».
Apocalipsis 4:8,11

Probablemente has marcado 2, 3 y 5.

A diferencia del cielo, el infierno es el lugar del juicio, el castigo y el tormento eternos. La presentación que hace la Biblia del infierno es directa y honesta. De hecho, hay más versículos que hablan directamente del infierno que del cielo. Jesús advirtió que no debemos temer tanto al que puede destruir el cuerpo como al que puede destruir tanto el cuerpo como el alma en el infierno (véase Mat. 10:28).

La descripción bíblica de esta doctrina se centra en la naturaleza del infierno como lugar de tormento eterno y consciente. Esto queda claro en Lucas 16, en la narración sobre Lázaro y el hombre rico. Este pasaje nos dice mucho sobre el futuro, señalando la distinción eterna entre los que están en la presencia de Dios y los excluidos de la presencia de Dios para siempre. Pero el infierno no es simplemente un lugar donde la presencia de Dios está ausente. Es un lugar donde el juicio de Dios se manifiesta en el tormento y el sufrimiento conscientes de quienes han rechazado la gracia de Dios, han quebrantado la ley de Dios y han recibido el justo castigo de Dios por sus pecados.

La imagen del infierno que ofrece el Nuevo Testamento utiliza imágenes tan poderosas y espantosas como el fuego y el azufre (ver

Mat. 3:10; 5:22; Mar. 9:48; Sant. 3:6; 2 Ped. 3:7; Jud. 1:7; Apoc. 20:14). Estas comparaciones deberían hacer que todos nos tomáramos el infierno con gran seriedad. Sin embargo, en los últimos años algunos teólogos han intentado prescindir del infierno. En los tiempos modernos, el infierno se ha convertido en algo políticamente incorrecto y especialmente ofensivo para la mente posmoderna. Los cristianos debemos comprender que el infierno está claramente revelado en la Biblia. Además, debemos comprender que los pasajes bíblicos sobre el infierno sirven de advertencia tanto a los creyentes como a los incrédulos. Para los creyentes, las advertencias deben servir como impulso a la evangelización y como recordatorio constante de lo que está en juego en la distinción entre la creencia y la incredulidad. Para los incrédulos, el infierno debe servir como advertencia clara y presente de que, si no llegan a la fe en Cristo y si sus pecados permanecen sin perdonar, soportarán todo el peso de la ira de Dios derramada sobre su pecado.

El juicio final

El juicio final es clave para entender la vida cristiana, recordándonos que la justicia de Dios se cumplirá plenamente. Aunque en esta vida la justicia es limitada, debemos esperar la manifestación final de la justicia y santidad de Dios. Este conocimiento debe guiarnos a vivir en anticipación de la consumación de los propósitos divinos y la revelación plena de Su gloria.

La Biblia llama a esta expectativa «la esperanza bienaventurada» (Tito 2:13), instando a los creyentes a vivir con una esperanza firme. Este es un recordatorio de que enfrentaremos el juicio de Dios, pero para los creyentes, es un juicio asegurado por Cristo (1 Juan 4:17). Se nos promete que Cristo nos defenderá en el juicio, asegurando nuestra salvación no por nuestras acciones, sino por el perdón de nuestros pecados en Él (Rom. 5:1; 1 Juan 2:1).

«En esto se ha perfeccionado el amor en nosotros, para que tengamos confianza en el día del juicio».
1 Juan 4:17

Nombra dos formas en que el juicio de Dios representa una esperanza bendita para los creyentes.

1. ______________________________
2. ______________________________

«Justificados, pues, por la fe, tenemos paz para con Dios por medio de nuestro Señor Jesucristo». Romanos 5:1

Tenemos muchas razones para esperar en el juicio de Dios. En ese momento Dios hará justicia, comprenderemos la actividad y los propósitos de Dios durante nuestras vidas y veremos desplegada la gloria de Dios. En ese momento estaremos seguros porque la justicia de Jesús cubre nuestro pecado.

Los creyentes serán juzgados por su obediencia a Dios, recibiendo recompensas por su devoción y servicio (Mat. 16:27; Luc. 6:35; 14:13-14; Gál. 6:9). Aunque no se detalla cómo serán estas recompensas, confiamos en que el juicio de Dios será perfecto y justo.

Los creyentes recibirán recompensas proporcionales a su devoción y servicio cristiano.

Marca cada afirmación *V* (verdadero) o *F* (falso) para repasar tu estudio de Las últimas cosas.

___ 1. Dios no está limitado por el tiempo.
___ 2. Cristo volverá con humildad.
___ 3. Los muertos resucitarán cuando vuelva Cristo.
___ 4. El cielo es un lugar donde serviremos y alabaremos a Dios.
___ 5. La Escritura utiliza imágenes para describir el infierno con el fin de indicar que el infierno es un símbolo del juicio, no un lugar real.
___ 6. En el juicio final los creyentes serán declarados justos en Cristo.

Deberías haber contestado 1. V, 2. F, 3. V, 4. V, 5. F, 6. V.

Si supieras que Jesús va a volver dentro de unos días, ¿qué cambios harías en tu vida?

____

____

Agradece a Dios que Él tiene el futuro. Pídele que te ayude a vivir con más expectación la segunda venida de Cristo.

CAPÍTULO 14

EVANGELISMO Y MISIONES

Artículo 11

Evangelismo y misiones

«Es deber y privilegio de cada seguidor de Cristo y de cada iglesia del Señor Jesucristo esforzarse por hacer discípulos de todas las naciones. El nuevo nacimiento del espíritu del hombre por el Espíritu Santo de Dios significa el nacimiento del amor a los demás. El esfuerzo misionero de parte de todos, por lo tanto, depende de una necesidad espiritual de la vida regenerada, y se expresa y ordena repetidamente en las enseñanzas de Cristo. El Señor Jesucristo ha ordenado que se predique el evangelio a todas las naciones. Es deber de cada hijo de Dios procurar constantemente ganar a los perdidos para Cristo mediante el testimonio personal apoyado por un estilo de vida Cristiano, y por otros métodos que estén en armonía con el evangelio de Cristo».[1]

Versículos para memorizar

«Porque todo aquel que invocare el nombre del Señor, será salvo. ¿Cómo, pues, invocarán a aquel en el cual no han creído? ¿Y cómo creerán en aquel de quien no han oído? ¿Y cómo oirán sin haber quien les predique? ¿Y cómo predicarán si no fueren enviados? Como está escrito: ¡Cuán hermosos son los pies de los que anuncian la paz, de los que anuncian buenas nuevas!». Romanos 10:13-15

La evangelización es una de las responsabilidades centrales de la Iglesia. El mandato final de Cristo a la Iglesia, conocido como la Gran Comisión (ver Mat. 28:19-20), deja clara esta prioridad. Nuestro Señor ordenó a la Iglesia que hiciera discípulos de todas las naciones, bautizándolos en el nombre del Padre, del Hijo y del Espíritu Santo.

«Por tanto, id, y haced discípulos a todas las naciones, bautizándolos en el nombre del Padre, y del Hijo, y del Espíritu Santo; enseñándoles que guarden todas las cosas que os he mandado; y he aquí yo estoy con vosotros todos los días, hasta el fin del mundo. Amén». Mateo 28:19-20

Lee en tu Biblia la Gran Comisión en Mateo 28:19-20.

La orden principal del versículo 19 es hacer __________. El siguiente paso después de que una persona profese la fe en Cristo es ____________. La iglesia tiene la responsabilidad de ____________ a los nuevos conversos. Los cristianos pueden estar seguros de la presencia de Dios _________ hasta el fin de los tiempos.

Fe y mensaje bautistas afirma: «Es deber y privilegio de todo seguidor de Cristo y de toda iglesia del Señor Jesucristo esforzarse por hacer discípulos de todas las naciones». Lee Scarborough hizo hincapié en la responsabilidad de todo cristiano de testificar de Cristo: «La obligación divina de ganar almas recae sin excepción sobre todo hijo de Dios. El cristiano recibe la esencia de esta obligación y llamada en el momento de su salvación. [...] El fruto de un cristiano es otro cristiano».[2] Scarborough también hizo hincapié en la importancia de compartir el Evangelio por todo el mundo: «A cualquier precio debemos ir a todo el mundo y a todos los individuos de todas las naciones, a toda criatura, y dar este Evangelio».[3]

Evangelismo
El componente central de la misión de la iglesia, que implica contar a otros el evangelio de salvación con el objetivo de llevarlos al arrepentimiento y la fe en Cristo.

Deber y privilegio

Las raíces bíblicas de la evangelización son profundas. La iglesia entiende su responsabilidad en la evangelización como el cumplimiento del propósito redentor de Dios. La evangelización no es un mero programa; es una tarea que Cristo asignó a Su iglesia. Nuestra tarea consiste en ser heraldos y testigos de lo que Cristo ha hecho por nosotros, para que otros también puedan llegar a un conocimiento salvador de Jesucristo.

A lo largo de su historia, la Iglesia ha considerado la evangelización como una responsabilidad central y un acto de amor cristiano.

Lamentablemente, ha habido momentos en que la iglesia ha visto la evangelización de una manera diferente al simple acto de hablar directamente a las personas sobre Jesús. Los cristianos comprometidos con la Biblia no apoyan la idea de evangelizar a la fuerza, obligando a alguien, a través del bautismo o de cualquier forma que no sea contar el Evangelio y dejar que cada quien decida por sí mismo responder a la bondad de Jesucristo.

Hoy en día, la oposición a la evangelización puede proceder de diversas fuentes. La teología liberal ha abandonado toda comprensión del juicio divino y toda amenaza del infierno. Así, el evangelismo se transforma a menudo en liberación social u otra forma de acti-vismo social. Debemos resistirnos a la acusación de que los cristianos que comparten el Evangelio se dedican al imperialismo cultural o al fanatismo religioso. El Señor Jesús dejó claro que Él es el Camino, la Verdad y la Vida. Él dice: «Nadie viene al Padre, sino por mí» (Juan 14:6). Los discípulos afirmaron esta verdad, declarando: «Y en ningún otro hay salvación; porque no hay otro nombre bajo el cielo, dado a los hombres, en que podamos ser salvos» (Hech. 4:12). La idea de que el Evangelio es único y no se puede cambiar es una creencia cristiana clave, muy arraigada en la Biblia y crucial para entender nuestra misión y su importancia.

Algunos opinan que el evangelismo no necesita ser articulado de manera verbal, pero en el Nuevo Testamento nadie llegó a comprender la salvación solo viendo cómo vivían los cristianos. Es totalmente necesario dar una presentación verbal del Evangelio, ya que es una parte vital del plan de Dios para avanzar Su mensaje y hacer crecer la Iglesia (Rom. 10:13-17).

Subraya el conjunto de palabras que completa correctamente cada afirmación.

- Tenemos (un camino, muchos caminos) hacia Dios.
- Los cristianos que comparten el Evangelio son (intolerantes, compasivos).

Misiones
La responsabilidad otorgada por Dios a la iglesia de llevar el amor de Dios y el evangelio cristiano a todas las personas mediante la evangelización, educación y ministerio.

A todas las naciones

La evangelización y las misiones son fundamentales, con las misiones extendiéndose a naciones y grupos, no solo a individuos. La Gran Comisión encomienda a la iglesia llevar el evangelio a todos los rincones del mundo, viendo las misiones como la estrategia para lograrlo. Hoy, gracias a la tecnología y el transporte, muchas barreras han caído, pero el desafío de conectar con culturas y lenguas distintas permanece. Por ello, las misiones deben hacerse con respeto y amor hacia los pueblos que buscamos alcanzar en Cristo.

Las misiones deben hacerse con respeto y amor hacia los pueblos que buscamos alcanzar en Cristo.

¿Cuáles son algunos avances de nuestro mundo actual que facilitan las misiones?

¿Cuáles son algunos de los retos de nuestro mundo actual que impiden llegar a la gente con el Evangelio?

Adoniram Judson sirvió en Birmania (la actual Myanmar) durante 38 años, y sólo regresó a casa una vez. Soportó encarcelamientos y torturas, la pérdida de familiares y una mala salud que le duró toda la vida. Judson trabajó durante 23 años para traducir toda la Biblia al birmano. Murió a bordo de un barco en el golfo de Bengala y fue enterrado en el mar.[4]

El legado de Judson continuó durante las décadas siguientes. A principios de la década de 1950, un niño de 10 años, John Cuai Sang, de la tribu Chin de Birmania, profesó su fe en Cristo. Después de culminar su doctorado en el Seminario Teológico Bautista Asiático de Filipinas, Sang sirvió en Birmania durante 30 años como pastor. En 1999 fundó una escuela cristiana en Yangon con 10 alumnos. Hoy, el Instituto de Misión y Plantación de Iglesias forma a hombres y mujeres en Biblia, evangelización y plantación de iglesias. Combinando el trabajo académico con la experiencia sobre el campo misionero, los estudiantes hacen hincapié en la evangelización todos los fines de semana en Yangón y realizan viajes misioneros cada año a distintas partes de Myanmar. Los estudiantes comparten el evangelio con unas cinco mil personas cada año. El Dr. Sang murió en 2006, y ahora el instituto está dirigido por su hijo, Thawng Za Lian, también licenciado en el seminario. La Biblia que utilizan los estudiantes es la que tradujo Judson.[5]

Estamos mostrando compasión cuando compartimos el evangelio. William Carey (1761-1834), que sirvió 41 años en la India sin regresar a Inglaterra, es conocido como el padre de las misiones modernas. Escribió: «La idea de que el prójimo perezca para siempre debería despertar toda nuestra actividad y comprometer todas nuestras fuerzas. [...] El asunto es crítico. Requiere que vivamos y actuemos solo para Dios».[6]

Los cristianos evangélicos entienden que la vida y la muerte penden de un hilo y que el conocimiento salvador del Señor Jesucristo es lo único que separa a los pecadores del infierno. Por esta razón, el evangelismo cristiano y la tarea misionera están impulsados por el amor. Como nos recuerda la *Fe y el mensaje bautistas*, «El nuevo nacimiento del espíritu del hombre por el Espíritu Santo de Dios significa el nacimiento del amor a los demás». Ese amor se expresa mejor en un testimonio cristiano audaz y sensible

La fuerza del testimonio verbal cristiano se refuerza con el ejemplo de vida y servicio al prójimo en nombre de Cristo. Los promotores del evangelismo de estilo de vida subrayan la importancia de demostrar nuestra fe en cómo vivimos, trabajamos y nos relacionamos en sociedad, reflejando así nuestra salvación y el poder de Dios en nosotros. Servir a los necesitados puede abrir puertas para compartir el evangelio. Aunque su principal ministerio era sanar, Bill Wallace y el equipo del Hospital Stout Memorial en Wuchow, China, ante todo, estaban en para compartir las buenas nuevas de Jesucristo, el mensaje de perdón y vida eterna. Wallace dio su vida por su testimonio: a los 43 años, fue asesinado por los comunistas el 10 de febrero de 1951.[10]

La evangelización y las misiones no son sólo para los profesionales religiosos. Todo cristiano tiene la responsabilidad de compartir el Evangelio y decir a los demás cómo pueden llegar a conocer a Jesucristo y recibir la gracia de la vida eterna.

«El amor inquebrantable del Señor llena toda la tierra. Se ha apoderado de nosotros y nos ha hecho conscientes de que debemos compartirlo con todo el mundo. Con todo mi corazón, creo que los cristianos tienen la responsabilidad de dar el Evangelio a cada persona en el mundo».[8]

Baker James Cauthen
1909–85
Secretario ejecutivo, Junta de Misiones Extranjeras (ahora la IMB) de la Convención Bautista del Sur, 1954–79

Marca cada afirmación *V* (verdadero) o *F* (falso).

___ 1. La evangelización es una prioridad para la iglesia.

___ 2. El evangelismo debe hacer hincapié principalmente en cuestiones prácticas como la igualdad, la discriminación, la salud, el empleo y la vivienda.

___ 3. La esencia de la evangelización es compartir lo que Cristo ha hecho por nosotros y lo que puede hacer por los demás.

___ 4. Damos testimonio con nuestra vida diraria.

___ 5. Debemos comunicar verbalmente el Evangelio para generar fe.

Lee cada pasaje de la Escritura. Empareja cada referencia con la afirmación resumida correcta.

___ 1. Mateo 9:37-38

___ 2. Juan 3:16

___ 3. Juan 20:21

___ 4. Hechos 1:8

___ 5. Rom. 10:13-15

a. Dios ama a cada persona y envío a Cristo para salvar a todos los que creen en Él.

b. Cristo nos ordenó ir a todo el mundo y dar testimonio.

c. Todo el que invoque a Jesús se salvará, pero primero debe oír hablar de Él.

d. Jesús nos envía como Dios lo envió a Él.

e. Pocos son los obreros; la miez es mucha, debemos orar por mas obreros.

Las afirmaciones 1, 3, y 5 son ciertas; 2 y 4, incorrectas. El emparejamiento de los pasajes deben ser: 1. e, 2. a, 3. d, 4. b, 5. c.

Tómate un momento para considerar la importancia de ser testigo de Cristo como creyente. Piensa en la urgencia de llegar a un mundo necesitado y herido. Ora para reafirmar tu compromiso de compartir de Cristo.

CAPÍTULO 15

EDUCACIÓN

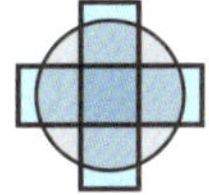

Artículo 12

Educación

«El Cristianismo es la fe de la iluminación y la inteligencia. En Jesucristo habitan todos los tesoros de sabiduría y conocimiento. Todo conocimiento básico es, por lo tanto, una parte de nuestra herencia cristiana. El nuevo nacimiento abre todas las facultades humanas y crea sed de conocimiento. Por otra parte, la causa de la educación en el Reino de Cristo está coordinada con las causas de las misiones y de la beneficencia, y debe recibir juntamente con éstas el apoyo liberal de las iglesias. Un sistema adecuado de educación Cristiana es necesario para completar el programa espiritual del cuerpo de Cristo.

En la educación Cristiana debe haber un balance apropiado entre la libertad académica y la responsabilidad académica. La libertad en cualquier relación humana ordenada es siempre limitada y nunca absoluta. La libertad de un maestro en una institución educacional Cristiana, escuela, colegio, universidad o seminario, está siempre limitada por la preeminencia de Jesucristo, la naturaleza autoritativa de las Escrituras, y por el propósito distintivo para el cual la escuela existe».[1]

Escanea este código QR y accede a herramientas, recursos y ayudas adicionales que complementan los principios expuestos en este estudio. Todo está disponible en nuestra página de recursos digitales para Fe y mensaje bautistas: www.lifeway.com/feymensajebautistas

Versículos para memorizar

«Muéstrame, oh Jehová, tus caminos;
Enséñame tus sendas.
Encamíname en tu verdad, y enséñame,
Porque tú eres el Dios de mi salvación;
En ti he esperado todo el día». Salmo 25:4-5

«El cristianismo es la fe de la ilustración y la inteligencia». Este es un comienzo importante para un artículo crucial de la *Fe y mensaje bautistas*. Algunas de las personas que rechazan el cristianismo han sugerido que se opone a la vida de la mente y a la educación. Nada más lejos de la realidad. De hecho, la educación ocupa un lugar central en la misión que Dios ha asignado a Su pueblo.

Iluminación e inteligencia

Lee al margen las Escrituras del Antiguo Testamento sobre la educación. Después, empareja cada referencia con la afirmación resumida correcta.

___ 1. Job 28:28
___ 2. Salmo 19:7
___ 3. Salmo 119:11
___ 4. Proverbios 3:13

a. Sabiduría y entendimiento traen la verdadera felicidad.
b. Pura y recta, la ley de Dios te ayuda a adquirir sabiduría.
c. La verdadera sabiduría es temer a Dios, y el verdadero entendimiento es apartarse del mal.
d. Guardar la Palabra de Dios en tu corazón te ayuda a protegerte del pecado.

«Y dijo al hombre:
He aquí el temor del Señor es la sabiduría,
Y el apartarse del mal, la inteligencia».
Job 28:28

¿Has emparejado los versículos 1. c, 2. b, 3. d, 4. a?

Los salmos nos instruyen para que meditemos y estudiemos la ley de Dios. Uno de los pasajes más centrales sobre la educación en la Biblia se encuentra en Deuteronomio 4-6, donde se instruye al pueblo de Israel a enseñar constantemente la ley de Dios como una responsabilidad piadosa. El contexto particular de esta instrucción era la responsabilidad paterna dentro del hogar. Los padres deben enseñar la ley a sus hijos en cada oportunidad: «y las repetirás a tus hijos, y hablarás de ellas estando en tu casa, y andando por el camino, y al acostarte, y cuando te levantes» (Deut. 6:7). Por tanto, la responsabilidad principal de educar a los hijos en la fe recae en los padres. Hoy en día, los creyentes deben aprovechar cada oportunidad como un momento de enseñanza y deben enseñar constantemente la Palabra de Dios no sólo a los niños, sino a todas las personas.

«La ley de Jehová es perfecta, que convierte el alma; El testimonio de Jehová es fiel, que hace sabio al sencillo».
Salmo 19:7

«En mi corazón he guardado tus dichos, Para no pecar contra ti».
Salmo 119:11

«Bienaventurado el hombre que halla la sabiduría, Y que obtiene la inteligencia».
Proverbios 3:13

Marca cada afirmación *V* (verdadero) o *F* (falso).

___ 1. El antiguo hogar judío se centraba en enseñar la Palabra de Dios a los niños.
___ 2. La responsabilidad principal de enseñar a los niños la Palabra de Dios recae hoy en la Iglesia.
___ 3. Debemos aprovechar cualquier oportunidad para enseñar a los demás la Palabra de Dios.
___ 4. Dios quiere que Su pueblo estudie Su Palabra.

Las afirmaciones 1, 3 y 4 son verdaderas; la afirmación 2 es falsa.

Los tesoros de la sabiduría y el conocimiento

El cristianismo se basa en una afirmación de verdad integral. En el corazón mismo del evangelio hay un llamado a creer. Por lo tanto, es necesario un cierto conocimiento para salvarse, comprender el evangelio y compartirlo con los demás. En los primeros siglos de la Iglesia, los documentos escritos más importantes eran las guías para formar a los nuevos creyentes y a los niños. Se convirtieron en los primeros libros de texto teológicos de la Iglesia.

Toda verdad es la verdad de Dios. Los cristianos no tenemos nada que temer de la vida intelectual siempre que saturemos nuestras mentes con la Palabra de Dios y nos sometamos a Su verdad como

«Procura con diligencia presentarte a Dios aprobado, como obrero que no tiene de qué avergonzarse, que usa bien la palabra de verdad».
2 Timoteo 2:15

la norma por la que deben juzgarse todas las ideologías, filosofías y pretensiones de verdad (ver Juan 17:17; 2 Tim. 2:15). El cristianismo exige un discipulado total, que se extiende a la vida de la mente y a las tareas de aprender y enseñar.

Evaluamos las afirmaciones de verdad según (elige una):

- ☐ los estándares en los que se basa la cultura;
- ☐ la conciencia individual;
- ☐ la Palabra de Dios;
- ☐ la iglesia local.

El discipulado total se relaciona (elige una):

- ☐ únicamente con la mente, el aprendizaje y la enseñanza;
- ☐ únicamente con lo espiritual;
- ☐ con todos los aspectos de la vida.

Un cristiano verdaderamente comprometido busca constantemente profundizar en su conocimiento del Evangelio y de Dios, entendiendo que conocer a Cristo transforma profundamente la vida. La *Fe y mensaje bautistas* lo resume diciendo que en Jesucristo se encuentran todos los tesoros de sabiduría y conocimiento.

El discipulado eficaz implica un crecimiento continuo, pasando de una etapa de conocimiento a otra, como se describe en Efesios 4:11-15. Esta transición de crecimiento nos lleva hacia una madurez espiritual en la que ya no somos vulnerables a las falsedades, sino que, anclados en el amor y la verdad, crecemos en todo hacia Cristo, nuestra cabeza.

El Nuevo Testamento subraya la importancia del crecimiento espiritual, animando a los creyentes a enfocarse en lo verdadero, justo y puro (Fil. 4:8), y advirtiendo sobre el riesgo de la inmadurez espiritual. Hebreos 5:12 critica a quienes, pudiendo ser maestros por el tiempo transcurrido, aún necesitan aprender lo básico del discipulado, enfatizando la necesidad de avanzar hacia una comprensión y práctica más profundas de la fe.

Lee los siguientes pasajes del Nuevo Testamento sobre la educación. Luego empareja cada referencia con la afirmación resumida correcta.

___ 1. Mateo 28:19-20
___ 2. 1 Corintios 1:30
___ 3. Efesios 4:11-13
___ 4. Filipenses 4:8
___ 5. 2 Timoteo 2:15

a. La sabiduría del cristiano está en Cristo.
b. Debemos llenar nuestra mente con cosas buenas.
c. Debemos ganar a la almas para Cristo y enseñarles la verdad cristiana.
d. Dios le ha dado maestros a la Iglesia.
e. Hay que enseñar correctamente la Palabra de Dios para agradar a Dios.

Deberías haber emparejado los pasajes así: 1. c, 2. a, 3. d, 4. b, 5. e.

El apoyo generoso y voluntario de las iglesias

Una iglesia local debe asumir la responsabilidad de organizar un ministerio integral de enseñanza y formación. El impulso central de la enseñanza de la iglesia debe proceder del púlpito, donde los cristianos deben ser alimentados corporativamente por la Palabra de Dios en el contexto del culto mediante el don de la predicación. En este contexto, el Espíritu Santo aplica la Palabra de Dios a los corazones de los creyentes, conformándolos a la imagen del Señor Jesucristo.

La iglesia organiza programas educativos para cubrir las necesidades de sus miembros, aprovechando la larga tradición bautista en estudio bíblico y discipulado. Originalmente, la Escuela Dominical surgió para enseñar Biblia a jóvenes desatendidos por sus padres en este aspecto, evolucionando luego en una oferta educativa más amplia. A esto se sumó el ministerio de discipulado, enfocado en profundizar conocimientos doctrinales, fomentar el crecimiento espiritual y preparar a los creyentes para servir.

Una iglesia local debe asumir la responsabilidad de organizar un ministerio integral de enseñanza y formación.

Hoy en día, la mayoría de las iglesias ofrecen estudios bíblicos continuos en programas graduados por edades y por otros medios, y muchas iglesias ofrecen estudios temáticos de discipulado para desarrollar creyentes maduros. Estos programas educativos ayudan a creyentes de todas las edades a adquirir un conocimiento más profundo de la Biblia y de la vida cristiana.

Marca cada afirmación *V* (verdadero) o *F* (falso).

___ 1. La escuela dominical debe ser el núcleo del ministerio educativo de la iglesia.

___ 2. La escuela dominical surgió en parte porque los padres no cumplieron con su responsabilidad divina de enseñar a sus hijos.

___ 3. Un ministerio de discipulado ayuda a los creyentes a madurar en su fe.

___ 4. En el plan de Dios, la enseñanza parental es secundaria dentro del ministerio educativo de la iglesia.

Las afirmaciones 2 y 3 son verdaderas; las afirmaciones 1 y 4 son falsas.

La responsabilidad educativa de la iglesia consiste en fortalecer las tareas de evangelización, misiones y las demás dimensiones del mandato de Cristo. Una iglesia o una denominación no pueden sostener un programa misionero vibrante y fiel si la educación no está en el centro de su formación y preparación de misioneros. Por esta razón, los bautistas del sur han establecido un sistema de educación que incluye una amplia gama de instituciones, entre ellas muchas escuelas, colegios y universidades cristianas, junto con seis seminarios teológicos. Muchas iglesias bautistas del sur patrocinan y administran escuelas cristianas. Otras animan y apoyan a los padres que educan a sus hijos en casa.

La iglesia debe educar para apoyar la evangelización, misiones y otros mandatos de Cristo.

La educación sustenta las tareas de evangelización y misiones mediante (marca todo lo que corresponda)—

☐ concientizar sobre la necesidad de alcance cristiano en áreas cercanas;

☐ capacitar a los miembros con conocimientos y habilidades para testificar eficazmente;

- ☐ habilitar la enseñanza de la obediencia a los mandatos de Jesús;
- ☐ sensibilizar sobre la importancia de misiones cristianas mundialmente;
- ☐ preparar nuevos misioneros para difundir el evangelio en otras culturas;
- ☐ promover el crecimiento hacia la madurez cristiana en cada creyente.

La educación respalda evangelización y misiones integralmente.

Libertad y responsabilidad académica

La cultura académica actual se caracteriza por intensos debates sobre la libertad académica. En realidad, la idea se ha corrompido en nuestros tiempos, y muchos afirman que la libertad académica es una licencia para que un maestro o un profesor enseñe prácticamente cualquier cosa que elija. Esta idea dista mucho de la idea bautista de libertad. Como deja claro la *Fe y mensaje bautistas,* «La libertad en cualquier relación ordenada de la vida humana es siempre limitada y nunca absoluta». Esta es una matización muy importante a la idea de libertad académica. El profesor es realmente libre, pero dentro de los límites de la misión y la confesión de fe de la institución. Este principio se ha definido a través de la controversia y con un costo considerable. Los bautistas del sur debemos esperar que los profesores de nuestras instituciones enseñen de acuerdo con la *Fe y mensaje bautistas* y no en contra de ella, que defiendan la fe en lugar de subvertirla, y que inculquen a la siguiente generación una comprensión reverente y madura de la verdad cristiana.

Fe y mensaje bautistas dicen: «La libertad de un profesor en una escuela, universidad o seminario cristianos está limitada por la preeminencia de Jesucristo, por la naturaleza autoritativa de las Escrituras y por el propósito distinto para el que existe la escuela». Esta afirmación llevó a Herschel Hobbs a decir: «Cuando un profesor acepta un puesto docente en cualquier escuela, acepta con ello una limitación de su libertad personal y la responsabilidad de enseñar en el marco de las creencias generales del organismo patrocinador».[2]

Los bautistas del sur deben esperar que los profesores de nuestras instituciones defiendan la fe.

Lee el artículo de la *Fe y mensaje bautistas* sobre la educación, página 127. Enumera tres factores que limitan la libertad de los profesores en las escuelas cristianas.

1. ____________________

2. ____________________

3. ____________________

Dedica unos minutos a pensar en el ministerio educativo de tu iglesia. Describe una forma en que ese ministerio podría fortalecerse.

____

____

____

Cierra tu estudio orando por—

- hogares que enseñan la verdad de Dios;
- el ministerio de enseñanza de tu iglesia;
- padres que educan a sus hijos en casa;
- maestros de escuelas cristianas y privadas;
- maestros en centros públicos;
- universidades y seminarios bautistas.

CAPÍTULO 16

MAYORDOMÍA

Artículo 13

Mayordomía

«Dios es la fuente de todas las bendiciones, temporales y espirituales; todo lo que tenemos y somos se lo debemos a Él. Los Cristianos están endeudados espiritualmente con todo el mundo, un encargo santo en el evangelio, y una mayordomía obligatoria en sus posesiones. Por tanto, están bajo la obligación de servir a Dios con su tiempo, talentos y posesiones materiales; y deben reconocer que todo esto les ha sido confiado para que lo usen para la gloria de Dios y para ayudar a otros. De acuerdo con las Escrituras, los Cristianos deben contribuir de lo que tienen, alegre, regular, sistemática, proporcional y liberalmente para el progreso de la causa del Redentor en la tierra».[1]

Versículo para memorizar

«No os hagáis tesoros en la tierra, donde la polilla y el orín corrompen, y donde ladrones minan y hurtan; sino haceos tesoros en el cielo, donde ni la polilla ni el orín corrompen, y donde ladrones no minan ni hurtan. Porque donde esté vuestro tesoro, allí estará también vuestro corazón». Mateo 6:19-21

Mayordomía
La responsabilidad de administrar los recursos que Dios nos ha entregado.

Escanea este código QR
y accede a herramientas, recursos y ayudas adicionales que complementan los principios expuestos en este estudio. Todo está disponible en nuestra página de recursos digitales para Fe y mensaje bautistas: www.lifeway.com/feymensajebautistas

No podemos entender la visión bíblica de la vida cristiana sin haber acogido el concepto bíblico de la mayordomía. Esta idea se remonta al jardín del Edén, donde a Adán y Eva se les asignó la responsabilidad de ser mayordomos del jardín que Dios había creado (ver Gén. 1:27-30). El entendimiento de que los mayordomos no son dueños de lo que Dios les ha confiado, sino que son administradores de Sus recursos está en el corazón de lo que es la mayordomía. Como afirma *Fe y mensaje bautistas*, «Dios es la fuente de todas las bendiciones, temporales y espirituales; todo lo que tenemos y somos se lo debemos a Él». A los seres humanos se les concede una increíble responsabilidad como administradores de la tierra de Dios. Pero este hecho se cimienta en el principio que Dios es el dueño de todo y, que los seres humanos rendiremos cuentas a Dios de nuestro uso, disfrute y protección de todo lo que nos ha confiado.

Lee cada conjunto de los textos bíblicos sobre la mayordomía bíblica. Luego conecta cada conjunto de textos con la correcta afirmación resumida.

___ 1. Génesis 1:1; Salmo 24:1; 95:3-5; Hageo 2:8	a. Somos mayordomos; todo lo que tenemos en un encargo.
___ 2. Mateo 25:1-15 1 Corintios 4:1	b. Debemos rendir cuentas de nuestra mayordomía a Dios.
___ 3. Romanos 14:12; 1 Corintios 4:2	c. Dios es dueño de todo.

Las respuestas correctas son 1. c, 2. a, 3. b.

La visión bíblica de que Dios es dueño de todo, se opone al secularismo moderno y a la idea de la autosuficiencia humana. Disfrutamos de un mundo que no hemos creado. Comemos de sus frutos, recibimos sus dones y utilizamos sus recursos, pero no hemos creado nada de esto.

En el Nuevo Testamento, Jesús utilizó la figura de un mayordomo en varias parábolas, dejando claro que somos mayordomos y, como tales, rendiremos cuentas y daremos una respuesta de nuestro uso e inversión de lo que Dios nos ha dado (ver Mat. 25:14-29; Luc. 12:16-

21; 16:1-13). El ser buenos mayordomos de lo que se nos ha confiado es una importante responsabilidad cristiana.

Un encargo santo

Los cristianos enfrentamos una responsabilidad única en la mayordomía, considerada por la *Fe y mensaje bautistas* como un «encargo santo en el Evangelio». Según la Biblia, fuimos «comprados por precio» (ver 1 Cor. 6:20), lo que significa que pertenecemos a Cristo y todo lo nuestro está a Su servicio. Nuestra cosmovisión desafía el apego a lo material, diferenciándonos de la acumulación desmedida del mundo. Reconocemos que los bienes terrenales son temporales y están destinados a ser disfrutados y usados en función del Evangelio. El apóstol Pablo nos recuerda que somos deudores ante el mundo (Rom. 1:14), llamados a compartir y sacrificar nuestros bienes por el Evangelio, para que otros también conozcan a Cristo. Esta enseñanza nos aleja del amor por las posesiones mundanas, poniendo el evangelio como nuestro tesoro más grande. Jesús advierte sobre el peligro de las riquezas materiales, diciendo: «No podéis servir a Dios y a las riquezas» (ver Mat. 6:24). Nos insta a priorizar nuestros recursos para las metas de la Gran Comisión, poniendo el dinero y los bienes al servicio de Dios y no al revés.

«A griegos y a no griegos, a sabios y a no sabios soy deudor».
Romanos 1:14

«No os hagáis tesoros en la tierra, donde la polilla y el orín corrompen, y donde ladrones minan y hurtan; sino haceos tesoros en el cielo, donde ni la polilla ni el orín corrompen, y donde ladrones no minan ni hurtan. Porque donde esté vuestro tesoro, allí estará también vuestro corazón».
Mateo 6:19-21

Lee Mateo 6:19-21. Los tesoros acumulados en la tierra (marca todas las que apliquen):

☐ perecen; ☐ perduran; ☐ traen felicidad; ☐ glorifican a Dios.

La manera en qué un cristiano puede acumular tesoros en el cielo (marca todas las que apliquen):

☐ Dar testimonio a un vecino;
☐ Dar a las misiones;
☐ Conservar los recursos naturales;
☐ Alimentar a una persona con hambre;
☐ Ahorrar dinero;
☐ Enseñar a niños acerca de Dios.

Para la Gloria de Dios

La administración cristiana incluye nuestra energía, tiempo y todo lo que somos.

Los cristianos a menudo se encuentran confundidos respecto al manejo del dinero y las prioridades materiales. Algunos piensan que las riquezas son señal del favor de Dios, mientras otros esperan que sus bienes les provean seguridad en momentos difíciles. Sin embargo, un cristiano maduro sabe que ni el dinero ni las posesiones pueden adquirir lo esencial: el tesoro invaluable de la salvación a través de Jesucristo. La mayordomía cristiana abarca no solo nuestros bienes, sino también nuestra energía, tiempo y todo nuestro ser. Jesús enseñó sobre la importancia de usar nuestros talentos para la gloria de Dios y los dones espirituales para fortalecer la Iglesia. Según la *Fe y mensaje bautistas*, debemos servir a Dios con nuestro tiempo, talentos y bienes, conscientes de que todo nos ha sido dado para glorificar a Dios y ayudar a los demás.

Cada uno de los siguientes bienes procede de Dios. Identifica una forma en la que puedas ser un mejor mayordomo de cada bien. El primero está completado como ejemplo.

Mi cuerpo: *Seguir una dieta nutritiva, hacer suficiente ejercicio y descansar adecuadamente.*

Mi mente: ____________________

Mis habilidades: ____________________

Mi tiempo: ____________________

Mi influencia: ____________________

Mis dones espirituales: ____________________

Los cristianos son llamados a ser ejemplos de generosidad, dando «alegre, regular, sistemática, proporcional y liberalmente» para la obra de Cristo, como lo destaca la *Fe y mensaje bautistas*. Esta invitación podría parecer desafiante para quienes no han experimentado la transformación por la gracia de Cristo. No obstante, para aquellos que han conocido a Jesús y se ven a sí mismos como hijos de Dios y coherederos con Cristo, la mayordomía cristiana se convierte más en una bendición que en una carga. Esta generosidad no surge de la obligación, sino del privilegio y la alegría de compartir. Los cristianos, conscientes de haber recibido abundantemente, se complacen en dar generosa y regularmente, siguiendo los mandamientos de Cristo y las enseñanzas bíblicas. Al donar, no solo obedecemos sino que también honramos y adoramos a Cristo con un espíritu de gratitud.

La administración de un cristiano se hace con alegría, como un privilegio, no por obligación.

Lee cada texto bíblico y conecta cada referencia con la correcta afirmación resumida.

___ 1. Mateo 6:1-4	a. No seas presumido en ayudar a los demás.
___ 2. Mateo 23:23	b. Dios lo creó todo y es Señor de todo.
___ 3. Lucas 12:16-21	c. Dios ama al dador alegre.
___ 4. Hechos 17:24	d. Debemos estar contentos con lo que tenemos.
___ 5. Hechos 20:35	e. Al diezmar, no descuides la justicia, la misericordia y la fe.
___ 6. 2 Corintios 9:7	f. No fuimos redimidos con dinero, sino con la sangre de Cristo.
___ 7. Filipenses 4:11-12	g. Es más bienaventurado dar que recibir.
___ 8. 1 Pedro 1:18-19	h. Es necio acumular tesoros para uno mismo y no ser rico para con Dios.

Probablemente respondiste así: 1. a, 2. e, 3. h, 4. b, 5. g, 6. c, 7. d, 8. f.

En definitiva, los creyentes dan para gloria de Dios, pero en esta vida también damos para que avance la causa del Redentor en la tierra. Ésta es quizá la motivación más satisfactoria del ofrendar cristiano.

El Diezmo

La controversia del diezmo entre cristianos surge del mandato del Antiguo Testamento de dar un 10% como ofrenda (Lev. 27:30-32; Mal. 3:10). Algunos creen que, al no estar bajo la ley, los cristianos están exentos

Diezmo
«Y el diezmo de la tierra, así de la simiente de la tierra como del fruto de los árboles, de

Jehová es; es cosa dedicada a Jehová. Y si alguno quisiere rescatar algo del diezmo, añadirá la quinta parte de su precio por ello. Y todo diezmo de vacas o de ovejas, de todo lo que pasa bajo la vara, el diezmo será consagrado a Jehová». Levítico 27:30-32

«Traed todos los diezmos al alfolí y haya alimento en mi casa; y probadme ahora en esto, dice Jehová de los ejércitos, si no os abriré las ventanas de los cielos, y derramaré sobre vosotros bendición hasta que sobreabunde». Malaquías 3:10

del diezmo. No obstante, se espera que los cristianos, inspirados por la transformación en Cristo, adopten un compromiso de generosidad que incluso puede ir más allá de ese 10%, buscando contribuir con alegría a la iglesia y a las misiones (Mat. 6:19-21; 23:23; 2 Cor. 9:7).

¿Estás de acuerdo con que los cristianos deben diezmar?
☐ Sí ☐ No ¿Por qué sí o por qué no?

____

Marca cada afirmación *V* (verdadero) o *F* (falso).

___ 1. No todos los cristianos son mayordomos.
___ 2. Un mayordomo no es dueño de lo que se le confía.
___ 3. Las posesiones materiales siempre indican el favor de Dios.
___ 4. Tendremos que rendir cuentas del uso de lo que Dios nos ha dado.
___ 5. Los bienes materiales pueden ser peligrosos para el cristiano.
___ 6. La mayordomía cristiana está motivada por la obligación.

Las afirmaciones 1, 3 y 6 son falsas. Las afirmaciones 2, 4 y 5 son verdaderas.

Lee el artículo de la *Fe y mensaje bautistas* sobre la mayordomía, página 135. Subraya cinco formas en las que los cristianos deben contribuir con sus medios para avanzar la obra de Cristo en la tierra

Da gracias a Dios que Él te haya confiado ser Su mayordomo y pídele que te ayude a ser fiel en la administración de Sus recursos.

CAPÍTULO 17

COOPERACIÓN

Artículo 14

Cooperación

«El pueblo de Cristo debe, según la ocasión lo requiera, organizar tales asociaciones y convenciones que puedan asegurar de la mejor manera posible la cooperación necesaria para lograr los grandes objetivos del Reino de Dios. Tales organizaciones no tienen autoridad una sobre otra ni sobre las iglesias. Ellas son organizaciones voluntarias para aconsejar, para descubrir, combinar y dirigir las energías de nuestro pueblo de la manera más eficaz. Los miembros de las iglesias del Nuevo Testamento deben cooperar unos con otros en llevar adelante los ministerios misioneros, educacionales y benevolentes para la extensión del Reino de Cristo. La unidad Cristiana en el sentido del Nuevo Testamento, es armonía espiritual y cooperación voluntaria para fines comunes por varios grupos del pueblo de Cristo. La cooperación entre las denominaciones Cristianas es deseable, cuando el propósito que se quiere alcanzar se justifica en sí mismo, y cuando tal cooperación no incluye violación alguna a la conciencia ni compromete la lealtad a Cristo y su Palabra como se revela en el Nuevo Testamento».[1]

Versículo para memorizar

«Porque nosotros somos colaboradores de Dios, y vosotros sois labranza de Dios, edificio de Dios». 1 Corintios 3:9

Escanea este código QR y accede a herramientas, recursos y ayudas adicionales que complementan los principios expuestos en este estudio. Todo está disponible en nuestra página de recursos digitales para Fe y mensaje bautistas: www.lifeway.com/feymensajebautistas

Fe y mensaje bautistas nos recuerdan que la unidad cristiana es «armonía espiritual y cooperación voluntaria para fines comunes por varios grupos del pueblo de Cristo». La cooperación no es una mera idea administrativa concebida en el mundo empresarial moderno. La cooperación no surge de la política, la sociología o el sentimentalismo. Por el contrario, nuestra cooperación voluntaria como bautistas se fundamenta en el hecho de que compartimos una común salvación y estamos llamados a propósitos comunes que pueden alcanzarse mejor trabajando juntos. Para los bautistas del sur, la cooperación significa un trabajo mundial del reino con otros que comparten nuestra fe, valores y cosmovisión.

Lea los siguientes relatos bíblicos sobre cooperación. Conecte cada referencia con el tipo de cooperación implicada. Algunos tipos de cooperación pueden utilizarse más de una vez, mientras que otros pueden no utilizarse en absoluto.

___ 1. Esdras 1:1-4; 2:68-69
___ 2. Nehemías 4
___ 3. Marcos 2:3-4b
___ 4. Hechos 1:13-14
___ 5. Hechos 2:44-47;
___ 6. 1 Corintios 3:5-11
___ 7. 1 Corintios 12:4-27
4:32-37

a. Llevar a Jesús a un hombre que necesitaba ayuda
b. Proveer ayuda a los creyentes en necesidad
c. Preparándose para reconstruir el templo
d. Oración
e. Líderes en el ministerio
f. Servir con dones espirituales
g. Reconstrucción de las murallas de Jerusalén

Las referencias deben conectarse así: 1. c, 2. g, 3. a, 4. d, 5. b, 6. e, 7. f.

Fe y mensaje bautistas afirman que los cristianos deben «organizar tales asociaciones y convenciones que puedan asegurar de la mejor manera posible la cooperación necesaria para lograr los grandes objetivos del Reino de Dios». Esta larga y expansiva declaración está profundamente arraigada en la tradición bautista. Al fin y al cabo, las primeras iglesias bautistas de Londres se organizaron en una asociación. Lo hicieron no sólo para disfrutar de relaciones fraternales entre las iglesias, sino para compartir una mutua rendición de cuentas ante el evangelio y para involucrarse en propósitos comunes y un testimonio unido.

La cooperación implica trabajar en el reino de Dios a nivel mundial con otros que comparten nuestra fe, valores y visión del mundo.

Armonía espiritual y cooperación voluntaria

El *congregacionalismo* es un principio bautista profundamente arraigado. Creemos que la comprensión bíblica primaria de la iglesia es un cuerpo local de creyentes bautizados que es responsable ante la autoridad de Dios. Sin embargo, entendemos que, de la misma manera que los cristianos no son creyentes de fe solitaria, desconectados del cuerpo de Cristo; las iglesias bautistas individuales están llamadas a cooperar con otras congregaciones con fines del evangelio.

Al mismo tiempo, el principio congregacional nos recuerda que los bautistas nos oponemos correctamente a cualquier tipo de jerarquía. No creemos que la cooperación se establezca mediante estructuras jerárquicas que puedan mandar a la iglesia local o reclamar su ministerio. Por ello, los bautistas creemos en asociaciones voluntarias con otros creyentes con ideas afines. Las iglesias que comparten un compromiso, convicciones y valores comunes se asocian voluntariamente para hacer al unísono lo que no pueden lograr solas. La cooperación siempre es voluntaria, nunca a la fuerza.

Congregacionalismo
La idea de que un grupo local de creyentes responde directamente a la autoridad de Dios, no a una jerarquía eclesiástica.

El concepto de congregacionalismo significa (elige uno):

- ☐ la congregación local es directamente responsable ante la asociación local;
- ☐ la congregación local es directamente responsable ante la Convención Bautista del Sur;
- ☐ la congregación local es directamente responsable ante la autoridad de Cristo, sin ninguna autoridad intermediaria.

Asociación voluntaria
El esfuerzo unido y cooperativo de iglesias con creencias comunes para ministrar juntos de formas que no podrían hacer individualmente.

El concepto de asociación voluntaria significa (elige uno):

- ☐ Las iglesias se asocian voluntariamente para un fin común;
- ☐ Las iglesias se asocian voluntariamente con misioneros en el extranjero para avanzar la causa de Cristo;
- ☐ Las iglesias se asocian voluntariamente con organizaciones seculares para un fin común.

Dado que los bautistas somos congregacionalistas, no somos responsables ante otras entidades, sólo ante Dios. Sin embargo, nos asociamos voluntariamente con otros grupos cristianos para alcanzar un propósito común.

Cooperación para los grandes objetivos del Reino de Dios

Nuestro modelo de cooperación, reflejado en la *Fe y mensaje bautistas*, describe a las asociaciones locales y estatales como «organizaciones voluntarias de consejo», no autoritarias, pero con el deber de optimizar colectivamente los esfuerzos de la comunidad. Esta cooperación histórica busca efectividad en la misión, basada en principios claros desde la formación de la Convención Bautista del Sur.

Nuestras iglesias pueden hacer juntas lo que ninguna iglesia podría hacer por sí sola.

La cooperación tiene como fin último la misión del evangelio; es un imperativo bautista colaborar para lograr lo que individualmente no es posible. Este esfuerzo colaborativo inicia en la iglesia local y se expande a través de la colaboración entre iglesias, movilizando y coordinando recursos para la misión, la educación y el servicio, todo en nombre de Cristo.

La base de la cooperación es la iglesia local, donde los miembros deben unirse en la misión encomendada por Cristo. Esta sinergia permite a las iglesias y a los creyentes unir fuerzas en ministerios diversos, promoviendo el crecimiento del reino de Cristo a través de una fe compartida y activa.

La cooperación va más allá de una mera asociación nominal con el evangelio, exigiendo una fe viva y compartida. Mientras la *Fe y mensaje bautistas* abre la puerta a la cooperación interdenominacional, se mantiene firme en evitar alianzas que comprometan los principios bíblicos. Por esto, la Convención Bautista del Sur se abstiene de participar en organismos ecuménicos que no se alineen con la enseñanza del evangelio de Cristo o la autoridad de la Biblia.

Marca dos razones por las que los bautistas del sur no nos hemos unido a organizaciones ecuménicas ni a consejos eclesiásticos. No nos unimos a iglesias que:

- ☐ no creen en las misiones;
- ☐ no afirman que la Biblia sea la Palabra de Dios;
- ☐ no practican el bautismo por inmersión;
- ☐ no abrazan ni enseñan el Evangelio de Cristo;
- ☐ no creen en el regreso premilenial de Cristo.

¿Por qué los bautistas se unen con otros grupos cristianos?

____

Los bautistas aceptamos colaborar con otros grupos cristianos para extender el reino de Dios. No cooperamos con grupos que niegan el evangelio de Jesucristo o que no aceptan la Biblia como Palabra de Dios.

Llevar adelante los ministerios misioneros, educacionales y benevolentes

La cooperación es fundamental en la estructura de los bautistas del sur, manifestándose en esfuerzos conjuntos para sostener y financiar las misiones y los programas educativos a través del Programa Cooperativo desde 1925. Este sistema permite que las iglesias contribuyan a un fondo común, optimizando el soporte a la misión global y la formación teológica. Considerado uno de los métodos más eficaces de financiación en el cristianismo, el Programa Cooperativo refleja el compromiso de avanzar unidos en la misión de Cristo.

Programa cooperativo
Un plan de colaboración mediante el cual los bautistas del sur proveen apoyo financiero para el ministerio y misiones de forma continua y sistemática.

M. E. Dodd, quien lideró el desarrollo y adopción del Programa Cooperativo, dijo: «El Programa Cooperativo es una intercesión en favor de todas nuestras grandes causas que Cristo ha confiado a nuestro cuidado. Creemos que los bautistas del sur deberían avanzar juntos año tras año en un esfuerzo elevado y sagrado hasta que Su reino se extienda de costa a costa, y Su nombre sea conocido desde el

El Programa Cooperativo permite que las congregaciones bautistas locales unan sus fuerzas económicas para avanzar la causa de Cristo.

río hasta los confines de la tierra. [...] El dinero dado a la iglesia y al Programa Cooperativo irá más lejos, se elevará más alto, se extenderá más amplio, trabajará más profundo y durará más que cuando se da a cualquier otro lugar o causa».[2]

Louie D. Newton (1892–1986) fue pastor de la Iglesia Bautista Druid Hills en Atlanta, Georgia, durante 39 años y presidente de la Convención Bautista del Sur de 1947 a 1948.[3] Newton dijo en 1947: «El Programa Cooperativo nos ofrece hoy, como lo ha hecho desde que se adoptó, el método más seguro para convocar, combinar y dirigir las energías de todo nuestro pueblo en la propagación del evangelio. Es sencillo, práctico y bíblico. Ha ganado la confianza de nuestra gente. Merece nuestro apoyo completo en oraciones, donativos y lealtad».[4]

El nombre del plan central de financiación de los Bautistas del Sur es el:

____________________ ________________.

Describe dos formas en las que tu iglesia coopera con otras iglesias o grupos.

1. ______________________________

2. ______________________________

Concluye el estudio de este capítulo orando por la labor realizada en todo el mundo a través del Programa Cooperativo. Pidamos que las ofrendas al Programa Cooperativo se fortalezcan.

CAPÍTULO 18

EL CRISTIANO Y EL ORDEN SOCIAL

Artículo 15

El Cristiano y el Orden Social

«Todos los Cristianos están bajo la obligación de procurar hacer que la voluntad de Cristo sea soberana en nuestras propias vidas y en la sociedad humana. Los medios y los métodos usados para mejorar la sociedad y para el establecimiento de la justicia entre los hombres pueden ser verdadera y permanentemente útiles solamente cuando están enraizados en la regeneración del individuo por medio de la gracia salvadora de Dios en Jesucristo. En el espíritu de Cristo, los cristianos deben oponerse al racismo, a toda forma de codicia, egoísmo, vicio, a todas las formas de inmoralidad sexual, incluyendo el adulterio, la homosexualidad y la pornografía. Nosotros debemos trabajar para proveer para los huérfanos, los necesitados, los abusados, los ancianos, los indefensos y los enfermos. Debemos hablar a favor de los que no han nacido y luchar por la santidad de toda la vida humana desde la concepción hasta la muerte natural. Cada cristiano debe procurar hacer que la industria, el gobierno y la sociedad como un todo estén regidos por los principios de la justicia, la verdad y el amor fraternal. Para promover estos fines los Cristianos deben estar dispuestos a trabajar con todos los hombres de buena voluntad en cualquier causa, siendo siempre cuidadosos de actuar en el espíritu de amor sin comprometer su lealtad a Cristo y a su verdad».[1]

Escanea este código QR
y accede a herramientas, recursos y ayudas adicionales que complementan los principios expuestos en este estudio. Todo está disponible en nuestra página de recursos digitales para Fe y mensaje bautistas: www.lifeway.com/feymensajebautistas

Versículo para memorizar
«Vosotros sois la luz del mundo; una ciudad asentada sobre un monte no se puede esconder. Ni se enciende una luz y se pone debajo de un almud, sino sobre el candelero, y alumbra a todos los que están en casa. Así alumbre vuestra luz delante de los hombres, para que vean vuestras buenas obras, y glorifiquen a vuestro Padre que está en los cielos».
Mateo 5:14-16

El cristianismo se relaciona auténticamente con la sociedad y cultura, aplicando la verdad para impactar significativamente el mundo. Los bautistas creen en la importancia de vivir la voluntad de Cristo en lo personal y comunitario, impactando positivamente a nuestra sociedad y promoviendo la libertad para compartir el Evangelio. Sin embargo, reconocemos que el cambio genuino trasciende la política y la cultura, radicando en la gracia de Cristo. *Fe y mensaje bautistas* remarca que la mejora social depende de la renovación espiritual individual por Dios. El amor al prójimo nos impulsa a preocuparnos por las bases morales y legales de nuestra sociedad.

El amor al prójimo requiere que de corazón cuidemos cómo se forma nuestra sociedad.

El Establecimiento de la justicia

Los cristianos reconocemos que el gobierno cumple roles cruciales asignados por Dios, como castigar a quienes hacen mal y premiar a los justos, según se describe en Romanos 13:1-7. El bienestar comunitario es, por tanto, de nuestro interés. Nuestra oposición al pecado, ya sea individual o cultural, se basa en un amor y preocupación genuinos por la sociedad, siempre conscientes de nuestra propia condición de pecadores redimidos por Cristo. Nos vemos llamados a participar activamente en el ámbito político y cultural, actuando conforme a los principios cristianos. Aunque somos conscientes de que la Iglesia es la única institución divina destinada a perdurar más allá del tiempo, entendemos que los gobiernos y estructuras sociales actuales son temporales, como lo demuestra la historia con el auge y caída de imperios y naciones. Esta perspectiva no nos exime de la responsabilidad de procurar la justicia y el bienestar en el orden actual, siempre en fidelidad a los mandatos de Cristo.

Lea Mateo 5:13. Jesús habló de nuestra responsabilidad en el mundo utilizando la metáfora de ________________.

Una función de la sal es ______________________________.

Lea Mateo 5:14-16. Jesús habló de nuestra responsabilidad en el mundo utilizando la metáfora de ________________.

Una función de la luz es ______________________________.

¿Qué crees que significa para los cristianos ser sal y luz en el mundo?

____.

En tiempos de Jesús se utilizaba la sal para preservar la carne. Los cristianos debemos tener la misma influencia purificadora en la sociedad. También debemos reflejar la luz de Jesús en un mundo espiritualmente oscuro.

Los cristianos debemos tomar en serio nuestra responsabilidad social porque afecta a la forma en que la gente vive y piensa. La responsabilidad social cristiana tiene un enorme poder para bendecir a individuos, familias y, al orden social en general.

Mejorar la sociedad

El Nuevo Testamento revela varias áreas específicas de responsabilidad social que deberían ser la principal preocupación de los cristianos. *Fe y Mensaje Bautista* nos recuerda que debemos oponernos al racismo, la codicia, el egoísmo, el vicio, la inmoralidad sexual y otras formas de pecado. Hacemos esto no sólo para mejorar la sociedad, sino también para dar testimonio de la gracia que se nos muestra en la ley de Dios.

«Vosotros sois la sal de la tierra; pero si la sal se desvaneciere, ¿con qué será salada? No sirve más para nada, sino para ser echada fuera y hollada por los hombres».
Mateo 5:13

«Vosotros sois la luz del mundo; una ciudad asentada sobre un monte no se puede esconder. Ni se enciende una luz y se pone debajo de un almud, sino sobre el candelero, y alumbra a todos los que están en casa. Así alumbre vuestra luz delante de los hombres, para que vean vuestras buenas obras, y glorifiquen a vuestro Padre que está en los cielos».
Mateo 5:14-16

La codicia. Todas las generaciones han sido culpables del pecado de la codicia. En nuestros propios días, la codicia es una tentación siempre presente, impulsada por la ambición material y una omnipresente cultura consumista. La mayordomía requiere, que los cristianos consideeremos todos nuestros bienes materiales como pertenecientes a Dios y que busquemos un orden social que logre una sociedad más justa.

Personas necesitadas. Los cristianos también tienen la responsabilidad de tender la mano a los más necesitados. La Iglesia y el creyente individual deben ministrar a los abusados, los enfermos, los pobres y los marginados.

Jesús tiene un lugar especial en Su corazón para las personas rechazadas por la sociedad. Lee Lucas 4:18-19 y nombra cinco ministerios para los que Jesús dijo que había sido ungido.

1. ______________________________
2. ______________________________
3. ______________________________
4. ______________________________
5. ______________________________

«El Espíritu del Señor está sobre mí,
Por cuanto me ha ungido para dar buenas nuevas a los pobres;
Me ha enviado a sanar a los quebrantados de corazón;
A pregonar libertad a los cautivos,
Y vista a los ciegos;
A poner en libertad a los oprimidos;
A predicar el año agradable del Señor».
Lucas 4:18-19

El individuo bautista y las iglesias bautistas participan en una amplia gama de ministerios diseñados para ayudar a personas con necesidades urgentes. En generaciones anteriores, estos ministerios incluían hospitales, orfanatos y diversos programas institucionales de asistencia humana. En años más recientes, las iglesias, individualmente y junto con otras congregaciones, han desarrollado programas locales de ayuda a individuos personas y familias necesitadas. A través del programa de auxilio en desastres (Send Relief) de la Junta de Misiones Norteamericanas de la Convención Bautista del Sur (NAMB), millones de personas han recibido ayuda de los Bautistas del Sur en momentos de crisis y necesidad urgente.

Lee Mateo 25:31-46. Marca las verdades de este pasaje.

☐ 1. Jesús se preocupa por los oprimidos, los pobres y los enfermos.

☐ 2. Jesús espera que la gente se ayude a sí misma y no acepte ayuda de los demás.

☐ 3. Jesús espera que ayudemos a las personas necesitadas.

☐ 4. Ayudar a alguien que lo necesita es como ayudar a Jesús.

Los números 1, 3 y 4 deben estar marcados.

Los indefensos. Una responsabilidad cristiana primordial e ineludible es hablar en nombre de los indefensos. En el Nuevo Testamento se enseñaba a los creyentes a cuidar de los más vulnerables de su cultura, las viudas y los huérfanos (ver Sant. 1:27). En nuestra cultura, los cristianos debemos hablar en nombre de los que no pueden hablar por sí mismos. Una dimensión importante de esta tarea de la iglesia es la oposición al aborto.[2] Arraigados en nuestra convicción de que toda vida humana es sagrada desde la concepción hasta la muerte natural. Los cristianos debemos oponernos al aborto, la eutanasia y al suicidio asistido, a la clonación humana y a cualquier tecnología o investigación que implique la destrucción de un embrión humano. Los cristianos debemos estar a la vanguardia de los esfuerzos por preservar y proteger toda vida humana, incluida la vida de los no natos, los ancianos, los enfermos y los marginados de la sociedad.

Desde el momento de la concepción hasta el último suspiro, toda la vida es sagrada.

Lee los siguientes textos bíblicos sobre la santidad de la vida. Luego conecta cada referencia con la correcta afirmación resumida.

___ 1. Génesis 1:27
___ 2. Éxodo 20:13
___ 3. Salmo 139:13-16
___ 4. Isaías 44:2,24
___ 5. Jeremías 1:5
___ 6. Efesios 2:10

a. Estamos hechos a imagen de Dios.
b. Dios no sólo nos hizo. Sino también nos ayudará.
c. Dios eligió a Su profeta antes de formarlo en el vientre materno.
d. Dios nos creó para buenas obras las cuales preparó de antemano.

«El evangelio de Jesucristo es un remedio universal de un Dios universal para la necesidad universal de la humanidad. El Dios que Jesucristo reveló al mundo no es un Dios tribal, nacional o racial. Es para todos los hombres de todas las razas, clases y colores, en todas las naciones y a lo largo de todas las épocas. El evangelio es tan elemental y fundamental en su aplicación a la humanidad que satisface las necesidades de todo tipo de personas en todos los lugares y en todo momento».[3]

M. E. Dodd
1878–1952
Pastor, First Baptist Church; Shreveport, Louisiana; presidente, Convención Bautista del Sur, 1934–35

e. No mates.
f. Dios nos hace en el vientre y conoce todos nuestros días desde el principio.

Las referencias deben conectarse así: 1. a, 2. e, 3. f, 4. b, 5. c. 6. d.

El racismo. Fe y mensaje bautistas aborda específicamente el racismo. Este pecado ha sido una plaga en la historia de nuestra nación, y los cristianos tienen la responsabilidad particular de identificar el racismo como un pecado que viola el carácter de Dios y la unidad de la humanidad, como hechura a imagen y semejanza de Dios. El racismo es un pecado agraviante del que se ordena a los cristianos que nos opongamos. Además, el racismo miente sobre los propósitos y la gloria de Dios. El Libro del Apocalipsis describe una visión de la Iglesia en la que se reúnen creyentes de todo linaje, lengua, pueblo y nación (ver Apoc. 5:9). Esta profecía deja claro que Dios crea y redime las diversas culturas étnicas que se encuentran en la humanidad. Los cristianos debemos trabajar para que personas de toda raza y lengua lleguen a un conocimiento salvífico del Señor Jesucristo y debemos acoger en el cuerpo de Cristo a personas de todas las razas.

Lee los siguientes textos bíblicos, que tienen implicaciones para el racismo. Conecta cada referencia con la correcta afirmación resumida.

___ 1. Juan 3:16
___ 2. Hechos 17:26
___ 3. Romanos 10:12
___ 4. Apocalipsis 5:9-10
___ 5. Apocalipsis 14:6-7

a. Se predica la Buena Nueva a toda tribu y nación.
b. Dios recibe a quien lo busca.
c. Todos tenemos una ascendencia común.
d. Personas de todas las lenguas y naciones poblarán el cielo.
e. Dios ama a todo el mundo; nadie queda excluido.

Probablemente respondiste 1. e, 2. c, 3. b, 4. d. 5. a.

Inmoralidad sexual. La revolución sexual ha transformado profundamente la sociedad, contraponiéndose a los valores bíblicos sobre el matrimonio y la pureza sexual. Dios, que valora profundamente la sexualidad al haber creado al hombre y a la mujer a Su imagen y otorgado la sexualidad como un don dentro del matrimonio, ve la inmoralidad sexual como un robo de Su gloria. La Biblia es clara en prohibir cualquier actividad sexual fuera del matrimonio, destacando la seriedad con que se debe tratar este regalo (Ex. 20:14; Heb. 13:4). Hoy en día, el mal manejo de la sexualidad, incluyendo su comercialización y la normalización de conductas contrarias a los principios bíblicos como el adulterio, la homosexualidad y el sexo premarital, marcan nuestra era. En una cultura que promueve estas prácticas, los cristianos están llamados a resistir y a denunciar la corrupción de la sexualidad, afirmando la condenación bíblica de todas las formas de pecado sexual (Lev. 18:6, 20, 22-23; Rom. 1:18-27; 1 Cor. 6:12-20).

Lee 1 Corintios 6:12-20. Enumera dos razones por las que la inmoralidad sexual es vil.

1. ____
2. ____

Sin ninguna timidez, Los cristianos deben estar en contra de cualquier distorsión del regalo de Dios de la sexualidad.

En estos versículos Pablo nos dice que nuestros cuerpos son para el Señor, no para la inmoralidad sexual. Por razón que somos uno con Cristo, no debemos cometer pecado sexual. Nuestros cuerpos son templos del Espíritu Santo y pertenecen a Dios. Por lo tanto, debemos glorificar a Dios en nuestros cuerpos.

Uno de nuestros mayores retos hoy en día es decir la verdad sobre el pecado de la homosexualidad. Esto requiere franqueza, compasión y valor cristianas. Debemos ser tan claros como la Biblia acerca de la verdadera naturaleza de este pecado, a quienes están atrapados en patrones de comportamientos pecaminosos, aún mientras extendemos la mano con gracia y misericordia de Cristo. Los cristianos sabemos que el pecado puede ser perdonado y las vidas transformadas sólo mediante la gracia y misericordia de nuestro Señor Jesucristo. Las iglesias deben ministrar a las personas que luchan con la homosexualidad y debemos comprender la profundamente arraigada naturaleza de su lucha. La Iglesia debe encarnar simultáneamente la verdad y la compasión al enfrentarse ante este gran reto.

Lee Romanos 1:18-27. Los versículos 26-27 enseñan que la homosexualidad:

☐ es un pecado; ☐ es natural; ☐ es aprobado por Dios.

El señorío de Jesucristo se extiende a cada dimensión del trabajo y la cultura humana.

El señorío de Jesucristo se extiende a todas las dimensiones del trabajo y la cultura humanos. *Fe y el Mensaje bautistas* nos instruye que «cada cristianano debe procurar hacer que la industria, el gobierno y la sociedad como un todo estén regidos por los principios de la justicia, la verdad y el amor fraternal». Esta increíble tarea requiere de nuestra mente más aguda, nuestro trabajo más devoto y la movilización de los recursos y testimonio cristianos.

Para lograr muchos de estos objetivos, los cristianos pueden unirse a «todos los hombres de buena voluntad» en causas comunes, pero siempre deben mantenerse integros en doctrina y testimonio. Como nos recuerda *Fe y mensaje bautistas*, siempre debemos tener cuidado de «actuar en el espíritu de amor sin comprometer» la lealtad a Cristo. Este es un estándar alto que requiere discernimiento cristiano y mutua rendición de cuentas.

Nombra algo que haga tu iglesia para ayudar a satisfacer las necesidades de los necesitados y desamparados.

____

Indica dos acciones que pueda emprender para involucrarse más en satisfacer las necesidades de nuestra sociedad.

1. ______________________________
2. ______________________________

Ora por las necesidades morales y humanitarias de nuestra sociedad. Pide a Dios que guíe tu participación en satisfacer de esas necesidades.

CAPÍTULO 19

PAZ Y GUERRA

Artículo 16

Paz y Guerra

«Es el deber de todo cristiano buscar la paz con todos los hombres basándose en los principios de justicia. De acuerdo con el espíritu y las enseñanzas de Cristo, ellos deben hacer todo lo que esté de su parte para poner fin a la guerra.

El verdadero remedio al espíritu guerrero es el evangelio de nuestro Señor. La necesidad suprema del mundo es la aceptación de sus enseñanzas en todas las relaciones de hombres y naciones, y la aplicación práctica de su ley de amor. Las personas Cristianas en todo el mundo deben orar por el reino del Príncipe de Paz».[1]

Versículo para memorizar

«Si es posible, en cuanto dependa de vosotros, estad en paz con todos los hombres». Romanos 12:18

Escanea este código QR y accede a herramientas, recursos y ayudas adicionales que complementan los principios expuestos en este estudio. Todo está disponible en nuestra página de recursos digitales para Fe y mensaje bautistas: www.lifeway.com/feymensajebautistas

El conflicto y la confrontación violenta han marcado la experiencia humana desde que Adán y Eva fueron expulsados del Edén. Los historiadores estiman que la guerra ha sido la experiencia casi constante de la humanidad. Los periodos de paz generales y libres de conflictos han sido demasiado breves e inusuales. Sin embargo, los cristianos seguimos al Príncipe de Paz y se nos instruye que busquemos y honremos la paz.

Buscar la paz con todos los hombres

Fe y mensaje bautistas declaran que los cristianos deben «buscar la paz con todos los hombres basándose en los principios de justicia». Además, «de acuerdo con el espíritu y las enseñanzas de Cristo, ellos deben hacer todo lo que esté de su parte para poner fin a la guerra». Aunque los cristianos debemos buscar la paz, debemos hacerlo sobre principios de justicia. Este requisito característico significa que la paz no debe buscarse a cualquier precio, que la justicia no debe sacrificarse en nombre de una falsa paz.

La experiencia de los cristianos a lo largo de los siglos demuestra lo difícil de esta tarea y la complejidad en comprender la forma cómo debemos buscar la paz. Algunos cristianos han adoptado el pacifismo: un rechazo total de todo conflicto armado. Para ser coherentes, los pacifistas deben oponerse no sólo a la guerra ofensiva, sino también a cualquier uso defensivo de la fuerza. El problema central del pacifismo, una postura minoritaria en la historia cristiana, es la implicación que todo uso de la fuerza en cualquier forma es moralmente incorrecto y que los cristianos debemos renunciar a todo uso de las armas, incluso para proteger a los demás. En efecto, un pacifista cree que la guerra o el conflicto armado de cualquier tipo es la peor realidad posible.

No podemos sacrificar la justicia a cambio de una falsa paz.

La mayoría de cristianos no son pacifistas estrictos. Aunque odian la guerra, ven algunas posibilidades aún peores, incluida la matanza de inocentes, y ven la necesidad de la guerra en determinadas situaciones.

La postura del pacifismo (elija una)—

- ☐ rechaza todo conflicto armado;
- ☐ rechaza únicamente los conflictos armados ofensivos;
- ☐ aboga por la guerra preventiva;

☐ aboga únicamente por la guerra defensiva.

En el otro extremo, los cristianos no debemos amar la guerra ni gloriarnos en los conflictos armados. Los cristianos no podemos librar con armas terrenales la guerra más importante a la que estamos llamados a librar. Como nos recuerda Pablo: «Porque no tenemos lucha contra sangre y carne, sino contra principados, contra potestades, contra gobernadores de las tinieblas, de este siglo, contra huesteslas fuerzas espirituales del maldad en las regiones celestes» (Ef. 6:12). Ninguna guerras cristianas libra con armas terrenales ni por objetivos terrenales.

La mayoría de los cristianos han adoptado alguna forma de realismo moral cristiano, un reconocimiento reacio pero honesto de que el conflicto armado pueda ser a veces necesario e incluso pueda ser entre otras opciones moralmente superior. En general, esta comprensión toma la forma que los teólogos y filósofos llaman la teoría de la guerra justa. En realidad, los principios de la guerra justa pretenden definir la guerra de tal manera que se reduzcan los conflictos armados y en general prevalezca la paz, una paz duradera y justa.

Los cristianos no debemos usar armas terrenales para la guerra más importante a la que estamos llamados a combatir.

Tal como se ha definido a lo largo de los siglos, la teoría de la guerra justa sostiene que, para que una guerra o un uso de las armas esté justificado, deben cumplirse varios criterios. El esfuerzo debe tener una causa justa, lo que significa que el uso de la fuerza debe ser defensivo y nunca ofensivo. La fuerza también se debe emplear con la justa intención de asegurar una paz justa y duradera para todas las partes. También, la guerra debe entenderse como un último recurso, cuando todos los demás medios legítimos de resolver el conflicto se han intentado, y estos han fracasado. Otros principios de la guerra justa exigen que limite sus objetivos sólo a aquello necesario para establecer una paz justa. Que el uso de la fuerza sea aprobado por una autoridad legítima, que sólo se usen medios proporcionales y que se protejan a los no combatientes siempre y cuando sea posible. También debe existir una posibilidad razonable de triunfar y, una esperanza realista que el conflicto conduzca a una paz superior y duradera.

La teoría de la guerra justa (elige una):

- ☐ aboga únicamente por la guerra ofensiva;
- ☐ sostiene que los conflictos armados deben ser entre fuerzas igualmente fuertes;
- ☐ sostiene que el conflicto armado a veces puede ser necesario y la mejor opción;
- ☐ sostiene que la guerra sólo se justifica para liberar a los oprimidos.

Enumera tres criterios de una guerra justa.

1. ______________________________

2. ______________________________

3. ______________________________

Nombra una guerra en la historia que cumpla los criterios de una guerra justa.

____

Nombra una guerra que no cumpla los criterios de una guerra justa.

____

«Jehová, tú eres mi Dios; te exaltaré, alabaré tu nombre, porque has hecho maravillas; tus consejos antiguos son verdad y firmeza».
Isaías 9:6

El Reino del Príncipe de la Paz

Los cristianos entendemos que la guerra es el resultado de la pecaminosidad humana. Por lo tanto, el latigo de la guerra es otro recordatorio de por qué murió Cristo y de por qué la paz verdadera y estable sólo vendra cuando Jesucristo regrese y someta todas las potestades bajo Su autoridad. Hasta entonces, los cristianos debemos ser agentes de paz, de una paz verdadera y justa. Jesús ciertamente es nuestro Príncipe de Paz (ver Isa. 9:6), y los ángeles de Belén anunciaron el nacimiento de Cristo declarando:

¡Gloria a Dios en las alturas,
y en la tierra paz, buena voluntad
para con los hombres!
Lucas 2:14

«Pelearán contra el Cordero, y el Cordero los vencerá, porque él es Señor de señores y Rey de reyes; y los que están con él son llamados y elegidos y fieles».
Apocalipsis 17:14

Como afirma *Fe y mensaje bautistas*: «El verdadero remedio al espíritu guerrero es el evangelio de nuestro Señor». El máximo logro de la paz no vendrá por una conferencia internacional o un tratado de paz, sino por el reinado victorioso de Cristo (ver Apoc. 17:14).

Lee Isaías 2:4 y Miqueas 4:1-5, que hablan del reinado venidero de Cristo. ¿Qué será de las disputas entre naciones bajo el reino de Cristo?

____

¿Qué pasará con las armas de guerra? ________________

____

¿Qué será del entrenamiento para la guerra? ____________

____

La paz que Cristo establecerá es la paz de Su reino. La auténtica pacificación cristiana toma forma de evangelismo y testimonio del Evangelio, porque la paz entre las naciones sólo puede llegar cuando los individuos de esas naciones llegan a un conocimiento salvífico de Jesucristo. Hasta que regrese Cristo, tendremos guerras. Pero los cristianos debemos trabajar y contender por la paz. Debemos orar por el reino del Príncipe de la Paz hasta que Él regrese.

Debemos orar por el reinado del Príncipe de Paz.

Lee los siguientes pasajes bíblicos y conecta cada referencia con la correcta afirmación resumida.

___ 1. Mateo 5:9 | a. Debemos procurar vivir en paz con todos
___ 2. Mateo 5:43-48

___ 3. Mateo 26:52
___ 4. Romanos 12:18-19
___ 5. Santiago 4:1-2

y no buscar venganza.
b. Estamos llamados a ser pacificadores.
c. Debemos orar por nuestros enemigos y amarlos.
d. Las riñas y peleas proceden de los malos deseos que hay en nosotros.
e. Los que pelean con la espada perecerán por la espada.

Probablemente respondiste 1. b, 2. c, 3. e, 4. a, 5. d.

Vuelve a leer Mateo 5:9. Indica una forma especifica de como ser un pacificador en cada una de las siguientes áreas.

«Bienaventurados los pacificadores, porque ellos serán llamados hijos de Dios».
Mateo 5:9

Tu casa: ______________________________
____

Tu iglesia: ______________________________
____

Tu trabajo: ______________________________
____

Tu comunidad: ______________________________
____

El mundo: ______________________________
____

Pídele a Dios que le ayude a ser un instrumento de Su paz.

CAPÍTULO 20

LIBERTAD RELIGIOSA

Artículo 17

Libertad religiosa

«Solamente Dios es Señor de la conciencia, y Él la ha dejado libre de las doctrinas y de los mandamientos de hombres que son contrarios a su Palabra o no contenidos en ella. La iglesia y el estado deben estar separados. El estado debe protección y completa libertad a toda iglesia en el ejercicio de sus fines espirituales. Al proveer tal libertad ningún grupo eclesiástico o denominación debe ser favorecida por el estado sobre otros grupos. Como el gobierno civil es ordenado por Dios, es deber de los Cristianos rendirle obediencia leal en todas las cosas que no son contrarias a la voluntad revelada de Dios. La iglesia no debe recurrir al poder civil para realizar su obra. El evangelio de Cristo considera solamente los medios espirituales para alcanzar sus fines. El estado no tiene derecho a imponer penalidades por opiniones religiosas de cualquier clase. El estado no tiene derecho a imponer impuestos para el sostenimiento de ninguna forma de religión. El ideal cristiano es el de una iglesia libre en un estado libre, y esto implica el derecho para todos los hombres del acceso libre y sin obstáculos a Dios, y el derecho a formar y propagar opiniones en la esfera de la religión, sin interferencia por parte del poder civil».[1]

Versículo para memorizar

«Exhorto ante todo, a que se hagan rogativas, oraciones, peticiones y acciones de gracias, por todos los hombres; por los reyes y por todos los que están en eminencia, para que vivamos quieta y reposadamente en toda piedad y honestidad». 1 Timoteo 2:1-2

Escanea este código QR y accede a herramientas, recursos y ayudas adicionales que complementan los principios expuestos en este estudio. Todo está disponible en nuestra página de recursos digitales para Fe y mensaje bautistas: www.lifeway.com/feymensajebautistas

«y conoceréis la verdad, y la verdad os hará libres». Juan 8:32

«Así que, si el Hijo os libertare, seréis verdaderamente libres». Juan 8:36

La libertad religiosa siempre ha sido un principio y una pasión bautistas. Como Herschel Hobbs explicó: «La libertad religiosa es la madre de toda verdadera libertad».[2] Nuestro compromiso es con la libertad religiosa para todos los pueblos, no sólo para los bautistas, porque creemos que todo ser humano ha sido creado a imagen y semejanza de Dios y posee plenos derechos y libertades otorgados por el Creador, así como plena responsabilidad.

Señor de la conciencia

La libertad religiosa no es un don de la Constitución de EE. UU., sino un don de Dios. El hecho mismo de que Dios creó a los seres humanos como seres morales y espirituales, dotados de conciencia moral, indica que fue la intención de Dios que Sus criaturas humanas fuesen libres y responsables a la vez.

Lea los siguientes textos bíblicos al margen. Conecte cada referencia con la correcta afirmación resumida.

___ 1. Juan 8:32
___ 2. Juan 8:36
___ 3. Hechos 4:19-20
___ 4. Filipenses 3:20

a. Dios debe ocupar el primer lugar de nuestra lealtad.
b. La verdadera libertad viene de Jesucristo.
c. Las personas son liberadas por la verdad de Dios.
d. La ciudadanía principal del principal del cristiano es la celestial.

¿Has respondido así: 11. c, 2. b, 3. a, 4. d?

Los primeros bautistas sufrieron una intensa persecución y hostilidad, que les enseñó a reconocer la necesidad de una auténtica libertad religiosa. Roger Williams (c. 1603-83) no fue el único de los primeros bautistas que sintió el aguijón de la persecución. Obadiah Holmes (c. 1607-82) abandonó Inglaterra y llegó a Massachusetts en busca de libertad religiosa. Al cabo de una docena de años, Holmes vio insoportable la persecución en la nueva tierra y se trasladó a la zona salvaje de Newport, Rhode Island. En Newport se volvio en asistente del pastor John Clarke, de la iglesia bautista de Newport.[3]

En julio de 1651, John Clarke, Obadiah Holmes y otro hombre viajaron 80 millas hasta Lynn, Massachusetts, a visitar a un anciano ciego también bautista. Mientras celebraban un culto en la casa de aquel hombre, los tres hombres fueron bruscamente arrestados y enviados a Boston para ser juzgados. Se les ordenó pagar una multa considerable o ser azotados públicamente. Los simpatizantes recaudaron dinero para pagar las multas de Clarke y del tercer hombre, pero Holmes, por cuestión de principios, se negó a que le pagaran su multa.

Holmes permaneció en la cárcel hasta el 5 de septiembre y luego fue llevado al poste público de flagelación. Desnudo hasta la cintura y atado al poste, Holmes recibió 30 azotes fuertes con un látigo de tres cuerdas, blandido por el verdugo con ambas manos. La espalda de Holmes se volvió una masa sangrienta de carne desgarrada. Lo azotaron tanto que tuvo que dormir acurrucado de manos y de rodillas durante semanas, sin poder acostarse.[4]

La libertad religiosa no es mera tolerancia legal. Por el contrario, es el reconocimiento que la propia naturaleza de la humanidad implica el respeto a este derecho y libertad. Ningún gobierno tiene derecho a reclamar un poder coactivo sobre la conciencia del individuo en cuestiones de fe y creencias religiosas.

George Truett predicó un mensaje desde las escalinatas de la capital de Estados Unidos en 1920 ante una multitud, del que J. B. Gambrell aproximó entre 10 000 y 15 000 personas.[5] En su mensaje intemporal, Truett dijo: «Todo ser humano tiene el derecho natural, fundamental e imprescriptible de adorar a Dios o no, según los dictámenes de su conciencia, y, siempre y cuando no infrinja sobre los derechos de los demás. Debe responder sólo ante Dios por todas sus creencias y prácticas religiosas. Nuestra contienda no es por la mera tolerancia, sino por la libertad absoluta. Hay una gran diferencia entre tolerancia y libertad... La tolerancia es cuestión de conveniencia, mientras que la libertad es cuestión de principios. La tolerancia es un don del hombre, mientras que la libertad es un don de Dios [...] Dios quiere adoradores libres y no de otra clase».[6]

«Mas Pedro y Juan respondieron diciéndoles: Juzgad si es justo delante de Dios obedecer a vosotros antes que a Dios; porque no podemos dejar de decir lo que hemos visto y oído».
Hechos 4:19-20

«Mas nuestra ciudadanía está en los cielos, de donde también esperamos al Salvador, al Señor Jesucristo;»
Filipenses 3:20

Ningún gobierno puede exigir control sobre la conciencia individual en temas de fe y creencias religiosas.

«Le dijeron: De César. Y les dijo: Dad, pues, a César lo que es de César, y a Dios lo que es de Dios».
Mateo 22:21

«Cada hombre debe rendir cuentas de sí mismo a Dios, y por lo tanto, cada hombre debe tener la libertad de servir a Dios de la manera que mejor concilie con su conciencia. Si el gobierno puede responder por los individuos en el día del juicio, que los hombres sean controlados por él en asuntos religiosos; de lo contrario, que los hombres sean libres».[9]
John Leland
1754–1841
Ministro Bautista

«La religión es un asunto entre Dios y el hombre. El

Fe y mensaje bautistas comienzan con la afirmación que «solamente Dios es Señor de la conciencia, y Él la ha dejado libre de las doctrinas y de los mandamientos de hombres que son contrarios a Su Palabra o no contenidos en ella». Esta afirmación introduce un hecho muy importante: no estamos libres de los mandamientos y doctrinas de la Palabra de Dios, sino de los dictamenes y mandamientos de potestades terrenales que son de algún modo contrarios a la Palabra de Dios.

En otras palabras, los seres humanos no somos realmente autónomos. Algún día responderemos ante Dios por nuestras creencias, acciones, pensamientos y palabras. Nuestra cultura moderna, especialmente en los países desarrollados, consideran cada vez más que la humanidad es plenamente autónoma, y que cada individuo es totalmente libre para definir su propia existencia. Éste no es un entendimiento bíblico de la libertad humana. Aunque la Biblia ordena a los cristianos que respeten a las autoridades gobernantes (ver Rom. 13:1-7), el gobierno no tiene derecho a exigir una lealtad definitiva. Pero Dios sí (ver Mat. 22:21).

Una Iglesia libre en un estado libre

Fe y mensaje bautistas sostiene firmemente que la Iglesia y el estado deben estar separados, un principio que protege la independencia de ambas entidades. Los bautistas históricamente han rechazado cualquier forma de iglesia estatal, enfatizando el derecho inalienable a la libertad religiosa y civil como fundamentales.[7] Este compromiso con la separación eclesiástica y estatal se ha defendido, a menudo con grandes sacrificios, para garantizar la libertad religiosa y la separación completa entre Iglesia y estado.[8]

Sin embargo, la interpretación moderna de esta separación ha llevado a veces a una exclusión injusta de la expresión religiosa en el espacio público, promovida por una hostilidad hacia la religión y un secularismo radical. Los bautistas argumentan que, aunque la Iglesia debe permanecer independiente del Estado, este último no debe adoptar una postura hostil hacia la religión o restringir la participación de los ciudadanos, incluidos los cristianos, en la vida pública. La libertad de expresar convicciones religiosas en debates de política pública es esencial para actuar como la sal y la luz que Cristo mandó.

Fe y mensaje bautistas aboga por la protección estatal de todas las iglesias para ejercer sus objetivos espirituales sin interferencia, asegurando igualdad y protección para grupos religiosos, incluidas las minorías y los movimientos denigrados. Este enfoque promueve una libertad religiosa genuina y no preferencial, reflejando la experiencia histórica bautista de persecución y su defensa de la libertad religiosa. Figuras históricas bautistas como John Smyth y Thomas Helwys, quienes sufrieron por su defensa de la libertad religiosa[10], articulan la convicción bautista de que las cuestiones de fe son asuntos personales que no deben ser controlados por el estado.[11] Sus experiencias subrayan la importancia de mantener la religión libre de la injerencia gubernamental, permitiendo que la fe de cada individuo sea un asunto personal entre ellos y Dios.[13]

Finalmente, *Fe y mensaje bautistas* recalca que el evangelio se propaga por medios espirituales, sin la necesidad de intervención o apoyo estatal. Este principio subraya la autonomía de la Iglesia para cumplir su misión evangélica según lo designado por Cristo, promoviendo un ministerio basado en la fe sin dependencia del Estado. La Iglesia, por lo tanto, debe operar libremente dentro de su esfera espiritual, sirviendo a la comunidad y al mundo sin restricciones gubernamentales.

estado no tiene autoridad en la esfera religiosa. La libertad igual para todas las creencias religiosas y la protección igual para todos es el ideal Bautista. La legislación que favorece a una denominación o religión más que a otras es ajena a la concepción Bautista».[2]
E. Y. Mullins
1860–1928
Presidente, the Southern Baptist Theological Seminary

lee el artículo de *Fe y mensaje bautistas* sobre la libertad religiosa, página 161. Enumera dos cosas que el estado debe a cada Iglesia.

1. ________________________
2. ________________________

Obediencia leal

La libertad religiosa también exige que los ciudadanos cristianos obedezcan al gobierno y sus leyes. Jesús enseñó a Sus discípulos «dad, pues, a César lo que es de César, y a Dios lo que es de Dios» (Mat. 22:21). Esto significa que los cristianos, como los demás ciudadanos, deben pagar impuestos y obedecer las leyes del Estado.

Pablo amplió este punto, enseñando que como creyentes tenemos el debe de «sométase toda persona a las autoridades superiores» (Rom.

13:1). Explicó que las autoridades superiores sirven a Dios exigiendo obediencia a la ley y respeto a la autoridad; «por lo cual es necesario estarle sujetos, no solamente por razón del castigo, sino también por causa de la conciencia» (Rom. 13:5). El gobierno tiene derecho a cobrar impuestos, así como el derecho y la responsabilidad de mantener el orden y de proteger a sus ciudadanos. Pero ningún gobierno tiene derecho de coaccionar la conciencia ni de perseguir a los ciudadanos a causa de sus convicciones religiosas.

Lee los siguientes textos bíblicos y conecta cada pasaje con la correcta afirmación resumida.

Las autoridades gubernamentales sirven a Dios exigiendo obediencia a la ley y respeto por la autoridad.

___ 1. Romanos 13:1-7
___ 2. 1 Timoteo 2:1-2
___ 3. 1 Pedro 2:13-17

a. Debemos honrar a las autoridades civiles.
b. Debemos orar por las autoridades civiles.
c. Debemos someternos a las autoridades civiles y pagar impuestos.

Las referencias deben conectar así: 1. c, 2. b, 3. a.

En una ocasión E. Y. Mullins definió el concepto bautista como «una iglesia libre en un estado libre».[14] Estas palabras nos recuerdan a los bautistas de nuestra responsabilidad de proteger, defender y contender por la libertad religiosa en casa y en todo el mundo. Esto forma parte de nuestro testimonio bautista y de nuestra tarea en el evangélio.

Repasa este capítulo y enumera tres líderes bautistas que trabajaron por la libertad religiosa.

1. ______________________________
2. ______________________________
3. ______________________________

Da gracias a Dios por tu libertad religiosa y por los primeros bautistas que pagaron un alto precio por ella. Oremos por los países del mundo que no tienen libertad religiosa.

CAPÍTULO 21

LA FAMILIA

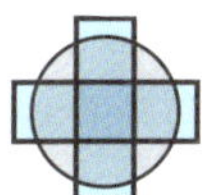

Artículo 18

La familia

«Dios ha ordenado la familia como la institución fundamental de la sociedad humana. Está compuesta por personas relacionadas unas con otras por matrimonio, sangre o adopción.

El matrimonio es la unión de un hombre y una mujer en un pacto de compromiso por toda la vida. Es el don único de Dios para revelar la unión entre Cristo y Su iglesia y para proveer para el hombre y la mujer en el matrimonio un medio para compañerismo íntimo, el canal para la expresión sexual de acuerdo a los patrones bíblicos, y los medios para la procreación de la raza humana.

El esposo y la esposa tienen el mismo valor delante de Dios, puesto que ambos fueron creados a la imagen de Dios. La relación matrimonial modela la forma como Dios se relaciona con su pueblo. Un esposo debe amar a su esposa como Cristo amó a la iglesia. Él tiene la responsabilidad dada por Dios de proveer, proteger y dirigir a su familia. Una esposa debe someterse con gracia al liderazgo como siervo de su esposo, así como la iglesia se sujeta voluntariamente a la dirección de Cristo. Ella, siendo creada a la imagen de Dios como lo es su marido, y por tanto igual a él, tiene la responsabilidad dada por Dios de respetar a su marido y servirle de ayuda en la administración del hogar y la educación de la próxima generación.
Los niños, desde el momento de la concepción, son una bendición y herencia del Señor. Los padres deben demostrar a sus hijos el modelo de Dios para el matrimonio. Los padres deben enseñar a sus hijos los valores espirituales y morales, y dirigirlos, mediante el ejemplo de un estilo de vida consistente y una disciplina amorosa, para que hagan decisiones basadas en la verdad bíblica. Los hijos deben honrar y obedecer a sus padres».[1]

Escanea este código QR
y accede a herramientas, recursos y ayudas adicionales que complementan los principios expuestos en este estudio. Todo está disponible en nuestra página de recursos digitales para Fe y mensaje bautistas: www.lifeway.com/feymensajebautistas

Versículo para memorizar

«Antes sed benignos unos con otros, misericordiosos, perdonándoos unos a otros, como Dios también os perdonó a vosotros en Cristo».

Efesios 4:32

Confusión sobre la naturaleza de la familia ha producido un contexto de gran peligro en los tiempos modernos. Pocas confesiones de fe a lo largo de la historia de la iglesia incluyeron artículos sobre el matrimonio y la familia. Ya que los cristianos han estado unidos a lo largo de los siglos en una comprensión colectiva del plan de Dios para el matrimonio, la familia y los hijos. Al añadir este artículo a la *Fe y mensaje bautistas* en 1998, los Bautistas del Sur declararon audazmente su compromiso con la visión bíblica de la familia como nuestra norma y testimonio.

La institución fundamental

El concepto secular moderno de la familia está impulsado en gran medida por teorías sociológicas y supone que el matrimonio y la estructura familiar tradicional son meros productos de la evolución social humana. Por esto, los defensores de la postura secular creen que, dado que la familia es simplemente un desarrollo sociológico, puede renegociarse y reestructurarse para satisfacer las expectativas modernas.

Familia
Personas relacionadas por matrimonio, sangre o adopción.

Los cristianos debemos insistir de manera reluctante. Nosotros creemos que el matrimonio, la cual fue instituida por Dios antes de la caída, era una parte central del diseño divino para la humanidad desde el principio (ver Gén. 2:23-24). Además, creemos que la familia, formada por una madre, un padre y sus hijos, refleja la gloria de Dios en la organización correcta de la civilización y la sociedad.

Consulte el primer párrafo del artículo de la *Fe y mensaje bautistas* sobre la familia, página 167. Subraye la definición de familia.

La *Fe y mensaje bautistas* establece que la familia es la institución fundamental de la sociedad, desafiando la noción moderna del individuo autónomo como la unidad básica de la civilización. Define la *familia* como un conjunto de individuos unidos por matrimonio, sangre o adopción, destacando su papel central en el plan divino para la humanidad. Esta definición reconoce a la familia no solo como una estructura biológica o legal, sino como una entidad esencial en el diseño de Dios, abarcando diversas generaciones y relaciones.

En nuestros tiempos de confusión moral, enfrentamos una gran variedad de conceptos erroneos sobre la estructura familiar, pero desde una perspectiva cristiana, es crucial afirmar y defender la importancia de los lazos de matrimonio, sangre y adopción. Aunque reconocemos que las familias pueden sufrir dificultades y cambios, insistimos en que el propósito divino es que estos lazos se cultiven y respeten. La familia, según la *Fe y mensaje bautistas*, no debe ser vista como un experimento social, sino como el escenario donde la gloria de Dios se revela a través del orden y las relaciones humanas establecidas por Él.

Un hombre y una mujer

¿Qué es el matrimonio? «El matrimonio es la unión de un hombre y una mujer en un pacto de compromiso por toda la vida». Esa sencilla declaración de la *Fe y mensaje bautistas* está cimentada sobre un fundamento bíblico sólido y expresa el diseño de Dios para el matrimonio como un pacto que une a un hombre y a una mujer en una unión para toda la vida marcada por la fidelidad y la reciprocidad (ver Heb. 13:4).

Dios honró el matrimonio estableciendo la metáfora del Esposo y la Novia para expresar la relación entre Cristo y Su Iglesia. El pueblo redimido de Cristo es descrito como la esposa, y el Señor Jesucristo es el esposo (ver Apoc. 19:7). Esta metáfora nos ayuda a entender la intimidad, la pureza y el orden que deben caracterizar a los matrimonios terrenales.

«Dijo entonces Adán: Esto es ahora hueso de mis huesos y carne de mi carne; esta será llamada Varona, porque del varón fue tomada. Por tanto, dejará el hombre a su padre y a su madre, y se unirá a su mujer, y serán una sola carne». Génesis 2:23-24

Matrimonio
La unión de un hombre y una mujer en compromiso de pacto por toda la vida.

«Honroso sea en todos el matrimonio, y el lecho sin mancilla; pero a los fornicarios y a los adúlteros los juzgará Dios». Hebreos 13:4

«Gocémonos y alegrémonos y démosle gloria; porque han llegado las bodas del Cordero, y su esposa se ha preparado». Apocalipsis 19:7

«Maridos, amad a vuestras mujeres, así como Cristo amó a la iglesia, y se entregó a sí mismo por ella,»
Efesios 5:25

«Casadas, estad sujetas a vuestros maridos, como conviene en el Señor. Maridos, amad a vuestras mujeres, y no seáis ásperos con ellas. Hijos, obedeced a vuestros padres en todo, porque esto agrada al Señor. Padres, no exasperéis a vuestros hijos, para que no se desalienten».
Colosenses 3:18-21

Consulta el segundo párrafo del artículo sobre la familia, página 167. Subraya la definición de *matrimonio*. Enumera los cuatro propopositos del matrimonio.

1. ______________________________
2. ______________________________
3. ______________________________
4. ______________________________

La sexualidad humana es una de las fuerzas más explosivas en la Tierra. La Biblia establece el matrimonio como el único ámbito apto y canal para la expresión sexual. Por lo tanto, el maravilloso don divino del sexo se invierte en el matrimonio y en la relación de una sola carne que se establece entre marido y mujer. El don de la intimidad dada en el matrimonio, es una bendición para el marido y la mujer dentro del pacto matrimonial. Pero fuera del matrimonio sólo puede conducir a la destrucción y al desamor (ver 1 Cor. 7:1-16).

El regalo del sexo tiene como fin reforzar el vínculo matrimonial y consolidar la exclusividad de la relación entre el marido y la mujer. La Biblia afirma que el don del sexo tiene como intención el placer sólo dentro de los confines y el contexto del matrimonio. Solo en la relación de una sola carne se encuentra el lugar apropiado del sexo y así ser recibido como el don que Dios quiso que fuera. La Biblia enseña también y, se afirma en la *Fe y mensaje bautistas* que el sexo es el «medio para la procreación de la raza humana» (véase Gén. 1:28).

Enumera en el párrafo anterior las razones por las que Dios otorgó el regalo del sexo.

Fe y mensaje bautistas destaca la igualdad de valor entre esposos y esposas ante Dios, reconociendo a ambos como creados a imagen y semejanza de Dios (Gén. 1:27) y enfatizando la responsabilidad del esposo de amar a su esposa como Cristo amó a la iglesia (Ef. 5:25). Además, se asigna al esposo el deber de proveer y proteger a su familia, liderando en el matrimonio y la familia con la guía de principios bíblicos (Col. 3:18-21). Este enfoque contrasta con percepciones modernas que ven el género como una construcción social, posicionando la estructura familiar bíblica como una reflección de la bondad de la creación de Dios y un rechazo a la idea posmoderna de género.

La relación adecuada entre el esposo y la esposa produce armonía familiar y da testimonio de la gloria de Dios.

El artículo sobre el género en la *Fe y mensaje bautistas* desafía las teorías contemporáneas, reafirmando el género como parte de la creación divina y criticando la visión de que las diferencias de género son meras construcciones sociales. Acentúa «la importancia del liderazgo servicial del esposo y la sumisión grácil de la esposa, no como una limitación de su influencia o valor, sino como un cumplimiento de roles que glorifican a Dios». Este concepto bíblico subraya la autoridad espiritual del esposo basada en su lealtad a Cristo y el valor igualitario de la esposa en la relación, enfocándose en la armonía y el testimonio hacia la gloria de Dios.

Finalmente, la *Fe y mensaje bautistas* celebra la igualdad de la esposa ante Dios, subrayando su papel esencial en el hogar y la educación de futuras generaciones, dentro del marco de respeto y ayuda al esposo. La Biblia eleva la maternidad y establece el matrimonio como un reflejo de la unión entre Cristo y su Iglesia, proponiendo el matrimonio cristiano como una expresión viviente del Evangelio, donde la relación armoniosa entre esposo y esposa sirve de testimonio de la relación amorosa y sacrificial de Cristo con su iglesia.

Una bendición y herencia

La Biblia revela que los hijos deben ser recibidos como bendiciones y dones de Dios. Los hijos no deben verse como una imposición sobre el matrimonio, sino como bendiciones que prometen una herencia del Señor (ver Prov. 17:6). La *Fe y mensaje bautistas* declara que los padres deben «enseñar a sus hijos los valores espirituales y morales». Los padres deben criar a sus hijos «en la formación disciplina y amonestación e instrucción del Señor» (Ef. 6:4). En nuestros tiempos confusos es una tarea exigente, pero los padres deben guiar a los hijos «mediante el ejemplo de un estilo de vida consistente y una disciplina amorosa» para que disciernan y tomen decisiones «basadas en la verdad bíblica» (ver Prov. 22:6,15; 23:13-15; 29:17; Ef. 6:1-4).

«Hijos, obedeced en el Señor a vuestros padres, porque esto es justo.Honra a tu padre y a tu madre, que es el primer mandamiento con promesa; para que te vaya bien, y seas de larga vida sobre la tierra. Y vosotros, padres, no provoquéis a ira a vuestros hijos, sino criadlos en disciplina y amonestación del Señor».
Efesios 6:1-4

Lee Efesios 6:1-4 al margen. Conecta cada referencia con la correcta afirmación resumida.

___ Versículo 1 a. Los hijos deben honor a sus padres.
___ Versículo 2 b. Los hijos deben obediencia a sus padres.
___ Versículo 4 c. Los padres deben criar a sus hijos en la instrucción del Señor.

Las responsabilidades primarias de nutrir a la familia y criar a los hijos se da al marido y a la mujer. A los hijos también se les da la responsabilidad de honrar y obedecer a sus padres, pues esto agrada a Dios y es un testimonio del amoroso propósito de Dios para la familia.

Vivimos en una época en la que la definición de *familia* es objeto de controversia política y social, y en la que la cultura está confundida acerca de la definición de *matrimonio*. Los cristianos tenemos la responsabilidad distintiva de decir la verdad, vivir la verdad y dar testimonio de la intención amorosa de Dios al establecer el matrimonio y la familia para nuestro bien. Dios nos dio el matrimonio y la familia para nuestra felicidad y nuestra salud, pero también los creó como estructuras de rendición de cuentas para que tengamos vidas santas, reflejando Su carácter, amor y sabiduría al cumplir todas las responsabilidades y funciones asignadas al matrimonio y a la familia.

¿Qué dos acciones concretas puedes llevar a cabo para fortalecer tu matrimonio y tu familia?

1. ______________________________

2. ______________________________

Ora para que Dios fortalezca los hogares y ayude a las familias cristianas a ser todo lo que Él quiere que sean.

REFERENCIAS

Capítulo 1

1. *Fe y mensaje bautistas: Una Confesión Adoptada por la Convención Bautista del Sur, 14 de junio de 2000* (Nashville: LifeWay Press, 2000), 7. Véase Éxodo 24:4; Deuteronomio 4:1-2; 17:19; Josué 8:34; Salmos 19:7-10; 119:11,89,105,140; Isaías 34:16; 40:8; Jeremías 15:16; 36:1-32; Mateo 5:17-18; 22:29; Lucas 21:33; 24:44-46; Juan 5:39; 16:13-15; 17:17; Hechos 2:16ff.; 17:11; Romanos 15:4; 16:25-26; 2 Timoteo 3:15-17; Hebreos 1:1-2; 4:12; 1 Pedro 1:25; 2 Pedro 1:19-21
2. C. H. Spurgeon, *El Púlpito de la Calle New Park*, vol. 1 (Pasadena, TX: Pilgrim Publications, 1981), 110.
3. Joseph Powhatan Cox, "Manly, Basil Jr.," in *Encyclopedia of Southern Baptists*, vol. 2 (Nashville: Broadman Press, 1958), 817–18.
4. Timothy and Denise George, eds., *Basil Manly Jr.: The Bible Doctrine of Inspiration* (Nashville: Broadman and Holman Publishers, 1995), 53.
5. M. E. Dodd, *The Democracy of the Saints* [La democracia de los Santos] (Nashville: Sunday School Board of the Southern Baptist Convention, 1924), 75.
6. J. L. Dagg, *Manual of Theology [Manual de teología]* (Harrisonburg, VA: Gano Books, 1990), 23.
7. James T. Draper Jr., *We Believe: Living in the Light of God's Truth* (Nashville: LifeWay Press, 2003), 9.
8. W. A. Criswell, *Standing on the Promises: The Autobiography of W. A. Criswell* (Dallas: Word, 1990), 132.
9. Ibid., 234.
10. Herschel H. Hobbs, *My Faith and Message: An Autobiography* (Nashville: Broadman & Holman Publishers, 1993), 81.
11. Billy Graham, *Tal como soy: La autobiografía de Billy Graham* (Editorial Vida, 1997), 139.
12. Ibid.
13. Billy Graham, carta al editor, *Newsweek*, 4 September 2006, 22.
14. Adrian Rogers, *Lo que Cada Cristiano debe Conocer* (Nashville: Broadman & Holman Publishers, 2005), 234.
15. Timothy and Denise George, eds., *J. M. Frost: Baptist Why and Why Not* (Nashville: Broadman & Holman Publishers, 1996), 17–18.
16. B. H. Carroll, *Inspiration of the Bible* (Nashville: Thomas Nelson Publishers, 1980), 121.
17. Kenneth Boa, *Historic Creeds: A Journal* (Colorado Springs: NavPress, 2000), 12–23.

Capítulo 2

1. Confesión *Fe y mensaje bautistas*, 7.
2. E. Y. Mullins, *Baptist Beliefs* (Valley Forge, PA: Judson Press, 1925), 17.
3. Thomas O. Chisholm, "Great Is Thy Faithfulness," [Grande es Tu Fidelidad] in *The Baptist Hymnal* (Nashville: Convention Press, 1991), 54.
4. Walter Martin, *The Kingdom of the Cults* (Minneapolis: Bethany House Publishers, 2003), 72–73, 168–70, 238.
5. James Leo Garrett Jr., *Systematic Theology: Biblical, Historical, and Evangelical* (North Richland Hills, TX: BIBAL Press, 2000), 331–33.
6. Dagg, *Manual of Theology*, 250.
7. Ibid., 249.
8. Mullins, *Baptists Beliefs*, 19–20.
9. Draper, *We Believe,* 15.
10. Herschel H. Hobbs, *What Baptists Believe* (Nashville: Broadman Press, 1964), 14.

Capítulo 3

1. Confesión *Fe y mensaje bautistas*, 8. Véase Génesis 1:1; 2:7; Éxodo 3:14; 6:2-3; 15:11ss.; 20:1ss.; Levítico 22:2; Deuteronomio 6:4; 32:6; 1 Crónicas 29:10; Salmo 19:1-3; Isaías 43:3,15; 64:8; Jeremías 10:10; 17:13; Mateo 6:9ss.; 7:11; 23:9; 28:19; Marcos 1:9-11; Juan 4:24; 5:26; 14:6-13; 17:1-8; Hechos 1:7; Romanos 8:14-15; 1 Corintios 8:6; Gálatas 4:6; Efesios 4:6; Colosenses 1:15; 1 Timoteo 1:17; Hebreos 11:6; 12:9; 1 Pedro 1:17; 1 Juan 5:7.
2. Timothy George and David S. Dockery, *Theologians of the Baptist Tradition* (Nashville: Broadman and Holman, 2001), 91–97; John A. Broadus, *Commentary on Matthew* (Grand Rapids: Kregel Classics, 1990), 135.
3. Hobbs, *What Baptists Believe*, 24.
4. Ibid., 26.

Capítulo 4

1. Confesión *Fe y mensaje bautistas,* 8–9. Véase Génesis 18:1ss.; Salmos 2:7ss.; 110:1ss.; Isaías 7:14; 53; Mateo 1:18-23; 3:17; 8:29; 11:27; 14:33; 16:16,27; 17:5; 27; 28:1-6,19; Marcos 1:1; 3:11; Lucas 1:35; 4:41; 22:70; 24:46; Juan 1:1-18,29; 10:30,38; 11:25-27; 12:44-50; 14:7-11; 16:15-16,28; 17:1-5,21-22; 20:1-20,28; Hechos 1:9; 2:22-24; 7:55-56; 9:4-5,20; Romanos 1:3-4; 3:23-26; 5:6-21; 8:1-3,34; 10:4; 1 Corintios 1:30; 2:2; 8:6; 15:1-8,24-28; 2 Corintios 5:19-21; 8:9; Gálatas 4:4-5; Efesios 1:20; 3:11; 4:7-10; Filipenses 2:5-11; Colosenses 1:13-22; 2:9; 1 Tesalonicenses 4:14-18; 1 Timoteo 2:5-6; 3:16; Tito 2:13-14; Hebreos 1:1-3; 4:14-

15; 7:14-28; 9:12-15,24-28; 12:2; 13:8; 1 Pedro 2:21-25; 3:22; 1 Juan 1:7-9; 3:2; 4:14-15; 5:9; 2 Juan 7-9; Apocalipsis 1:13-16; 5:9-14; 12:10-11; 13:8; 19:16.
2. Vernon Latrelle Stanfield, ed., *Favorite Sermons of John A. Broadus* (New York: Harper & Brothers Publishers, 1959), 53.
3. Dagg, *Manual of Theology*, 179.
4. Draper, *We Believe,* 16.
5. Robert G. Lee, *The Sinner's Saviour* (Nashville: Broadman Press, 1950), 31.
6. Robert G. Lee, *Beds of Pearls* (Grand Rapids, MI: Zondervan Publishing House, 1936), 36–37.
7. W. A. Criswell, ed., *The Criswell Study Bible* (Nashville: Thomas Nelson, Publishers, 1979), 1327.
8. Stanfield, *Favorite Sermons,* 91.
9. Timothy and Denise George, eds., *John A. Broadus: Baptist Confessions, Covenants, and Catechisms* (Nashville: Broadman & Holman Publishers, 1996), 269.
10. Robert G. Lee, *Salvation in Christ* (Grand Rapids. Zondervan Publishing House, 1961), 14.
11. Dagg, *Manual of Theology,* 233.
12. Stanfield, *Favorite Sermons,* 88.
13. Truett, *Who Is Jesus?* (Grand Rapids, MI: Baker Book House, 1952), 164.
14. Broadus, *Commentary on Matthew* (Grand Rapids: Kregel Classics, 1990), 589.
15. Jerry Vines, *Great Events in the Life of Christ* (Wheaton, IL: Victor Books, 1979), 117–18.
16. M. E. Dodd, *The Christ Whom We Worship* (Shreveport, LA: The Journal Publishing Co., 1930), 106.
17. R. Albert Mohler, comp., Timothy and Denise George, eds., *E. Y. Mullins: The Axioms of Religion* (Nashville: Broadman & Holman Publishers, 1997), 185.

Capítulo 5

1. Confesión *Fe y mensaje bautistas,* 9. Véase Génesis 1:2; Jueces 14:6; Job 26:13; Salmos 51:11; 139:7ss.; Isaías 61:1-3; Joel 2:28-32; Mateo 1:18; 3:16; 4:1; 12:28-32; 28:19; Marcos 1:10,12; Lucas 1:35; 4:1,18-19; 11:13; 12:12; 24:49; Juan 4:24; 14:16-17,26; 15:26; 16:7-14; Hechos 1:8; 2:1-4,38; 4:31; 5:3; 6:3; 7:55; 8:17,39; 10:44; 13:2; 15:28; 16:6; 19:1-6; Romanos 8:9-11, 14-16,26-27; 1 Corintios 2:10-14; 3:16; 12:3-11,13; Gálatas 4:6; Efesios 1:13-14; 4:30; 5:18; 1 Tesalonicenses 5:19; 1 Timoteo 3:16; 4:1; 2 Timoteo 1:14; 3:16; Hebreos 9:8,14; 2 Pedro 1:21; 1 Juan 4:13; 5:6-7; Apocalipsis 1:10; 22:17.
2. W. A. Criswell, *Great Doctrines of the Bible*, vol. 4, *Pneumatology* (Grand Rapids: Zondervan Publishing House, 1984), 16.
3. W. A Criswell, *The Holy Spirit in Today's World* (Grand Rapids: Zondervan Publishing House, 1966), 54, 57.
4. Edwin Hatch, "Breathe on Me," in *The Baptist Hymnal,* 238.

Capítulo 6

1. Confesión *Fe y mensaje bautistas,* 8–9. Génesis 1:26-30; 2:5,7,18-22; 3; 9:6; Salmos 1; 8:3-6; 32:1-5; 51:5; Isaías 6:5; Jeremías 17:5; Mateo 16:26; Hechos 17:26-31; Romanos 1:19-32; 3:10-18,23; 5:6,12,19; 6:6; 7:14-25; 8:14-18,29; 1 Corintios 1:21-31; 15:19, 21-22; Efesios 2:1-22; Colosenses 1:21-22; 3:9-11.
2. W. T. Conner, *Christian Doctrine* (Nashville: Broadman Press, 1937), 22.
3. Mullins, *Baptist Beliefs,* 24.

Capítulo 7

1. Confesión *Fe y mensaje bautistas*, 19. Véase Génesis 3:15; Éxodo 3:14-17; 6:2-8; Mateo 1:21; 4:17; 16:21-26; 27:22–28:6; Lucas 1:68-69; 2:28-32; Juan 1:11-14,29; 3:3-21,36; 5:24; 10:9,28-29; 15:1-16; 17:17; Hechos 2:21; 4:12; 15:11; 16:30-31; 17:30-31; 20:32; Romanos 1:16-18; 2:4; 3:23-25; 4:3ss.; 5:8-10; 6:1-23; 8:1-18,29-39; 10:9-10,13; 13:11-14; 1 Corintios 1:18,30; 6:19-20; 15:10; 2 Corintios 5:17-20; Gálatas 2:20; 3:13; 5:22-25; 6:15; Efesios 1:7; 2:8-22; 4:11-16; Filipenses 2:12-13; Colosenses 1:9-22; 3:1ss.; 1 Tesalonicenses 5:23-24; 2 Timoteo 1:12; Tito 2:11-14; Hebreos 2:1-3; 5:8-9; 9:24-28; 11:1–12:8,14; Santiago 2:14-26; 1 Pedro 1:2-23; 1 Juan 1:6–2:11; Apocalipsis 3:20; 21:1–22:5.
2. *Great Doctrines of the Bible*, vol. 5, Soteriology (Grand Rapids: Zondervan Publishing House, 1985), 54. [Grandes Doctrinas de la Biblia, vol. 5, Soteriología].
3. Conner, *Christian Doctrine*, 162. [Doctrina Cristiana]
4. Timothy George, *Amazing Grace* (Nashville: LifeWay Press, 2000), 21.
5. Ibid., 10.
6. Ibid., 13, 24.
7. Herschel H. Hobbs, *The Baptist Faith and Message, Revised Edition* (Nashville: Convention Press, 1971), 52.
8. Rogers, *What Every Christian Should Know,* 35.
9. Timothy and Denise George, eds., *B. H. Carroll: Baptists and Their Doctrines* (Nashville: Broadman and Holman Publishers, 1999), 119.
10. George, *John A. Broadus*, 271.
11. L. R. Scarborough, *Prepare to Meet God* (Nashville: Sunday School Board of the Southern Baptist Convention, 1922), 10–11.
12. Jewell Mae Daniel, *The Chimes of Shreveport: The Life of M. E. Dodd* (Franklin, TN: Providence House Publishers, 2001), 1.
13. Conner, *Christian Doctrine*, 187.
14. Criswell, *Soteriology*, 96.
15. Dagg, *Manual of Theology*, 265–66.

Capítulo 8

1. Confesión *Fe y mensaje bautistas,* 11. Véase Génesis 12:1-3; Éxodo 19:5-8; 1 Samuel 8:4-7,19-22; Isaías 5:1-7; Jeremías 31:31ss.; Mateo 16:18-19; 21:28-45; 24:22,31; 25:34; Lucas 1:68-79; 2:29-32; 19:41-44; 24:44-48; Juan 1:12-14; 3:16; 5:24; 6:44-45,65; 10:27-29; 15:16; 17:6,12,17-18; Hechos 20:32; Romanos 5:9-10; 8:28-39; 10:12-15; 11:5-7,26-36; 1 Corintios 1:1-2; 15:24-28; Efesios 1:4-23; 2:1-10; 3:1-11; Colosenses 1:12-14; 2 Tesalonicenses 2:13-14; 2 Timoteo 1:12; 2:10,19; Hebreos 11:39–12:2; Santiago 1:12; 1 Pedro 1:2-5,13; 2:4-10; 1 Juan 1:7-9; 2:19; 3:2..
2. Eugene H. Peterson, *The Message: The Bible in Contemporary Language* (Colorado Springs: NavPress, 2002), 2126.
3. Hobbs, *The Baptist Faith and Message*, 56.
4. C. H. Spurgeon, *The Metropolitan Tabernacle Pulpit*, vol. 51 (Pasadena, TX: Pilgrim Publications, 1978), 50.
5. Spurgeon, *The New Park Street Pulpit*, vol. 1, 320–21.
6. Dagg, *Manual of Theology*, 316.
7. Mullins, *Baptist Beliefs*, 28.
8. M. E. Dodd, "Once Saved Always Saved," message series, First Baptist Church, Shreveport, Louisiana, 1916) [cited 10 October 2006]. Available from the Internet: *www.elbourne.org/baptist/dodd/index.html.*
9. Dagg, *Manual of Theology*, 298–99.

Capítulo 9

1. Confesión *Fe y mensaje bautistas,* 12. Véase Mateo 16:15-19; 18:15-20; Hechos 2:41-42,47; 5:11-14; 6:3-6; 13:1-3; 14:23,27; 15:1-30; 16:5; 20:28; Romanos 1:7; 1 Corintios 1:2; 3:16; 5:4-5; 7:17; 9:13-14; 12; Efesios 1:22-23; 2:19-22; 3:8-11,21; 5:22-32; Filipenses 1:1; Colosenses 1:18; 1 Timoteo 2:9-14; 3:1-15; 4:14; Hebreos 11:39-40; 1 Pedro 5:1-4; Apocalipsis 2–3; 21:2-3.
2. Dodd, *The Democracy of the Saints*, 32.
3. George, *J. M. Frost,* 163.
4. Hobbs, *The Baptist Faith and Message,* 69.

Capítulo 10

1. Confesión *Fe y mensaje bautistas, 13.* Véase Mateo 3:13-17; 26:26-30; 28:19-20; Marcos 1:9-11; 14:22-26; Lucas 3:21-22; 22:19-20; Juan 3:23; Hechos 2:41-42; 8:35-39; 16:30-33; 20:7; Romanos 6:3-5; 1 Corintios 10:16,21; 11:23-29; Colosenses 2:12.
2. L. R. Scarborough, *With Christ After the Lost* (Nashville: Broadman Press, 1952), 271.
3. Adoniram Judson, "Come, Holy Spirit, Dove Divine," in *The Baptist Hymnal,* 364.
4. J. B. Gambrell, *Baptists and Their Business* (Nashville: Sunday School Board Southern Baptist Convention, 1919), 64.

Capítulo 11

1. Confesión *Fe y mensaje bautistas*, 14. Véase Éxodo 20:8-11; Mateo 12:1-12; 28:1ss.; Marcos 2:27-28; 16:1-7; Lucas 24:1-3,33-36; Juan 4:21-24; 20:1,19-28; Hechos 20:7; Romanos 14:5-10; 1 Corintios 16:1-2; Colosenses 2:16; 3:16; Apocalipsis 1:10.

Capítulo 12

1. Confesión *Fe y mensaje bautistas*, 15.Véase Génesis 1:1; Isaías 9:6-7; Jeremías 23:5-6; Mateo 3:2; 4:8-10,23; 12:25-28; 13:1-52; 25:31-46; 26:29; Marcos 1:14-15; 9:1; Lucas 4:43; 8:1; 9:2; 12:31-32; 17:20-21; 23:42; Juan 3:3; 18:36; Hechos 1:6-7; 17:22-31; Romanos 5:17; 8:19; 1 Corintios 15:24-28; Colosenses 1:13; Hebreos 11:10,16; 12:28; 1 Pedro 2:4-10; 4:13; Apocalipsis 1:6,9; 5:10; 11:15; 21–22.

Capítulo 13

1. Confesión *Fe y mensaje bautistas*, 15. Véase Isaías 2:4; 11:9; Mateo 16:27; 18:8-9; 19:28; 24:27,30,36,44; 25:31-46; 26:64; Marcos 8:38; 9:43-48; Lucas 12:40,48; 16:19-26; 17:22-37; 21:27-28; Juan 14:1-3; Hechos 1:11; 17:31; Romanos 14:10; 1 Corintios 4:5; 15:24-28,35-58; 2 Corintios 5:10; Filipenses 3:20-21; Colosenses 1:5; 3:4; 1 Tesalonicenses 4:14-18; 5:1ss.; 2 Tesalonicenses 1:7ss.; 2; 1 Timoteo 6:14; 2 Timoteo 4:1,8; Tito 2:13; Hebreos 9:27-28; Santiago 5:8; 2 Pedro 3:7ss.; 1 Juan 2:28; 3:2; Judas 14; Apocalipsis 1:18; 3:11; 20:1–22:13.
2. Hobbs, *The Baptist Faith and Message*, 90.
3. David S. Dockery, *Our Christian Hope* (Nashville: LifeWay Press, 1998), 60–61.

Capítulo 14

1. Confesión *Fe y mensaje bautistas*, 16. Véase Génesis 12:1-3; Éxodo 19:5-6; Isaías 6:1-8; Mateo 9:37-38; 10:5-15; 13:18-30,37-43; 16:19; 22:9-10; 24:14; 28:18-20; Lucas 10:1-18; 24:46-53; Juan 14:11-12; 15:7-8,16; 17:15; 20:21; Hechos 1:8; 2; 8:26-40; 10:42-48; 13:2-3; Romanos 10:13-15; Efesios 3:1-11; 1 Tesalonicenses 1:8; 2 Timoteo 4:5; Hebreos 2:1-3; 11:39–12:2; 1 Pedro 2:4-10; Apocalipsis 22:17.
2. Scarborough, *With Christ After the Lost*, 2.
3. L. R. Scarborough, *After the Resurrection—What?* (Grand Rapids: Zondervan Publishing House, 1942), 74.
4. Henry S. Burrage, *Baptist Hymn Writers and Their Hymns* (Portland, ME: Brown, Thurston, and Co., 1888), 270–71.
5. Thawng Za Lian, e-mail message to Art Criscoe, 19 October 2006.
6. Timothy George, *Faithful Witness: The Life and Mission of William Carey* (Birmingham, AL: New Hope, 1991), 28.

7. Baker James Cauthen, *Beyond Call* (Nashville: Broadman Press, 1973), 44.
8. Louie D. Newton, *Why I Am a Baptist* (New York: Thomas Nelson & Sons, 1957), 228.
9. Jesse C. Fletcher, *Bill Wallace of China* (Nashville: Broadman Press, 1963), 56.
10. Ione Gray, "William Lindsey Wallace," in *Encyclopedia of Southern Baptists*, vol. 2 (Nashville: Broadman Press, 1958), 1475.

Capítulo 15

1. Confesión *Fe y mensaje bautistas*, 16–17. See Deuteronomy 4:1,5,9,14; 6:1-10; 31:12-13; Nehemiah 8:1-8; Job 28:28; Psalms 19:7ff.; 119:11; Proverbs 3:13ff.; 4:1-10; 8:1-7,11; 15:14; Ecclesiastes 7:19; Matthew 5:2; 7:24ff.; 28:19-20; Luke 2:40; 1 Corinthians 1:18-31; Ephesians 4:11-16; Philippians 4:8; Colossians 2:3,8-9; 1 Timothy 1:3-7; 2 Timothy 2:15; 3:14-17; Hebrews 5:12–6:3; James 1:5; 3:17
2. Hobbs, *The Baptist Faith and Message*, 99.

Capítulo 16

1. Confesión *Fe y mensaje bautistas*, 17. Véase Deuteronomio 4:1,5,9,14; 6:1-10; 31:12-13; Nehemías 8:1-8; Job 28:28; Salmos 19:7ss.; 119:11; Proverbios 3:13ss.; 4:1-10; 8:1-7,11; 15:14; Eclesiastés 7:19; Mateo 5:2; 7:24ss.; 28:19-20; Lucas 2:40; 1 Corintios 1:18-31; Efesios 4:11-16; Filipenses 4:8; Colosenses 2:3,8-9; 1 Timoteo 1:3-7; 2 Timoteo 2:15; 3:14-17; Hebreos 5:12–6:3; Santiago 1:5; 3:17.

Capítulo 17

1. Confesión *Fe y mensaje bautistas*, 18. Véase Génesis 14:20; Levítico 27:30-32; Deuteronomio 8:18; Malaquías 3:8-12; Mateo 6:1-4,19-21; 19:21; 23:23; 25:14-29; Lucas 12:16-21,42; 16:1-13; Hechos 2:44-47; 5:1-11; 17:24-25; 20:35; Romanos 6:6-22; 12:1-2; 1 Corintios 4:1-2; 6:19-20; 12; 16:1-4; 2 Corintios 8–9; 12:15; Filipenses 4:10-19; 1 Pedro 1:18-19.
2. Daniel, *The Chimes of Shreveport*, 69.
3. Emir and Ergun Caner, *The Sacred Trust: Sketches of the Southern Baptist Convention Presidents* (Nashville: Broadman & Holman Publishers, 2003), 95.
4. R. Earl Allen and Joel Gregory, comps., *Southern Baptist Preaching Yesterday* (Nashville: Broadman Press, 1991), 345.

Capítulo 18

1. Confesión *Fe y mensaje bautistas*, 19. Véase Éxodo 20:3-17; Levítico 6:2-5; Deuteronomio 10:12; 27:17; Salmos 101:5; Miqueas 6:8; Zacarías 8:16; Mateo 5:13-16, 43-48; 22:36-40; 25:35; Marcos 1:29-34; 2:3ss.; 10:21; Lucas 4:18-21; 10:27-37; 20:25; Juan 15:12; 17:15; Romanos 12–14; 1 Corintios 5:9-10; 6:1-7; 7:20-24; 10:23–11:1; Gálatas 3:26-28; Efesios 6:5-9; Colosenses 3:12-17; 1 Tesalonicenses 3:12; Filemón; Santiago 1:27; 2:8.
2. The Southern Baptist Convention has adopted historic resolutions affirming the obligation of all Christians to "contend for the sanctity of all human life, from conception to natural death" and opposing abortion, except to save the mother's life (SBC 1979, 1982, 1984).
3. M. E. Dodd, as quoted by Caner, *The Sacred Trust*, 77–78.

Capítulo 19

1. Confesión *Fe y mensaje bautistas*, 20. Véase Isaías 2:4; Mateo 5:9,38-48; 6:33; 26:52; Lucas 22:36,38; Romanos 12:18-19; 13:1-7; 14:19; Hebreos 12:14; Santiago 4:1-2.

Capítulo 20

1. Confesión *Fe y mensaje bautistas*, 20–21. Véase Génesis 1:27; 2:7; Mateo 6:6-7,24; 16:26; 22:21; Juan 8:36; Hechos 4:19-20; Romanos 6:1-2; 13:1-7; Gálatas 5:1,13; Filipenses 3:20; 1 Timoteo 2:1-2; Santiago 4:12; 1 Pedro 2:12-17; 3:11-17; 4:12-19.
2. Hobbs, *The Baptist Faith and Message*, 121.
3. Judson Boyce Allen, "Obadiah Holmes," in *Encyclopedia of Southern Baptists*, vol. 2 (Nashville: Broadman Press, 1958), 629–30.
4. H. Leon McBeth, *The Baptist Heritage* (Nashville: Broadman Press, 1987), 139–40.
5. Timothy and Denise George, eds., *James P. Boyce: Treasures from the Baptist Heritage* (Nashville: Broadman & Holman Publishers, 1996), 241–42.
6. Ibid., 244.
7. Gambrell, *Baptists and Their Business*, 144.
8. Ergun Caner and Emir Caner, eds., *The Sacred Desk: Sermons of the Southern Baptist Convention Presidents* (Nashville: Broadman & Holman Publishers, 2004), 159.
9. H. Leon McBeth, *A Sourcebook for Baptist Heritage* (Nashville: Broadman Press, 1990), 179.
10. William L. Lumpkin, *Baptist Confessions of Faith* (Valley Forge, PA: Judson Press, 1959), 140.
11. McBeth, *The Baptist Heritage*, 32.
12. Mohler, comp., *E. Y. Mullins*, 275.
13. McBeth, *A Sourcebook for Baptist Heritage*, 72.
14. Mohler, comp., *E. Y. Mullins*, 80.

Capítulos 21

1. Confesión *Fe y mensaje bautistas*, 21–22. Véase Génesis 1:26-28; 2:15-25; 3:1-20; Éxodo 20:12; Deuteronomio 6:4-9; Josué 24:15; 1 Samuel 1:26-28; Salmos 51:5; 78:1-8; 127; 128; 139:13-16; Proverbios 1:8; 5:15-20; 6:20-22; 12:4; 13:24; 14:1; 17:6; 18:22; 22:6,15; 23:13-14; 24:3; 29:15,17; 31:10-31; Eclesiastés 4:9-12; 9:9; Malaquías 2:14-16; Mateo 5:31-32; 18:2-5; 19:3-9; Marcos 10:6-12; Romanos 1:18-32; 1 Corintios 7:1-16; Efesios 5:21-33; 6:1-4; Colosenses 3:18-21; 1 Timoteo 5:8,14; 2 Timoteo 1:3-5; Tito 2:3-5; Hebreos 13:4; 1 Pedro 3:1-7.

GUÍA PARA EL LÍDER

Esta guía ofrece sugerencias para dirigir un estudio de este libro en grupos pequeños. Tras completar este estudio, los participantes deberían ser capaces de:

- articular las creencias bautistas básicas;
- dar el fundamento bíblico de estas creencias;
- aplicar las creencias a su caminar cristiano.

Las sugerencias de enseñanza requieren un alto grado de participación de los miembros. Los participantes compartirán sus experiencias, estudiarán juntos las Escrituras y realizarán diversas actividades de aprendizaje que les ayudarán a comprender las doctrinas estudiadas y a aplicar la verdad bíblica a sus vidas. Tu trabajo consiste en servir de guía y facilitador.

Planificación anticipada

1. Programa un mínimo de seis sesiones de 1.5 horas para este estudio.
2. Promueve el estudio.
3. Pide un ejemplar de este libro (artículo 005848452) para cada participante. Distribuye los libros con anticipación y pide a los miembros que lean el capítulo 1 y completen las actividades de aprendizaje antes de la primera sesión de grupo.
4. Pide un suministro del tratado la *Fe y mensaje bautistas* (artículo 001146686).
5. Lee toda la guía del líder varias semanas antes de la primera sesión. Se necesitan muchas tiras de frases, pancartas, señales y carteles didácticos. Puede hacer los elementos visuales a mano, utilizando cartulina o grandes hojas de papel y marcadores. Puedes hacer diapositivas en PowerPoint® de todos los elementos visuales para proyectarlas durante las sesiones. También puedes hacer transparencias de los elementos visuales y utilizar un proyector.
6. Reúne todos los recursos que vayas a necesitar. Además de los elementos visuales, necesitarás tarjetas de tres por cinco pulgadas; cinta adhesiva; ejemplares del *Himnario Bautista*; un diccionario; una pelota grande de color claro de unos 25 cm de diámetro; de 15 a 20 cajas de distintos tamaños para

representar los dones espirituales; papel de regalo y cinta; un salero; una vela; y cerillas.

7. Prepara un póster del curso para utilizarlo en cada sesión:
   Sesión 1: Las Escrituras
   Sesión 2: Dios, Dios el Padre, Dios el Hijo, Dios el Espíritu Santo
   Sesión 3: El Hombre, Salvación, el Propósito de la Gracia de Dios
   Sesión 4: La Iglesia, el Bautismo y la Cena del Señor, el Día del Señor, el Reino, las Últimas Cosas
   Sesión 5: Evangelismo y Misiones, Educación, Mayordomía, Cooperación
   Sesión 6: El Cristiano y el Orden Social, Paz y Guerra, Libertad Religiosa, La Familia
8. No hay sustituto para el estudio y la Prepareción intensivos y en oración. Leer el libro entero varias veces te dará una buena base para la enseñanza. Lee todas las referencias bíblicas del libro y completa todas las actividades de aprendizaje. Anota ideas para la enseñanza. Esta preparación te permitirá dirigir y enseñar desde un mayor conocimiento.

Planificación de cada sesión

1. Estudia detalladamente el capítulo o capítulos de la sesión, junto con los planes didácticos. Probablemente encontrarás más sugerencias didácticas de las que tendrás tiempo de utilizar durante la sesión. Selecciona las actividades que mejor se adapten a las necesidades de tu grupo.
2. Prepara ayudas visuales y otros materiales que vayas a necesitar para la sesión.
3. Los carteles didácticos de cada sesión crean un ambiente atractivo en el salón, permiten que el aprendizaje comience desde que llegue la primera persona, refuerza el aprendizaje y proporciona repaso. Coloca los carteles en orden aleatorio y en distintos ángulos de la sala para atraer la atención.
4. Organiza los asientos en círculo o semicírculo para que los miembros puedan verse entre sí.

Dirigiendo cada sesión

1. Llega temprano para saludar a los miembros a medida que llegan. Empieza y termine a tiempo. Empieza y cierra cada sesión con una oración.
2. Anima a los miembros a leer los capítulos asignados y a completar las actividades de aprendizaje antes de cada sesión.
3. Las sugerencias de esta guía requieren dividirse en cinco grupos pequeños de vez en cuando. El tamaño ideal de los grupos pequeños para este estudio es de tres personas. Si no hay suficientes miembros para cinco grupos, combine algunas de las tareas. Si hay más miembros de los necesarios para cinco grupos, divídalos en más grupos y asigne tareas repetidas.
4. Sé sensible a las necesidades del grupo. Séa flexible y adapta tus planes de enseñanza según sea necesario. Sin embargo, no permitas que la discusión divague. Mantenga la atención en el tema que se discuta.

5. No hables demasiado. Involucra a los miembros en el proceso de aprendizaje animándoles a compartir sus ideas, preguntas y sentimientos. No tengas miedo al silencio.
6. Magnifica la Biblia como nuestra fuente de autoridad.

Sesión 1
Las Escrituras

Antes de la Sesión

1. Estudie el capítulo 1. Completa las actividades.
2. Prepara carteles didácticos y exhíbelos por la sala: *La Biblia es la revelación que Dios nos hace de Sí mismo. Debemos confiar en la Biblia y obedecerla. La Biblia es el fundamento seguro sobre el que construimos nuestras vidas. Dios siempre tiene algo nuevo para nosotros en Su Palabra. Jesús es el centro de cada versículo de las Escrituras.*
3. Prepara pancartas con los términos *revelación general* y *revelación especial*.
4. Escribe declaraciones de acuerdo/en desacuerdo en una hoja grande de papel: *1. 1. La revelación de Dios se limita a la Biblia. 2.2 La revelación de Dios que tenemos en la naturaleza es suficiente para salvar a las personas si son obedientes. 3.3 Dios dictó las palabras exactas que quería que quedaran registradas en las Escrituras. 4.4 Algunas partes de la Biblia son más inspiradas que otras. 5. 5. La Biblia no contiene errores de ningún tipo.*
5. Prepara tiras de frases: *Dios es su Autor. Su finalidad es la salvación. Es la verdad sin mezcla de error.*
6. Escribe las siguientes referencias de las Escrituras en tarjetas separadas de tres por cinco pulgadas: *Tarjeta 1: Salmo 19:7-10. Tarjeta 2: Salmo 119:11,89,105,140. Tarjeta 3: 2 Timoteo 3:16-17. Tarjeta 4: 1 Pedro 1:24-25. Carta 5: 2 Pedro 1:19-21.*
7. Prepara pancartas: *Teorías de la Inspiración, Teoría Dinámica, Teoría del Dictado, Teoría Plenaria Verbal.*
8. Escriba las siguientes preguntas en tarjetas separadas de tres por cinco pulgadas: *¿Cómo podemos estar seguros de que la Biblia es la Palabra de Dios? ¿Cómo podemos estar seguros de que Dios inspiró la Biblia? ¿Qué significa decir que la Biblia es inspirada? ¿Cómo explicarías a una persona que nunca ha visto la Biblia que es la Palabra de Dios? ¿De qué maneras podemos demostrar nuestro amor a la Biblia?*
9. Provee un diccionario y ejemplares del *Himnario Bautista.*

Durante la sesión

1. Saluda a todos. Asegúrate que todos tengan un ejemplar del libro.
2. Escribe la palabra *doctrina* en la pizarra. Pregunta: *¿En qué piensas cuando oyes esta palabra?* Escribe las respuestas en la pizarra. Pide a un voluntario que lea la definición del diccionario. Señala que la palabra doctrina procede de una raíz del verbo griego que significa *enseñar. Doctrina* es lo que se enseña o enseña. Pregunta: *¿Por qué es importante la doctrina? Tras las respuestas, comparte:*

La doctrina provee un fundamento para nuestra vida cristiana, nos provee principios para vivir, nos equipa para rechazar las falsas enseñanzas, nos ayuda a crecer hacia la madurez cristiana y nos prepara para servir a Dios con toda nuestra mente.

3. Utilizando el póster del curso, señala las distintas doctrinas que se van a estudiar. Dirige en oración, pidiendo a Dios que te revele la verdad de Su Palabra mientras estudián juntos.
4. Di que esta sesión se centra en la Escritura. Muestra las declaraciones de acuerdo/en desacuerdo. Lee una declaración y, levantando la mano, determina quién está de acuerdo, quién en desacuerdo y quién está indeciso. Si el grupo está dividido, deja tiempo para un breve debate. Respuestas: 1. D; 2. D (Pablo afirmó en Rom. 1 que nadie es obediente); 3. D (Tenemos las palabras exactas que Dios quiso que se registraran en las Escrituras, pero no se las dictó a los escritores pasivos). 4. D; 5. A.
5. Muestra los dos carteles Revelación general y Revelación especial. Define cada tipo de revelación. Lee lo siguiente y pide a los miembros que nombren el tipo de revelación que representa: *una flor, Génesis 1:1, un sembradío, una puesta de sol, Levítico, la conciencia, una tormenta, el nacimiento de Cristo, un río, Juan 3:16.*
6. Distribuye ejemplares del *Himnario Bautista*. Pide a dos voluntarios que lean las estrofas 1 y 2 de *Cuan grande es el* (nº 10). Pregunta: *¿A qué tipo de revelación se refieren estas estrofas?* A continuación, pide a un voluntario que lea la estrofa 3. Pregunta: *¿A qué tipo de revelación se refiere esta estrofa?*
7. Pide a un voluntario que lea el Salmo 19:1-4. Pide a los miembros que describan momentos en los que se acercaron a Dios a través de Su creación. Señala que la revelación general no es suficiente. Podríamos contemplar una hermosa puesta de sol todos los días durante cien años y aun así nunca sabríamos el nombre de Dios, ni nos enteraríamos de la venida de Cristo ni de Su muerte en la cruz. Por eso Dios nos ha dado una revelación especial, la Biblia.
8. Muestra la tira de frases Dios es su Autor. A continuación, muestre los carteles con las teorías de la inspiración. Explique brevemente las tres teorías.
9. Pide respuestas a la actividad de conectar de la página 11 y a la actividad de verdadero/falso de la página 12.
10. Muestra la tira de frases *La salvación es su fin*. Resume la sección «La salvación es su fin», que comienza en la página 13. Señala que el principal propósito de la Biblia es señalarnos a Jesucristo y decirnos cómo salvarnos.
11. Muestra la tira de frases *Es la verdad sin mezcla de error.* 12. Comparte la historia de Billy Graham (pp. 15-16).
12. Escribe *autoritario, infalible, inerrante, suficiente* y *eterno* en la pizarra. Pide a los miembros que los definan. Comparte el relato de Jeremías 36 (p. 19).
13. Divídelos en cinco grupos pequeños y entrega a cada grupo una de las tarjetas con referencias de las Escrituras. Pide a cada

grupo que estudie su Escritura, discuta lo que significa e informe al grupo grande. Deja tiempo para trabajar y pide informes.

14. Entrega a cada uno de los cinco grupos una de las tarjetas con preguntas. Pide a los grupos que discutan las preguntas e informen al gran grupo de cómo responderían. Deja tiempo para trabajar y pide informes.
15. Repasa los tres puntos principales de la sesión, utilizando las tiras de frases. Pide a los miembros que trabajen por parejas, turnándose para compartir brevemente lo que creen los bautistas sobre la Biblia.
16. Afirma que una de las mejores formas de demostrar nuestro amor por la Palabra de Dios es leerla cada día. Llama la atención sobre la oración de compromiso de leer la Biblia cada día (margen, p. 20). Firma el compromiso y anima a los miembros a firmar también.
17. Llama la atención sobre los carteles didácticos de las paredes. Pide a voluntarios que los lean y comenten su significado.
18. Explica que Dios ha prometido bendecirnos cuando meditamos en Su Palabra. Introduce a los miembros en la antigua práctica bíblica de la meditación repasando las pautas de la actividad de la página 20. Llama la atención sobre los versículos para memorizar de esta sesión, 2 Timoteo 3:16-17. Reta a los miembros a meditar en este pasaje cada día de esta semana.
19. Pide a los miembros que lean los capítulos 2-5 y que completen las actividades antes de la próxima sesión.
20. Lee o canta «Hoy Parte el pan, Señor» (*Himnario Bautista*, nº 263) como oración final.

Sesión 2

Dios, Dios el Padre, Dios el Hijo, Dios el Espíritu Santo

Antes de la Sesión

1. Estudia los capítulos 2-5. Completa las actividades.
2. Prepara carteles didácticos y colócalos por la sala: Dios está al mando del universo. Dios conoce el nombre de tu buzón. Jesucristo es el Hijo eterno de Dios. Cristo murió en nuestro lugar. El Espíritu Santo habita en cada creyente. El Espíritu Santo nos ayuda a comprender la verdad.
3. Prepara carteles con estos esquemas:

Dios

Creador	*Providencia*
Redentor	*Omnipotencia*
Preservador	*Omnisciencia*
Gobernante	*Amor*
La Trinidad	

Jesucristo

Preexistencia	*Muerte*
Nacimiento	*Resurrección*
Vida	*Regreso*

El Espíritu Santo

La Escritura inspirada	*Regenera*
Enseña, guía	*Habita en los creyentes*

Convictos de pecado *Otorga dones*
Invita a Cristo *Sana a los creyentes*
Ilumina la verdad *Intercede por los creyentes*
Construye la iglesia

4. Escribe las siguientes referencias de las Escrituras en tarjetas separadas de tres por cinco pulgadas: *Tarjeta 1: Efesios 1:13-14; Juan 14:16-17. Tarjeta 2: Efesios 4:7-8; Juan 16:7-11. Tarjeta 3: Juan 3:5-6; 1 Corintios 6:19. Carta 4: Tito 3:5-6; Juan 14:26; 1 Corintios 2:13. Carta 5: 1 Corintios 3:16; Juan 16:13-14; Efesios 4:30.*
5. Proporciona copias del *Himnario Bautista.*

Durante la sesión

1. Distribuye ejemplares del Himnario Bautista. Pide a dos voluntarios que lean las dos primeras estrofas de «Abre mis ojo a la luz» (n.º 357) como una oración. O dirige al grupo cantando el himno como una oración.
2. Utiliza el cartel del curso para señalar los temas de estudio de esta sesión.
3. Dirige la atención a la actividad de conectar de la página 24. Completa la actividad en grupo. Deja tiempo para converar sobre los atributos de Dios.
4. Muestra el cartel *Dios* y resume los puntos. Cuando llegues a *La Trinidad*, dirige la atención a la actividad verdadero/falso sobre la Trinidad, página 28. Haz que los miembros conversen sobre las afirmaciones.
5. Cuando llegues a *Providencia*, resume los relatos de José (ver Gén. 50:15-21) y Elías (ver 1 Rey. 17:2-7), utilizando las actividades de las páginas 32-33. Dirige la atención a la actividad sobre Mateo 6:25-34, página 33. Pide a un voluntario que lea el pasaje mientras los miembros completan la actividad.
6. Muestra el cartel *Jesucristo* y dirige al grupo para debatir los puntos. Bajo *Vida* lee el contraste de R. G. Lee entre la humanidad y la deidad de Jesús (p. 42).
7. Explica que los catecismos, breves documentos de preguntas y respuestas sobre el cristianismo, fueron muy utilizados por la Iglesia primitiva y, más tarde, por los primeros bautistas. Pide a los miembros que consulten el artículo de la *Fe y el mensaje bautistas* sobre Dios Hijo, página 39. Haz las preguntas de la actividad de la página 50 mientras los miembros responden, basándose en el artículo.
8. Muestra el cartel *El Espíritu Santo* y dirige al grupo para debatir los puntos. A continuación, pide respuestas a las afirmaciones de verdadero/falso sobre el Espíritu Santo, página 56.
9. Divídelos en cinco grupos pequeños y entrega a cada grupo una tarjeta con referencias de las Escrituras. Pide a cada grupo que estudie sus versículos e informe sobre lo que enseñan sobre el ministerio del Espíritu Santo.
10. Pide a los miembros que resuman la sesión leyendo en voz alta afirmaciones significativas de los carteles de las paredes.
11. Pregunta si algún miembro desea compartir testimonios sobre sus momentos de

meditación de la semana pasada.

12. Llama la atención sobre los cuatro pasajes de memoria para esta semana: Éxodo 20:3; Mateo 6:26; Romanos 5:8; y Efesios 5:18. Anima a los miembros a continuar su meditación utilizando estos versículos.
13. Pide a los miembros que lean los capítulos 6-8 y que completen las actividades antes de la próxima sesión.
14. Pide a los miembros que reflexionen sobre la autoevaluación de la página 58. Lee o canta «Respira sobre mí» (Himnario Bautista, p. 238) como oración final.

Sesión 3

El Hombre, Salvación, El Propósito de la gracia de Dios

Antes de la sesión

1. Estudia los capítulos 6-8. Completa las actividades.
2. Prepara carteles didácticos y colócalos por la sala: Estamos hechos a imagen de Dios. Somos pecadores por naturaleza y pecadores por elección. La cruz está en el centro mismo de la fe cristiana. «Todo aquel que invocare el nombre del Señor, será salvo» (Rom. 10:13). El arrepentimiento es el dolor piadoso por el pecado y el alejamiento de él. Nuestra salvación está asegurada en Cristo.
3. Escribe las siguientes afirmaciones de acuerdo/desacuerdo en un folio grande:
   1. Nacemos en un estado de inocencia moral.
   2. El problema humano básico es la ignorancia, no el pecado.
   3. Cristo murió como nuestro ejemplo.
   4. Jesucristo es el único camino al cielo.
   5. El hombre no posee libre albedrío.
   6. Es posible que los cristianos pierdan su salvación.
4. Escribe las siguientes referencias de las Escrituras en tarjetas separadas de tres por cinco pulgadas:
   Tarjeta 1: *Génesis 1:26-27; 2:7.*
   Tarjeta 2: *Génesis 9:6; Santiago 3:9.* Tarjeta 3: *Salmo 51:5; Romanos 3:10-12,23; 5:12.*
   Tarjeta 4: *Juan 3:16; Romanos 5:6-8.*
   Tarjeta 5: *2 Corintios 5:21; 1 Timoteo 2:5.*
5. Prepara hojas de papel separadas con las siguientes referencias de las Escrituras: *Romanos 5:8-9; Efesios 1:7; Efesios 2:13; 1 Pedro 1:18-19; 1 Juan 1:7; Apocalipsis 1:5.*
6. Prepara un cartel con los términos *regeneración, justificación, santificación, glorificación.*
7. Prepara este acróstico en cartulina:
   Dios
   Riqueza
   En
   Cristo
   Gastos
8. Corta un círculo grande de cartulina. Escribe *arrepentimiento en* una cara y *fe* en el otro lado.
9. Escribe las siguientes referencias de las Escrituras en tarjetas separadas de tres por cinco pulgadas: Tarjeta1: *2 Timoteo 1:12; Filipenses 1:6.* Tarjeta 2: *Hebreos 7:25.* Tarjeta 3: *Juan 5:24.* Tarjeta 4: *1 Pedro 1:3-5.* Tarjeta 5: *Hebreos 13:5.*

Durante la sesión

1. Utiliza el cartel del curso para señalar los temas de estudio de esta sesión. Pide a un voluntario que dirija la oración.
2. Muestra las declaraciones de acuerdo/desacuerdo. Lee la primera afirmación y pide a los miembros que estén de acuerdo con ella que levanten la mano. A continuación, pide a los que no estén de acuerdo que levanten la mano. A continuación, determina quién está indeciso. Deja tiempo para la conversación. Sigue esta pauta para las demás afirmaciones. *En desacuerdo* es la respuesta correcta para todas las afirmaciones excepto para la número 4, que es *de acuerdo*. Di que en esta sesión se aclararán las respuestas correctas.
3. Llama la atención sobre la actividad verdadero/falso de la página 61. Utiliza estas afirmaciones como base para el debate.
4. Divídelos en cinco grupos pequeños y entrega a cada grupo uno de los primeros grupos de tarjetas con referencias de las Escrituras. Pide a cada grupo que estudie sus pasajes y resuma lo que enseñan sobre la humanidad. Deja tiempo para el trabajo en grupo y pide informes. Deja tiempo para conversar mientras se comparten los informes.
5. Dirige la atención a la actividad verdadero/falso de la página 67. Dirige al grupo para que responda y conversa sobre las afirmaciones.
6. Reparte las tiras de papel con las referencias de las Escrituras. Escribe la palabra *expiación* en la pizarra. Pide a los miembros que localicen y lean su versículo o versículos. Aclara que Cristo derramó Su sangre por nuestros pecados. Encierra en un círculo la palabra *expiación* y di que este término se refiere a la forma en que Dios trató el problema del pecado e hizo posible que entráramos en comunión con Él. Nos salvamos gracias a la muerte de Cristo en la cruz.
7. Muestra el cartel con los términos *regeneración, justificación, santificación* y *glorificación*. Dirige la atención al artículo de la *Fe y mensaje bautistas* sobre la salvación (p. 65). Pide a un voluntario que lea la sección sobre la regeneración. Dirige una tertulia sobre el significado de la gracia. Muestra el acróstico que define la gracia.
8. Muestra el círculo grande con la palabra arrepentimiento. Lee su definición de la declaración la *Fe y mensaje bautistas*. A continuación, da la vuelta al círculo y muestra la palabra fe. *Lee* su definición del artículo la *Fe y mensaje bautistas*. Señala que arrepentimiento y fe son como las dos caras de una misma moneda; van juntas. Lee la cita de W. T. Conner que subraya la relación entre arrepentimiento y fe (pp. 72-73).
9. Pide a tres voluntarios que lean los párrafos de la *Fe y mensaje bautistas* sobre *la justificación, la santificación* y *la glorificación*. Dirige un debate sobre estos tres conceptos. Deja tiempo para preguntas.
10. Consulta la actividad de conectar de la página 76 sobre *regeneración, justificación,*

santificación y *glorificación*. Asegúrate de que se entienden los términos.

11. Muestra de nuevo el cartel circular y pide a los voluntarios que definan los términos *arrepentimiento* y fe.
12. Remitiéndote al capítulo 8, resume el material sobre la elección. Dirige la tertulia sobre los temas de la soberanía de Dios y el libre albedrío de la humanidad.
13. Introduce la seguridad del creyente pidiendo a los miembros que se dirijan a Romanos 8:38-39 y nombren 10 cosas que no pueden separarnos del amor de Dios.
14. Divídelos en cinco grupos pequeños y entrega a cada grupo una de las segundas tarjetas. Pide a cada grupo que examine lo que el versículo o versículos enseñan sobre la seguridad del creyente. Deja tiempo para el trabajo en grupo y luego pide informes.
15. Llama la atención sobre la actividad verdadero/falso de la página 84. Conversa sobre las afirmaciones. Pide a los miembros que seleccionen y lean en voz alta los carteles didácticos de las paredes.
16. Pide testimonios de los momentos de meditación de los miembros. Reta a los miembros a que utilicen los pasajes de memoria de esta semana, Génesis 1:27; Juan 3:16; y Juan 10:27-29, para su meditación.
17. Pide a los miembros que lean los capítulos 9-13 y que completen las actividades antes de la próxima sesión.
18. Concluye cantando las dos primeras estrofas de «Yo Sé a quién he creído» (Himnario Bautista, nº 325).

Sesión 4

La Iglesia, el Bautismo y la Cena del Señor, El Día del Señor, El Reino, Las Últimas cosas

Antes de la sesión

1. Estudia el capítulo 9-13. Completa las actividades.
2. Prepara carteles de enseñanza y colócalos por la sala: *Jesucristo es el Señor de Su Iglesia. El Bautismo y la Cena del Señor enseñan verdades básicas del Evangelio. El Día del Señor conmemora la resurrección de Cristo. El reino de Dios es eterno. El destino eterno de una persona se decide en esta vida. Jesús volverá a la tierra.*
3. Utiliza cinta adhesiva de una pulgada para delinear un cuerpo humano grande, de unos 6 a 9 metros de largo, en el suelo. Haz que el cuerpo sea lo suficientemente grande como para que 10 ó 12 personas puedan permanecer de pie en su interior. La sección media debe medir un metro, las piernas un metro y los brazos un poco menos.
4. Envuelve de 15 a 20 cajas de distintos tamaños para representar los dones espirituales.
5. Escribe las siguientes referencias de las Escrituras en tarjetas separadas de tres por cinco pulgadas: Tarjeta 1: *Mateo 16:13-19*. Tarjeta 2: *Hechos 6:1-3*. Tarjeta 3: *Efesios 2:19-22*. Tarjeta 4: *Colosenses 1:17-18*. Tarjeta 5: *1 Pedro 5:1-4*.
6. Escribe las siguientes preguntas o afirmaciones en hojas de asignación separadas: *¿En qué sentido es la Iglesia el cuerpo de Cristo? ¿Quién es la cabeza de la Iglesia? ¿Cuáles son las dos ordenanzas de la Iglesia? ¿Cuál es la*

misión principal de la Iglesia? ¿Cómo puede nuestra iglesia dar testimonio hasta los confines de la tierra? ¿Cómo se relaciona nuestra iglesia con la asociación local? ¿Cómo se relaciona nuestra iglesia con la convención estatal bautista? ¿Cómo se relaciona nuestra iglesia con la Convención Bautista del Sur? ¿Cómo se relaciona nuestra iglesia con la Junta de Misiones Internacionales? Lo que más me gusta de nuestra iglesia es... Una cosa que me gustaría cambiar de nuestra iglesia es... Una forma en la que puedo ayudar a fortalecer nuestra iglesia es ... Expresa en una frase lo que la iglesia significa para ti.

7. Escribe las siguientes referencias de las Escrituras en tarjetas separadas de tres por cinco pulgadas: Tarjeta 1: *Mateo 24:36-44*. Tarjeta 2: *Lucas 12:8-9*. Tarjeta 3: *Juan 5:28-29. Tarjeta 4*: *Hechos 1:9-11*. Tarjeta 5: *Apocalipsis 20:11-15.*
8. Pide a tres miembros que realicen las siguientes tareas. Tarea 1: *Estudia el material sobre el cielo de las páginas 117-18 y Apocalipsis 21-22. Presenta un breve informe durante la sesión.* Tarea 2: *Estudia el material sobre el infierno de las páginas 118-19 y Lucas 16:19-31. Presenta un breve informe durante la sesión. Presenta un breve informe durante la sesión.* Tarea 3: *Estudia el tema «El Juicio Final» en las páginas 119-20 y Apocalipsis 20:11-15. Presenta un breve informe durante la sesión.*
9. Trae a la sesión una copa de comunión con zumo de uva y un trocito de pan de comunión.

Durante la sesión

1. Utiliza el cartel del curso para mostrar los temas de esta sesión. Dirige la oración.
2. Explica que Pablo utilizó la analogía del cuerpo humano para describir a la Iglesia como el cuerpo de Cristo. Dirige la atención al gran cuerpo que se perfila en el suelo y afirma que representa el cuerpo de Cristo. Pide a un miembro que lea 1 Corintios 12:12-27. Menciona al grupo que tú y siete u ocho miembros tendrán la oportunidad de ilustrar este pasaje. Tú representarás al Espíritu Santo. Acércate a un miembro y guíalo a un lugar del cuerpo. A continuación, pon en sus manos una caja de regalo. Conduce a las demás personas, de una en una, a posiciones del esquema. No coloques a nadie en la cabeza. Entrega a varios miembros dos cajas regalo, a una persona tres cajas regalo y a otra cuatro cajas regalo. Mientras estas personas se colocan en posición, pide a los demás miembros que se dirijan a la primera actividad de la página 87. Pide a los voluntarios que lean los siete puntos enumerados en la actividad. Deja tiempo para el debate. Pregunta: *¿Qué les pasa a las personas que están de pie en el cuerpo?* Señala que cada persona ha recibido al menos un regalo; sin embargo, los regalos están sin abrir. Esto ocurre a menudo en la Iglesia. Cada creyente ha recibido dones del Espíritu Santo, pero a veces los dones no se utilizan.[1]
3. Divídelos en cinco grupos pequeños y distribuye el primer juego de tarjetas con referencias a las Escrituras. Pide a cada

grupo que estudie la Escritura que le ha sido asignada, que converse lo que enseña sobre la Iglesia y que informe al grupo grande. Deja tiempo para el trabajo en grupo y pide los informes.

4. Dirige la atención a la actividad verdadero/falso de la página 92. Dirige al grupo para que responda y discuta las afirmaciones.
5. Distribuye las hojas de asignación y pide a los miembros que las hayan recibido que respondan a las preguntas. Conversa si es necesario.
6. Llama la atención sobre las dos ordenanzas de la Iglesia. Lee el artículo de la *Fe y mensaje bautistas* sobre el bautismo (p. 93). Escribe en la pizarra: *Aunque el bautismo no es necesario para la salvación, sí lo es para la obediencia.* Pregunta: *¿Qué significa esta afirmación?* Deja tiempo para una tertulia.
7. Resume lo que creen los bautistas sobre el bautismo guiando al grupo en la actividad verdadero/falso de la página 95.
8. Muestra la copa de jugo de comunión y el trozo de pan de comunión. Lee el artículo de la *Fe y mensaje bautistas sobre la Cena del Señor* (pág. 93). Resume el material sobre la Cena del Señor, páginas 97-99.
9. Pide respuestas a la actividad verdadero/falso de la página 99. Permite conversación.
10. Pide a un voluntario que lea el artículo de la *Fe y mensaje bautistas* sobre el Día del Señor (pág. 101). Utiliza las dos actividades de la página 104 para resumir nuestras creencias.
11. Pregunta: *¿Cómo determinas el tipo de actividades que realizas en el Día del Señor?* Señala los cuatro elementos principales del culto corporativo en la página 106 (predicación, canciones e himnos, lectura de las Escrituras, oración) y los tres elementos principales de la devoción privada en la página 106 (lectura de las Escrituras, oración, servicio cristiano).
12. Resume el material sobre el reino de Dios, página 108, contrastando el reino de Dios con los reinos terrenales. Pide respuestas a la actividad de la página 109.
13. Lee las 10 afirmaciones sobre el reino en la actividad de las páginas 110-11.
14. Pide a un voluntario que lea el artículo de la *Fe y mensaje bautistas* sobre las Últimas Cosas (p. 113). Pide a los miembros que presten atención a cuatro cosas que tendrán lugar cuando Cristo regrese. Coméntalas.
15. Divídelos en cinco grupos pequeños y entrega a cada grupo una de las segundas tarjetas con referencias a las Escrituras. Pide a cada grupo que estudie la Escritura asignada y conversa sobre su significado. Deja tiempo para el trabajo en grupo y pide informes.
16. Pide a los miembros alistados que informen sobre el cielo, el infierno y el juicio final. Permite preguntas y la conversación.
17. Pide respuestas a la actividad verdadero/falso de la página 120.
18. Pregunta: *¿Qué es lo nuevo que has aprendido en esta sesión?* Permite la conversación.
19. Resume pidiendo a los voluntarios que lean los carteles didácticos de las paredes.
20. Reta a los miembros a meditar en sus versículos de memoria esta semana: Colo-

senses 1:18; 2 Corintios 5:17; Salmo 122:1; Mateo 6:33; Juan 14:1-3.

21. Pide a los miembros que lean los capítulos 14-17 y que completen las actividades antes de la próxima sesión. Cierra con una oración.

1. Esta idea surgió de una actividad desarrollada por Ray Stedman y el personal de la Peninsula Bible Church de Palo Alto, California.

Sesión 5

Evangelismo y Misiones, Educación, Mayordomía, Cooperación

Antes de la sesión

1. Estudia los capítulos 14-17. Completa las actividades.
2. Prepara pancartas de enseñanza y colócalos alrededor del salón: *Los cristianos son responsables de llevar el Evangelio a todas las personas del mundo. El cristianismo es la fe de la ilustración y la inteligencia. La educación sustenta el evangelsmo y las misiones. Dios es el dueño de todo. Las iglesias pueden hacer más juntas lo que ninguna iglesia podría hacer sola.*
3. Escribe las siguientes referencias de las Escrituras en tarjetas separadas de tres por cinco pulgadas: Tarjeta 1: *Mateo 28:19-20.* Tarjeta 2: *1 Corintios 1:30.* Tarjeta 3: *Efesios 4:11-13.* Tarjeta 4: *Filipenses 4:8.* Tarjeta 5: 2 *Timoteo 2:15.*
4. Escribe las siguientes referencias de las Escrituras en tarjetas separadas de tres por cinco pulgadas: Tarjeta 1: *Mateo 6:1-4,19-21.* Tarjeta 2: *Mateo 23:23; Hechos 17:24.* Tarjeta 3: *Lucas 12:16-21.* Tarjeta 4: *Hechos 20:35; 2 Corintios 9:7.* Tarjeta 5: *Filipenses 4:11-13; 1 Pedro 1:18-19.*
5. Averigua cuánto dinero o qué porcentaje de los ingresos da tu iglesia a la obra del Señor a través del Programa Cooperativo.

Durante la sesión

1. Utiliza el cartel del curso para señalar los temas de estudio de esta sesión. Dirige la oración.
2. Utiliza los carteles didácticos de las paredes para dar una visión general de la sesión. Pide a voluntarios que seleccionen un cartel, lo lean al grupo y lo expliquen con sus propias palabras.
3. Utiliza las preguntas de la actividad de la página 124 como base para un debate sobre las misiones.
4. Cuenta la historia de Adoniram Judson y describe la forma en que su legado continúa hoy en Myanmar (p. 124).
5. Dirija a los miembros a la actividad de conectar de la página 126. Pide a cinco voluntarios que lean los textos bíblicos mientras el grupo selecciona la afirmación que resume las principales enseñanzas.
6. Introduce la enseñanza preguntando: *¿Qué implican los 27 libros y cartas del Nuevo Testamento sobre el ministerio de enseñanza de la iglesia primitiva?* (La iglesia primitiva se preocupaba por ayudar a los creyentes a comprender la fe cristiana y a crecer en madurez cristiana).
7. Divídelos en cinco grupos pequeños y entrega a cada grupo una de las primeras

tarjetas. Pide a cada grupo que estudie su pasaje de la Escritura y resuma lo que dice sobre la educación y la enseñanza. Deja tiempo para el trabajo en grupo y pide informes.

8. Utiliza las afirmaciones de la actividad de la página 133 para mostrar el modo en que la educación sustenta la evangelización y las misiones.
9. Introduce la mayordomía leyendo el artículo de *la Fe y mensaje bautistas*, página 135.
10. Pide a un voluntario que lea Mateo 6:19-21. Pregunta: *¿Qué tesoros acumula la gente en la tierra? ¿Cómo acumula la gente tesoros en la tierra? ¿Qué ocurre con los tesoros acumuladosr en la tierra? ¿Cuáles son algunas de las formas en que un cristiano puede acumular tesoros en el cielo?* (En la actividad de la p. 137 se enumeran algunos ejemplos.) *¿Qué ocurre con los tesoros acumulados en el cielo? ¿Qué significa el versículo 21?*
11. Divídelos en los mismos cinco grupos formados anteriormente y entrega a cada grupo una de las segundas tarjetas con referencias de las Escrituras. Pide a cada grupo que estudie su pasaje y resuma lo que dice sobre la corresponsabilidad. Deja tiempo para el trabajo en grupo y pide informes.
12. Pide a dos voluntarios que te ayuden con un juego de rol. Ambos jugadores son cristianos, pero uno cree firmemente que un cristiano no debe diezmar. El otro cree con la misma firmeza que todo cristiano debe diezmar. Divide al resto del grupo en dos equipos para apoyar a los dos cristianos. Nadie puede hablar excepto los dos jugadores, pero cada equipo puede ayudar a su jugador susurrándole comentarios o escribiéndolos en papelitos y entregándoselos. Después de unos minutos, resume el material de las páginas 139-40.
13. Haz hincapié en que la mayordomía implica mucho más que las posesiones materiales. Pide a los miembros que inclinen la cabeza mientras identificas algunos bienes que Dios da a cada cristiano. Pide a los miembros que piensen en una forma de ser mejores administradores de cada bien. Lee despacio: cuerpo, mente, capacidades, tiempo, influencia, dones espirituales.
14. Introduzca la cooperación pidiendo a cuatro voluntarios que lean los siguientes textos bíblicos: Esdras 1:1-4; Marcos 2:3-4; Hechos 2:44-47; 1 Corintios 16:1-4. Pide al grupo que identifique el tipo de cooperación representado en cada pasaje.
15. Escribe las dos afirmaciones siguientes en la pizarra: *Los bautistas creen en la asociación voluntaria. El congregacionalismo es un principio bautista profundamente arraigado.* Dirige al grupo para que discuta el significado de cada afirmación (ver p. 143).
16. Resume la información sobre el Programa Cooperativo. Comparte información sobre las donaciones de tu iglesia a través del Programa Cooperativo.
17. Reta a los miembros a que continúen con su meditación sobre las Escrituras. Los versículos para esta semana son Romanos 10:13-15; Salmo 25:4-5; Mateo 6:19-21; 1 Corintios 3:9.

18. Pide a los miembros que lean los capítulos 18-21 y que completen las actividades antes de la próxima sesión.
19. Concluye con una oración por las misiones mundiales.

Sesión 6

El cristiano y el orden social, Paz y guerra, Libertad religiosa, La familia

Antes de la sesión

1. Estudia los capítulos 18-21. Completa las actividades.
2. Prepare carteles didácticos y colóque en el salón: *Las iglesias debemos tender la mano a los menos afortunados. El racismo es un pecado que viola el carácter de Dios y la unidad de la humanidad, que está creada a imagen de Dios. Las iglesias deben ministrar a personas que luchan con la homosexualidad. Toda vida humana es sagrada, desde la concepción hasta la muerte natural. La guerra es el resultado de la pecaminosidad humana. El matrimonio es la unión de un hombre y una mujer en un compromiso pactualde alianza para toda la vida. La familia es una parte central del diseño de Dios para la humanidad.*
3. Escribe las siguientes referencias de las Escrituras en tarjetas separadas de tres por cinco pulgadas: Tarjeta 1: *Romanos 13:1-7.* Tarjeta 2: *1 Timoteo 2:1-2.* Tarjeta 3: *1 Pedro 2:13-17.*
4. Prepare hojas de papel separadas con estas referencias de las Escrituras: *1 Timoteo 3:16-17; Hebreos 4:12; Deuteronomio 6:4; Mateo 6:26; Juan 1:1; Juan 14:6; Juan 14:16-17; 1 Corintios 6:19; Génesis 2:7; Salmo 8:3-8; Romanos 10:13; Efesios 2:8; Filipenses 1:6; Juan 10:28.*
5. Consigue un salero, una vela, cerillas y ejemplares del folleto la Fe y Fensaje bautistas.

Durante la sesión

1. Muestra el cartel del curso y llama la atención sobre los cuatro temas de estudio de esta sesión. Pide a un miembro que ore.
2. Presenta al cristiano y el orden social mostrando el salero y la vela. Enciende la vela. Pregunta: *¿Qué quiso decir Jesús cuando dijo que debemos ser sal y luz? Utiliza Mateo 5:13-16 para conversar sobre estas dos metáforas.*
3. Escribe los siguientes términos en la pizarra: *racismo, homosexualidad, aborto, personas necesitadas, enfermos, pobres, guerra.* Afirma: *Los cristianos están llamados a implicarse en las cuestiones y problemas contemporáneos como sal y luz.* Pide a los miembros que localicen un cartel que trate sobre el racismo. Pide a un voluntario que explique por qué el racismo es un pecado. A continuación, pide a los miembros que identifiquen carteles que hablen de la homosexualidad, el aborto, las personas necesitadas y la guerra. Pide a los miembros que expliquen y discutan el significado de cada cartel. Pregunta: *¿Qué acciones pueden emprender los cristianos para hacer frente a cada problema?* Deja tiempo para conversar.
4. Presenta la libertad religiosa contando la historia de Obadiah Holmes (pp. 162-63). Pregunta: *¿Qué significa la afirmación de*

Herschel Hobbs «La libertad religiosa es la madre de toda verdadera libertad»?

5. Pide a voluntarios que lean las citas de George Truett, John Leland, J. B. Gambrell, Louie D. Newton, E. Y. Mullins, John Smyth y Thomas Helwys (pp. 163-65).
6. Reparte a tres miembros las tarjetas que has preparado. Mientras se leen los textos bíblicos, pida al grupo que escuche al menos cuatro responsabilidades que tenemos hacia el gobierno civil. Escríbalas en el tablero a medida que las vayan nombrando. Deje tiempo para la conversación.
7. Presenta a la familia pidiendo a los miembros que identifiquen dos carteles didácticos en las paredes relacionados con la familia. Retíralos de las paredes y pégalos en la pizarra, donde todos puedan verlos fácilmente. Haz estas preguntas sobre cada afirmación *¿Qué significa esta afirmación? ¿Cómo desafía la cultura moderna la verdad de esta afirmación? ¿Por qué crees que es importante que los cristianos insistan en la verdad de esta afirmación? ¿Qué acciones puede emprender nuestra iglesia para defender y reforzar la verdad de esta afirmación?* Utiliza las dos últimas preguntas sólo como preguntas de reflexión: *¿Qué puedo hacer personalmente para aplicar esta verdad de forma más coherente en mi vida y en mi familia? ¿Cómo puedo reforzar mi matrimonio y mi familia?*
8. Remite a los miembros al artículo de la *Fe y mensaje bautistas* sobre la familia (p. 167). Pídeles que presten atención a los cuatro propósitos del matrimonio mientras lees el segundo párrafo de la declaración. Escribe los propósitos en la pizarra.
9. Para repasar todo el estudio, reparte los 14 trozos de papel. Di que estos 14 pasajes de la Escritura se refieren a siete de las doctrinas que hemos estudiado, dos pasajes de la Escritura por cada doctrina. Muestra el póster del curso. Pide a cada persona que lea el pasaje de la Escritura y que busque a la persona que tiene un pasaje sobre la misma doctrina. A continuación, pide a cada pareja que lea sus pasajes en voz alta, identifique la doctrina a la que se refieren y comparta algunas cosas que haya aprendido sobre esa doctrina. (Los siete grupos de pasajes bíblicos tratan sobre la Biblia, Dios, Jesucristo, el Espíritu Santo, el hombre, la salvación y el propósito de la gracia de Dios). Da a los demás miembros del grupo la oportunidad de contribuir.
10. Llama la atención sobre los otros 13 temas del póster del curso. Da a los miembros la oportunidad de compartir algunas cosas que hayan aprendido sobre cada tema.
11. Entrega a cada miembro un ejemplar del folleto la *Fe y mensaje bautistas.*
12. Escribe en la pizarra las referencias de las Escrituras para la meditación de esta semana: Mateo 5:14-16; Romanos 12:18; 1 Timoteo 2:1-2; Efesios 4:32.
13. Agradezca a los miembros su participación. Cierre el estudio con una oración.

NOTAS

GUÍA: *NAVEGANDO POR LA SBC*

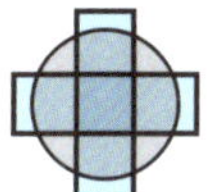

Testimonios

Seguro que ya ha oído esto antes: «Podemos hacer más unidos que separados».

Esa declaración personifica el corazón y el alma de la Convención Bautista del Sur, especialmente desde 1925, cuando M. E. Dodd introdujo el Programa Cooperativo ante 5 600 mensajeros reunidos.

Y aquí está, representando a nuestras iglesias y continuando el legado de quienes lo recorrieron antes que nosotros. Al igual que nuestros predecesores, está reunido en la unidad del evangelio y en el propósito común de llevar las buenas nuevas de Jesucristo a todas las naciones.

Las siguientes páginas buscan ayudarte a comprender mejor cómo funciona el ecosistema de la SBC y su importancia para nuestro enfoque del reino. Tu servicio es importante, porque unidos podemos hacer más de lo que podemos hacer por separado.

Randy C. Davis, *presidente y director ejecutivo*
Junta de Misiones Bautista de Tennessee

Recomiendo que todos los pastores, líderes y miembros de nuestras congregaciones bautistas lean este manual, para informarse sobre el trabajo de nuestra Convención Bautista del Sur. Es un manual preciso y objetivo con información histórica significativa sobre la labor misional de nuestra querida denominación.

Magno Roblero, *pastor*
Iglesia Bautista Hispana Ríos de Agua Viva,
en Springfield, Tennessee

Este es un resumen bueno y sencillo de cómo la Convención Bautista del Sur está cooperando con las iglesias y diferentes entidades para cumplir con nuestra misión: la Gran Comisión. Dará a nuestros pastores y miembros de la iglesia una buena comprensión de cómo funciona la Convención Bautista del Sur.

James Kang, *director ejecutivo*
Consejo de Iglesias Bautistas
de Corea del Sur en América

Como pastor bautista del sur, desde hace menos de una década, y como estudiante en el Seminario Teológico Bautista New Orleans, he comprendido, abrazado y amado la forma en que Dios está usando a la familia de la SBC para enriquecer mi vida y mi ministerio. Un ejemplo de ello es el libro de orientación elaborado por el reverendo Charles Grant. Léelo con atención y no tengas miedo de acercarte a tus colegas pastores bautistas del sur. Personalmente he descubierto que estos amigos son realmente un «grupo de hermanos» que recorren el camino del Señor conmigo.

Dewayne Rembert, *pastor*
de la iglesia Flatline Church en Chisholm,
en Montgomery, Alabama

Te animo a que inviertas tiempo en aprender más sobre el Programa Cooperativo y el mayor movimiento misionero que he conocido: la Convención Bautista del Sur. Este manual es una gran herramienta para ayudarte a entender el propósito, la estructura, la función y la cooperación de más de 47 500 congregaciones diversas en 41 convenciones estatales y aproximadamente 1 100 asociaciones locales que sirven unidas con el propósito de proclamar el evangelio de Jesucristo a todas las personas en todo el mundo. Como pastor de la SBC, por más de 36 años, encontré un hogar en este poderoso movimiento misional y tú también puedes hacerlo. Lee, aprende y coopera con nosotros para llevar el evangelio de Jesucristo a todas las personas en todo el mundo.

Tim Cox, *pastor*
de la iglesia Liberty Baptist Church,
en Chelsea, Alabamaa

Navegando por la SBC toma la complejidad y el amplio e increíble trabajo de la Convención Bautista del Sur, y lo hace sencillo de entender tanto para el recién llegado a la convención como para el veterano. Un líder de cualquier nivel puede comprender fácilmente lo que significa ser parte de la familia bautista del sur y cómo conectarse con ella. Este manual acelerará y hará avanzar el camino del líder hacia la colaboración y participación en la maravillosa labor del cumplimiento de la Gran Comisión que hacemos unidos. ¡Gracias por el gran trabajo!

Daryl Price, *director ejecutivo*
de la Asociación Bautista Noonday
en Marietta, Georgia

Introducción

POR CHARLES GRANT

Fue el difunto reverendo Tom Kelly, antiguo director de Ministerios Afroamericanos de la Convención Bautista del Sur de California, quien acuñó la frase: «Hay que aprender a leer el menú». Al pasar de plantador de iglesias y pastor al servicio denominacional, me encontré con muchos pastores afroamericanos (AA) a lo largo del camino que conocían o habían escuchado hablar del eslogan pegajoso del reverendo Kelly. Es de vital importancia para las iglesias bautistas del sur, los pastores, los plantadores de iglesias, los líderes emergentes y los siervos de la denominación, navegar efectivamente por la participación de la Convención Bautista del Sur. En palabras del reverendo Tom Kelly, navegar eficazmente por la SBC significa aprender a leer y escribir el menú. Esto significa entender a la SBC y saber cómo funciona para luego participar activa y efectivamente, y así tener una voz constructiva. La voz constructiva tiene que ver con saber dónde y cómo utilizar la voz de manera que se logre una mayor participación, representación, articulación y celebración de cada nación, tribu, pueblo y lengua en nuestra convención. Es una forma de promover una mayor inclusión en toda la vida de la SBC. Esto es lo que implica navegar eficazmente por ella. En cuanto a la próxima generación de líderes de la SBC, Jason Thomas, movilizador de AA para la Junta de Misiones Internacionales, expone además lo que significa leer y escribir el menú:

> « Al abogar por la plena participación de nuestras iglesias en la Convención Bautista del Sur, le modelamos a la próxima generación la importancia de la cooperación en la Gran Comisión. Tenemos una gran deuda con los líderes que nos han precedido. Su inversión ha dado a nuestras iglesias una confianza y un acceso considerables. Esto permite que la próxima generación no solo lea y escriba el menú, sino que también cree nuevos patrones de aplicación para navegar

> mejor, participar y construir nuevos sistemas de impacto para la Gran Comisión.
>
> Aprender a navegar eficazmente por la SBC, para leer y escribir el menú, asegura que los pastores bautistas del sur sean atendidos financieramente cuando se retiren o cuando el Señor los llame a casa en Su gloria. Aprender a leer y escribir el menú asegura que las iglesias bautistas del sur tengan los recursos necesarios para el discipulado y la capacitación de líderes con el fin de que los santos maduren. »

Aprender a leer y escribir el menú empodera a las iglesias bautistas del sur para equipar a sus miembros para el servicio cristiano en todos los aspectos de la vida de la iglesia, especialmente aquellos relacionados con la evangelización, las misiones locales e internacionales.

El propósito de este manual de orientación de los bautistas del sur es equipar a las iglesias para que naveguen eficazmente en la SBC, de modo que puedan expresar adecuada y productivamente su voz para la sana edificación de todas las etnias en nuestra convención.

Las iglesias bautistas del sur, las iglesias bautistas de la Gran Comisión, también deben aprender a navegar efectivamente en la SBC para que podamos lograr una mayor participación, representación, articulación y celebración de cada nación, tribu, pueblo y lengua en nuestra convención. Como resultado, la SBC se acercará más a esa imagen perfecta en el cielo: un pueblo de toda nación, tribu, pueblo y lenguas, que estaban d elante del trono y en la presencia del Cordero (Apoc.7:9a). Esto es posible cuando aprendemos a navegar eficazmente por la SBC de las siguientes maneras: fundacional, estructural, cooperativa, beneficiosa y práctica.

Navegando por sus fundamentos

Los cimientos de cualquier proyecto de construcción son fundamentales, ya sea una casa, una escuela, un centro comercial o un edificio de gran altura. La fuerza de una organización es tan buena como sus cimientos. Esto es especialmente cierto en el plano espiritual. En Mateo 7:24-27, Jesús concluye el Sermón del Monte exhortando a los oyentes a considerar cuidadosamente el tipo de cimientos sobre los que construyen sus vidas. Construir sus vidas sobre la obediencia a la Palabra de Dios produce una base firme y segura. Construir sus vidas sobre la desobediencia a la Palabra de Dios es como construir una casa sobre arena. Es como construir un castillo de arena como morada cuando vienen las tormentas de la vida. Los castillos de arena se destruyen fácilmente. Los hermanos y hermanas en Cristo deben evitar a toda costa que su vida sea como un castillo de arena. Al igual que hay una manera fundamental de comprometerse a construir una vida estable, hay una manera fundamental de navegar eficazmente por la SBC.

Definiciones de sus fundamentos: ¿Qué es la SBC?

La Convención Bautista del Sur, organizada desde 1845 en Augusta, GA, es una red de iglesias autónomas (que se autogobiernan y se autofinancian), así como una reunión anual de representantes (mensajeros) de las iglesias cooperativas que (1) han organizado una agrupación específica de ministerios cooperativos con un conjunto definido de asignaciones ministeriales; (2) seleccionan anualmente a los miembros de la junta directiva para dirigir esas entidades ministeriales; y (3) adoptan un presupuesto para ayudar a financiarlas a través de un modelo de ofrendas cooperativas llamado Programa Cooperativo.

¿Es una convención o una denominación?

El término «Convención Bautista del Sur» se refiere tanto a su reunión anual como a su denominación. Hay que distinguir entre las palabras «convención» y «denominación». Las reuniones anuales se componen de mensajeros de todas las iglesias bautistas del sur elegibles. Puede verse como una alianza de iglesias que trabajan en cooperación amistosa bajo

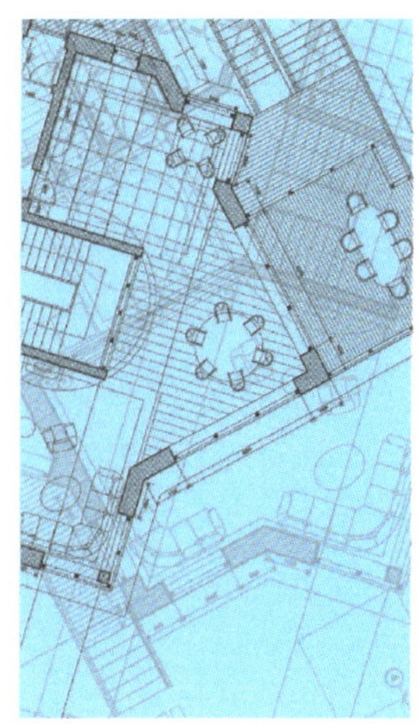

el título «Bautista del Sur». Una iglesia bautista del sur puede ser lo más autónoma posible y seguir siendo parte de una denominación.

¿Por qué una denominación? El reverendo Chris McNary ofrece este resumen:

> « Algunas personas sienten que las denominaciones son restrictivas, y que cuando te identificas con otras iglesias, puedes comprometer la identidad. Los bautistas del sur simpatizan con estas preocupaciones y por ello se aferran firmemente al principio de autonomía y autogobierno de las iglesias. La Convención Bautista del Sur no ordena ministros, ni asigna personal a las iglesias, ni recauda contribuciones para causas denominacionales, ni dicta la literatura y el calendario, ni asigna personas a las iglesias según su lugar de residencia. Estos son asuntos de la iglesia local.
>
> La Convención Bautista del Sur ofrece a las iglesias una forma de expresar colectivamente sus convicciones y hacer realidad su visión. Las denominaciones permiten a las iglesias formar parte de una iniciativa más grande, reuniendo sus recursos para establecer y llevar a cabo la tarea de la gran comisión. Una denominación puede tener un impacto mayor que la suma de los impactos de las iglesias individuales.
>
> La Biblia describe la cooperación financiera y operativa entre las iglesias del Nuevo Testamento y prácticamente todas las congregaciones cooperan con las demás de una forma u otra. Los bautistas del sur solo han formalizado ese fenómeno espiritualmente natural, y Dios ha bendecido su mezcla de libertad y cooperación. »

Dentro del cuerpo de Cristo hay una gran diversidad de dones, temperamentos, gustos y experiencias. Las iglesias se benefician de esta variedad de cualidades dentro de su propia comunidad y en toda la convención. También aprenden y se complementan entre sí. No se trata de un compromiso moral o doctrinal. No se puede creer y actuar de cualquier manera, y seguir formando parte de la comunidad bautista del sur. Todos los organismos bautistas tienen límites. Sin embargo, dentro de esos límites, hay espacio para una importante diversidad cooperativa.

Convicciones fundamentales

Las convicciones fundamentales son el propósito, la visión y las creencias de la SBC. El propósito de la SBC es «suscitar, combinar y dirigir la energía de la denominación bautista de cristianos... para la propagación del evangelio». La visión misional de la SBC es «presentar el evangelio de Jesucristo a todas las personas del mundo y hacer discípulos de todas las naciones».

Los bautistas del sur creen que la Biblia es la revelación de Dios a la humanidad, siendo su última revelación el mensaje evangélico de redención a través de Jesucristo. Por esa razón, los bautistas del sur han resumido sus convicciones bíblicas en una declaración de fe llamada *Fe y mensaje bautistas*.

Los bautistas del sur no somos un pueblo de credos que requiramos que las iglesias o los individuos abracen un conjunto estandarizado de creencias; nos definimos mejor como un pueblo confesional. La declaración *Fe y mensaje bautistas* representa el consenso confesional de «ciertas doctrinas definidas en las que los bautistas creen, aprecian y con las que han estado y están ahora estrechamente identificados». Puedes obtener una copia en línea de *Fe y mensaje bautistas* en bfm.sbc.net.

Alcance de sus fundamentos

Aunque la SBC tiene más de 50 000 congregaciones, solo unas doscientas podrían contarse como «megaiglesias». Muchas iglesias bautistas del sur tienen menos de doscientas personas en su servicio semanal. No hay dos iglesias iguales, pero hay ciertos puntos en común que unen a los bautistas del sur, sin importar la raza, la etnia, la situación socioeconómica, el idioma, el tamaño o la ubicación. Solo cuando se ve en conjunto se puede comprender la diversidad de la

Convención Bautista del Sur. Las iglesias que son parte representan un amplio rango en:

- ***Tamaño:*** de muy pequeña a muy grande.
- ***Cultura:*** norte, sur, este, oeste y todas las subculturas de cada región.
- ***Edad:*** plantaciones de iglesias jóvenes hasta organizaciones históricas.
- ***Lugar del ministerio:*** dentro de la ciudad, en áreas comerciales, en los suburbios, en una ciudad pequeña, en el campo, ambiente
- vaquero, motocicletas.
- ***Raza y etnia:*** caucásicos, afroamericanos, hispanos, coreanos, chinos, nativos americanos, rusos y muchos otros grupos étnicos.
- ***Idioma:*** el Señor es alabado en más de cien idiomas cada domingo en iglesias repartidas por todo Estados Unidos.
- ***Estilo de servicio dominical:*** tradicional, contemporáneo y de todo tipo.
- ***Perspectiva teológica:*** todo dentro del marco de la ortodoxia bíblica histórica.

No hay dos iglesias iguales, pero hay ciertos puntos en común que unen a los bautistas del sur, sin importar la raza, la etnia, la situación socioeconómica, el idioma, el tamaño o la ubicación. Solo cuando se ve en conjunto se puede comprender la diversidad de la Convención Bautista del Sur.

La Convención Bautista del Sur ha crecido hasta contar con más de 14 millones de miembros que se reúnen en más de 50 000 iglesias y congregaciones en Estados Unidos (informes de 2020). Los bautistas del sur tienen más de 2 200 misioneros nacionales que sirven a los Estados Unidos, Canadá, Guam y el Caribe; además de patrocinar a casi 4 000 misioneros internacionales y 247 etnias y centros urbanos en todo el mundo. A través de su trabajo con más de 1 100 asociaciones regionales, 41 convenciones estatales y la convención canadiense, así como 11 entidades, los bautistas del sur comparten un vínculo común de creencias bíblicas básicas y el compromiso de proclamar el evangelio de Jesucristo a todo el mundo.

Navegar eficazmente por la SBC significa comprometerse con los fundamentos: entender sus definiciones, convicciones y su alcance. A medida que participamos, nuestra cooperación debe basarse en este fundamento: algo esencial para una participación saludable, una representación intencional, una expresión ciudadana divina y una celebración unificada de cada nación, tribu, pueblo y lengua de nuestra convención.

Hay una segunda forma en que nuestra familia de la SBC puede aprender a navegar eficazmente por convención. Las iglesias deben aprender a navegar por sus estructuras.

Navegando por las estructuras

La convención asigna y dirige su trabajo a través de once entidades ministeriales: dos juntas de misiones, seis seminarios, una comisión de ética y libertad religiosa, un ministerio de publicaciones y un ministerio de servicios de recursos financieros y su comité ejecutivo. También colabora estrechamente con una organización auxiliar, la Unión Femenil Misionera (WMU, por sus siglas en inglés).

La mayoría de los ministerios bautistas del sur son apoyados por las iglesias que hacen contribuciones financieras dadas a través del Programa Cooperativo.

Aunque algunos de estos ministerios se autofinancian, la mayoría son sostenidos por las iglesias con contribuciones financieras a través del Programa Cooperativo. De las contribuciones recibidas de las iglesias, el 73.2 % financia las misiones y la plantación de iglesias, y otro 22 % proporciona capacitación ministerial a través de nuestros seminarios. Cada una de estas entidades ministeriales existe con el propósito expreso de ayudar a las iglesias en el objetivo de propagar el evangelio.

Asignaciones y valor de las entidades

Las asignaciones ministeriales misionales de evangelización y de plantación de iglesias se facilitan a través de la Junta de Misiones Internacionales (IMB) y la Junta de Misiones Norteamericanas (NAMB).

Junta de Misiones Internacionales

Mientras la SBC se esfuerza por acentuar y celebrar a la familia de diversidad racial y étnica, alabamos a Dios por la colaboración con la IMB para trabajar unidos y alcanzar a las naciones. En el año 2020, la IMB registró 422 nuevos misioneros, 247 nuevas etnias y lugares no alcanzados 769 494 personas quienes escucharon el evangelio,

144 322 nuevos creyentes, y 18 380 nuevas iglesias fueron plantadas (informe estadístico anual 2020 [IMB]).

Damos gracias al Señor por la abundante cosecha de nuestros misioneros internacionales. Al mismo tiempo que damos gracias al Señor, también queremos animar a todas las iglesias bautistas del sur a seguir participando en las misiones internacionales.

¿Qué valor añadido aporta la IMB?

- La estrategia de la IMB de orar, ofrendar e ir ofrece un menú de recursos para ayudar a tu iglesia a desarrollar una cultura misional internacional (imb.org). Ora por las misiones. La pestaña «Pray» (Orar) del sitio web imb.org ofrece una lista diaria de misioneros y lugares por los que tu iglesia puede orar.
- Una iglesia que ora por los misioneros internacionales sienta las bases de una cultura misional en su congregación. Ofrenda a las misiones. Cuando tu iglesia ofrenda a las misiones internacionales a través de la ofrenda misionera Lottie Moon, se une a otras iglesias con el lema: «Unidos, transformamos vidas».
- El tercer paso en el desarrollo de una cultura internacional misional es ir. Ve a las misiones. Hay opciones a corto, mediano y largo plazo disponibles para tu iglesia.
- Un último paso en el desarrollo de una cultura internacional misional es el enviar. Para los interesados en el servicio a largo plazo hay un proceso de siete pasos que equipa a la iglesia local para preparar al candidato en cooperación con la IMB. Envía en misión.

Para más información del proceso, visita: *imb.org/go/process.*

North American Mission Board

Junta de Misiones Norteamericanas

En mayo de 2021, NAMB informó que un total de 857 nuevas congregaciones se añadieron a la SBC en 2020. De las plantaciones, el 60 % eran no anglosajonas. La Junta de Misiones Norteamericanas puede añadir valor a cualquier iglesia que desee plantar una nueva iglesia o desarrollar líderes misionales.

La mayoría de los ministerios bautistas del sur son apoyados por las iglesias que dan contribuciones financieras a través del Programa Cooperativo. De las contribuciones recibidas por la SBC, el 73.2 % financia las misiones y la plantación de iglesias, y otro 22 % proporciona capacitación ministerial a través de nuestros seminarios. Cada una de estas entidades ministeriales existe con el propósito expreso de ayudar a las iglesias en el objetivo de propagar el evangelio.

¿Qué valor añadido aporta NAMB?

- Para aquellos que sienten el llamado a plantar iglesias, el proceso del plantador proporciona claridad, estrategia, contextualización, capacitación y atención a través de un proceso de desarrollo de uno a tres años *(namb.net/send-network/church-planting/ planter-pathway)*.
- Para los plantadores que necesiten apoyo continuo y las iglesias que quieran desarrollar líderes misionales, existen artículos, eventos, podcasts, la capacitación del Pipeline multiplicador *(https://www.namb.net/kiosks/el-pipeline-multiplicador/)*, y recursos promocionales.
- Para las iglesias que deseen movilizar a sus miembros para apoyar a un plantador u orar para convertirse en una iglesia multiplicadora, Send Network ofrece un proceso muy estratégico y útil: orar, participar, plantar y multiplicar. Todos estos beneficios pueden encontrarse en namb.net.

Servicios financieros GuideStone

La asignación ministerial de los servicios financieros GuideStone existe para ayudar a las iglesias, entidades denominacionales y otras organizaciones ministeriales evangélicas poniendo a su disposición servicios de planes de jubilación, seguros médicos y de vida, programas de administración de riesgos y programas de inversión personal e institucional. Además, GuideStone administra Mission Dignity, un ministerio de asistencia para ministros jubilados y sus familias. Cabe destacar que GuideStone no recibe financiamiento del Programa Cooperativo.

Los seguidores de Cristo deben desear ser buenos administradores de los recursos que el bondadoso Señor les ha dado. Además, debemos prepararnos para el momento en que ya no estemos aquí. GuideStone se enfoca en el bienestar financiero del mensajero de Dios.

¿Qué valor añadido aporta GuideStone?

- El documento del plan de jubilación de iglesia de GuideStone titulado: «Por qué el plan de jubilación de iglesia es el adecuado para usted», dice lo siguiente: «Si recibes ingresos W-2 sujetos a impuestos provenientes de una iglesia, de una escuela relacionada con la iglesia o una asociación afiliada a una convención estatal bautista, eres elegible para el plan de jubilación 403 (b)(9) para iglesias bautistas del sur. Si eres un ministro de tiempo completo, de medio tiempo o bivocacional, o si es un empleado no ministerial de tiempo completo o de medio tiempo, puedes participar en el plan». Hay beneficios financieros adicionales para quienes están en el plan y participan en el Programa Cooperativo.

Estos incluyen:

- ***Beneficio de ingreso por incapacidad***
- ***Beneficio de protección al sobreviviente***
- ***Beneficios discrecionales*** (en función de cada convención estatal; se trata de fondos adicionales añadidos a su cuenta de jubilación).

El plan de jubilación de la iglesia también ofrece varias ventajas fiscales. Una de ellas es el subsidio de vivienda (housing allowance). Incluso en la jubilación, GuideStone se especializa en proporcionar este beneficio. Los ministros elegibles a efectos fiscales pueden designar hasta el 100 % de sus beneficios de jubilación como subsidio de vivienda libre de impuestos. Para más información sobre las ventajas fiscales del Plan de jubilación de iglesia, visita *Guidestone.org/taxguide*. Puedes inscribirte en el plan de jubilación de iglesia de Guidestone en línea: *EAP.GuideStone.org*.

Lifeway

Recursos Lifeway

La asignación ministerial de Recursos Lifeway es honrar a Dios y servir a las iglesias diseñando experiencias confiables que alimenten el ministerio. Los seguidores de Cristo deben desear ser buenos administradores de los recursos que el bondadoso Señor les ha dado. Además, debemos prepararnos para el momento en que ya no estemos aquí. GuideStone se enfoca en el bienestar financiero del mensajero de Dios.

¿Qué valor añadido aporta Recursos Lifeway?

- Una amplia gama relacionada con Biblias, estudios bíblicos, libros y medios digitales.
- Ministerios para pastores, hombres y mujeres, así como ministerios específicos para cada edad.
- Campamentos y eventos.
- Recursos para la iglesia relacionados con el plan de estudios, las escuelas bíblicas de vacaciones, suministros y servicios.

El objetivo de los Recursos Lifeway es discipular a todos. Desde los bebés hasta los adultos mayores, su pasión es colocar a cada persona de su iglesia en el recorrido del discipulado para toda la vida. Al igual que GuideStone, esta entidad no recibe financiamiento del Programa Cooperativo.

Los seis seminarios

Los seis seminarios teológicos bautistas del sur existen para preparar a los hombres y mujeres llamados por Dios para el servicio vocacional en las iglesias bautistas y en otros ministerios cristianos en todo el mundo a través de programas de desarrollo espiritual, estudios teológicos y preparación práctica en el ministerio. Esto se logra a través de los seminarios teológicos bautistas: Gateway, Midwestern, New Orleans, Southeastern, Southern y Southwestern.

¿Qué valor añadido aportan los seis seminarios?

- Descuento para estudiantes de la SBC: ¡los estudiantes pagan la mitad de la tarifa!
- Todos los profesores se comprometen de todo corazón a enseñar de acuerdo con *Fe y mensaje bautistas* 2000.
- Todos los seminarios están acreditados por la Asociación de Escuelas Teológicas de Estados Unidos y Canadá (ATS), y los seis se encuentran entre los 10 mejores dentro de esta asociación.

La Comisión de Ética y Libertad Religiosa

The Ethics & Religious Liberty Commission (la Comisión de Ética y Libertad Religiosa [ERLC, por sus siglas en inglés]), se dedica a conectar la cultura con el evangelio de Jesucristo al hablar de diversos temas en espacios de participación política para la protección de la libertad religiosa y el florecimiento humano. La visión de esta entidad puede resumirse en tres palabras: Reino, cultura y misión. Desde sus inicios, la ERLC se ha definido en torno a una visión integral del reino de Dios, propiciando un cambio en la cultura en el seno de la misma iglesia y en la forma en que la iglesia se dirija al mundo.

¿Qué valor aporta la ERLC?

- Artículos relevantes sobre temas contemporáneos relacionados con el matrimonio, la paternidad, el abuso de sustancias, el ministerio, etc.
- Pódcast y videos de gran impacto sobre la cultura actual.
- Una gama amplia de iniciativas del proyecto Salmo 139, la iniciativa Caring Well, Global Hunger Relief (Asistencia contra el hambre mundial), y muchas otras.

Comité Ejecutivo de la SBC

El Comité Ejecutivo de la SBC (EC, por sus siglas en inglés) existe para ministrar a las iglesias de la Convención Bautista del Sur actuando en nombre de esta, respecto a todos los asuntos que no se hayan previsto de otro modo, de manera que se fomente la cooperación y la confianza de las iglesias, asociaciones y convenciones estatales y se facilite el máximo apoyo a las misiones y ministerios mundiales.

Actualmente tiene una distinción histórica al ratificar a su primer presidente y director general interino afroamericano, el Dr. Willie McLaurin, el 21 de febrero de 2022. Desde septiembre de 2021, para complementar a los tres grupos étnicos más grandes de la convención, el personal del Comité Ejecutivo de la SBC tiene tres directores ejecutivos de relaciones y movilización, afroamericano, asiático e hispano. A través del Equipo de Relaciones y Movilización de la Gran Comisión, a los directores se les asigna la tarea de prolongar, fortalecer y profundizar las relaciones para movilizar a las iglesias bautistas del sur en toda la vida de la SBC. Buscan asociarse, elevar y acelerar el trabajo de las asociaciones locales, las convenciones estatales, las entidades y las alianzas étnicas de la SBC con el propósito de llevar a cabo la Gran Comisión.

¿Qué valor añadido aporta el Comité Ejecutivo de la SBC?

- Colabora con asociaciones, convenciones estatales, entidades y redes de alianzas étnicas para elevar y acelerar el evangelismo, el discipulado, el ministerio y las misiones.
- Educación, recursos y presentaciones del Programa Cooperativo.
- Recursos gratuitos de discipulado sobre mayordomía y finanzas personales.
- Presentaciones y recursos de orientación de la SBC.
- Visitas a iglesias locales para consultas contextualizadas.
- Noticias y pódcast de la convención.

Unión Femenil Misionera

La Unión Femenil Misionera (WMU) es la única entidad auxiliar de la SBC. Coopera muy estrechamente con la Junta de Misiones Internacionales y la Junta de Misiones Norteamericanas para animar a las iglesias a ofrendar generosamente para apoyar a las misiones con contribuciones a través del Programa Cooperativo y dos ofrendas misioneras anuales. El sitio web de la WMU describe su misión de la siguiente manera: el enfoque inquebrantable de la WMU es hacer discípulos de Jesús que vivan en misión. Llevan a cabo esta misión mediante:

- proporcionar recursos de discipulado misionero para iglesias e individuos;
- ofrecer oportunidades para participar en ministerios de asistencia social, y
- equipar a las personas mediante experiencias de desarrollo del liderazgo.

Algunos piensan que la Convención Bautista del Sur es una organización vertical. Sin embargo, cada iglesia local es totalmente autónoma y conserva su plena autoridad.

Propósito y valor de las Convenciones Estatales y Asociaciones Regionales

Recordemos que en la Convención Bautista del Sur hay 41 convenciones estatales y unas 1100 asociaciones locales. Las asociaciones y convenciones estatales existen para cumplir la Gran Comisión ayudando a las iglesias locales en el evangelismo, el discipulado, las misiones y otros ministerios especializados relacionados con la iglesia. En todas estas funciones trabajan en cooperación con nuestras entidades locales.

Los beneficios de que una iglesia local se afilie a su asociación local de la SBC y a la convención estatal son:

1. ***Asociaciones:*** comunidad local, recursos ministeriales y atención contextualizada al ministerio.
2. ***Convenciones estatales:*** recursos ministeriales ampliados y adicionales, elegibilidad de los mensajeros para las convenciones estatales y locales, avance de la convención sirviendo como miembros de la junta directiva de las entidades estatales y sirviendo en los comités. La SBC fomenta las donaciones financieras para apoyar el ministerio y las misiones en su asociación local y convención estatal. Recuerda que algunos de los beneficios financieros de GuideStone solo están disponibles a través de su participación en el Programa Cooperativo a nivel de la convención estatal.

Relación de las entidades con la iglesia local

¿Es la estructura de la SBC una organización vertical? Algunos piensan que la Convención Bautista del Sur es una organización vertical. Pueden pensar que los mensajeros se reúnen anualmente con el Comité Ejecutivo y los presidentes de las entidades junto con la Unión Femenil Misionera para instruir y dirigir las convenciones estatales, las asociaciones, las redes y las iglesias locales.

Sin embargo, cada iglesia local es totalmente autónoma y conserva su plena autoridad. Las iglesias deciden cooperar con los distintos organismos bautistas cuando eligen hasta 12 mensajeros para asistir a la reunión anual, elegir a un presidente, a los miembros de la junta directiva y miembros de comités, así como aprobar el presupuesto.

Además, las iglesias locales pueden decidir participar en ministerios cooperativos con otros organismos bautistas autónomos cooperantes. Los siguientes diagramas muestran esta relación de cooperación entre las iglesias locales y otros organismos bautistas autónomos cooperantes.

Estilo de liderazgo estructural de los presidentes

¿Cuál es el papel del presidente de la SBC y del presidente del Comité Ejecutivo? La comprensión de la verdadera estructura de la SBC tiene implicaciones para el presidente de la SBC, y el presidente y CEO del Comité Ejecutivo. Pero primero, ¿cuál es la diferencia entre ambos?

En su libro *SBC FAQS: A Ready Reference* (Preguntas frecuentes sobre la SBC: Una referencia lista), de Keith Harper y Amy Whitfield, los autores han hecho un excelente resumen de su distinción. El presidente de la Convención Bautista del Sur es elegido por los mensajeros para un período de un año, con la responsabilidad de nombrar comités y presidir las deliberaciones cuando la convención está en sesión. Se trata de un cargo voluntario, y sus funciones se realizan además de las responsabilidades diarias del presidente. El presidente de la Convención Bautista del Sur suele ser un pastor, pero no es un requisito.

El presidente del Comité Ejecutivo es elegido específicamente por este comité, por un tiempo indefinido para desempeñar una función administrativa. Esta persona actúa como tesorero de la convención, gestiona los recursos de esta, supervisa el Programa Cooperativo y mantiene una oficina para ejecutar las responsabilidades diarias en nombre de la convención. Se trata de un puesto asalariado de tiempo completo, y el presidente administra al personal para ayudar en la administración (Harper & Whitfield, pág. 17).

Lo que todo esto significa es que ni el presidente de la SBC ni el presidente del Comité Ejecutivo de la SBC tienen autoridad para dirigir o decirle a cualquier entidad, convención o asociación lo que debe hacer. Pueden aconsejar o sugerir, pero no pueden dictar. Además, durante la Reunión Anual de la SBC, ambos pueden liderar animando a los mensajeros a adoptar sus iniciativas con su voto. Para ser claros,

Este diagrama muestra la verdadera estructura de la SBC. No es vertical. Se suele decir que la sede de la Convención Bautista del Sur es la iglesia local.

los mensajeros tienen el poder a través de su voto de modificar, adoptar o rechazar las propuestas de cualquiera de los presidentes.

Participación e influencia

¿Cómo pueden los mensajeros tener voz en la estructura de la SBC? Una persona no tiene que ser un mensajero para asistir a la Reunión Anual de la SBC, pero son los mensajeros quienes pueden votar en asuntos de importancia, incluyendo la elección del presidente de la convención. En realidad, la Convención Bautista del Sur solo se lleva a cabo durante dos (2) días al año. Sin embargo, durante esos dos días, los mensajeros eligen a los funcionarios de la convención, al Comité de Nominaciones y a los miembros que cubrirán las vacantes de las juntas de sus entidades y de sus comités permanentes, lo que impacta en gran manera el trabajo de la convención.

Comprender la estructura de la Convención Bautista del Sur puede ayudar a los bautistas del sur a entender mejor sus oportunidades de influencia y participación. El uso de la tabla «Estructura de la Convención Bautista del Sur» junto con la siguiente información puede ayudar a entender dónde se puede votar y cómo se puede influir en la dirección de la convención.

1. **Los cargos de la convención son elegidos por los mensajeros**
   - Secretario de actas de la SBC
   - Secretario de registro de la SBC
   - Segundo vicepresidente de la SBC
   - Primer vicepresidente de la SBC
   - Presidente de la SBC

2. **El presidente de la SBC nombra a los siguientes:**
   - Escrutadores (estatuto 10D de la SBC)
   - Comité de Registro (estatuto 8B de la SBC)
   - Comité de Resoluciones (estatuto 20 de la SBC)
   - Comité de Comisiones (estatuto 19 de la SBC)

3. **El Comité de Comisiones propone a los miembros del Comité de Nominaciones (estatuto 15 de la SBC) para su elección por los mensajeros.**

4. **El Comité de Nominaciones propone a los miembros para cubrir las vacantes en las juntas directivas y los comités permanentes de la SBC* (estatutos 15 y 16 de la SBC).** La lista de los miembros de cada junta directiva y comités permanentes figura en la parte 5 de la Reunión Anual de la SBC o puede encontrarse en www.sbc.net, en la sección de recursos.
   - **Las entidades de la convención (estatutos 14 y 18 de la SBC)**
   - Recursos financieros GuideStone
   - Recursos Lifeway
   - Junta de Misiones Internacionales
   - Junta de Misiones Norteamericanas
   - Seminario Gateway
   - Seminario Southwestern
   - Seminario New Orleans
   - Seminario Southeastern

- Seminario Midwestern
- Seminario Southern
- The Ethics & Religious Liberty Commission (La Comisión de Ética y Libertad Religiosa)
- Comité Ejecutivo

- **Los comités permanentes de la convención**
  - Comité de Orden del Día (estatuto 21 de la SBC)
  - *Comité de Credenciales (estatuto 8C de la SBC; cubierto parcialmente por el Comité Ejecutivo de la SBC)

5. **Cada una de las diversas juntas de la convención elige a un presidente que le reporta directamente a su junta (artículo VII de la Constitución de la SBC), y esas juntas representan a la convención, quien las elige a ellas (estatuto 26 C de la SBC).**

   El trabajo de cada entidad está determinado por las asignaciones ministeriales adoptadas por los mensajeros para esa entidad y pueden encontrarse en el *Manual de Organización de la SBC.*

Maximiza tu voz

1. Reunión Anual de la SBC (dos días de junio)

La Convención Bautista del Sur solo se lleva a cabo dos días al año, cuando los mensajeros se reúnen en la Reunión Anual de la SBC. Se trata de la mayor reunión de asuntos denominacionales en su género, y lo que sucede en esos dos días prepara el escenario para el trabajo que se realiza a través de las entidades bautistas del sur durante los 363 días restantes del año. Durante esos dos días, los mensajeros tienen la oportunidad de ser escuchados y de tomar decisiones que les brinden orientación.

Sin embargo, tú debes estar en la sala para que te escuchen y para ser parte de la toma de decisiones. Formas de ser escuchado durante esos dos días de junio:

- **Presentar mociones:** Normalmente hay dos oportunidades de presentar mociones durante la Reunión Anual: la primera es el martes por la mañana y la segunda es el martes por la tarde.
- **Votar o enmendar resoluciones:** Las resoluciones son un medio para que los mensajeros expresen su opinión como

organismo sobre un asunto o tema determinado, así como para hacer una declaración conjunta.

- **Funcionarios de la convención electos:** Cada año se celebran elecciones para los cargos de la convención (presidente, primer vicepresidente, segundo vicepresidente, secretario de registro y secretario de actas).
- **Comités de la SBC y miembros de las juntas directivas electos:** Los mensajeros votan para colocar a los miembros en las juntas y comités que tienen vacantes (Comité de Nominaciones, Comité del Orden del Día, Comité de Credenciales, seis juntas de seminarios, dos juntas de misiones, GuideStone, Lifeway, la ERLC y el Comité Ejecutivo).
- **Informes de las entidades:** Cada entidad presenta un informe a la convención y se reserva al menos un tercio del tiempo de este para dar a los mensajeros la oportunidad de debatir.

La Convención Bautista del Sur solo se lleva a cabo dos días al año, cuando los mensajeros se reúnen en la Reunión Anual de la SBC. Se trata de la mayor reunión de asuntos denominacionales en su género, y lo que sucede en esos dos días prepara el escenario para el trabajo que se realiza a través de las entidades bautistas del sur durante los 363 días restantes del año.

2. El resto del año (363 días)

Durante los 363 días que preceden a la Reunión Anual de la SBC, cada mes de junio, los diversos organismos bautistas de la convención trabajan para llevar a cabo sus tareas y las decisiones tomadas en la convención anterior: las entidades consideran las mociones que les fueron remitidas; el presidente trabaja para nombrar a los comités como fueron asignados; las juntas electas se reúnen y preparan el informe de su trabajo para la próxima convención. Puede parecer que no hay nada que hacer durante esos 363 días, pero no es así. Hay tres maneras específicas de participar y maximizar tu voz:

- **Servir en una junta o en un comité.**
- **Nominar a alguien para servir en una junta o en un comité.**
- **Compartir ideas y expresar preocupaciones.**

El cuadro de la página siguiente describe cómo participar durante este período de 363 días entre las Reuniones Anuales y ofrece las respuestas a las preguntas de quién, qué, cuándo y cómo, las cuales son necesarias para entender y maximizar tu voz.

CÓMO MANTENERTE INVOLUCRADO:

¿Cuál comité o junta?	¿A quién contactar?	¿Cuándo nominar a alguien?	¿Cómo identificar la necesidad?	Elegibilidad para el servicio
Comité de Comités	Contacta al presidente de la SBC	El presidente comienza a considerar las candidaturas en otoño y anuncia los nombramientos a principios de la primavera.	Dos personas de cada estado o territorio calificado (68 personas) son nombradas por el presidente como se indica en el estatuto 19 de la SBC.	Ser miembro de una iglesia cooperante en el estado o territorio durante al menos los últimos 3 años (artículo III y artículo VIII de la Constitución de la SBC; estatuto 15A de la SBC) y no estar sirviendo actualmente (o tener un cónyuge sirviendo) en una junta de la SBC (estatuto 15C de la SBC).
Comité de Resoluciones	Contacta al presidente de la SBC	El presidente comienza a considerar las candidaturas en otoño y anuncia los nombramientos a principios de la primavera.	Se nombran 10 personas como se indica en el estatuto 20 de la SBC.	Ser miembro de una iglesia cooperante en el estado o territorio durante al menos los últimos 3 años (artículo III y artículo VIII de la Constitución de la SBC; estatuto 15A de la SBC) y no estar sirviendo actualmente (o tener un cónyuge sirviendo) en una junta de la SBC (estatuto 15C de la SBC).
Comité de Registro	Contacta al presidente de la SBC	El presidente comienza a considerar las candidaturas en otoño y anuncia los nombramientos a finales de mayo.	Normalmente se nombran entre 20 y 30 personas. Ver el estatuto 8B de la SBC.	Ser miembro de una iglesia cooperante (artículo III y artículo VIII de la Constitución de la SBC) y no estar sirviendo actualmente (o tener un cónyuge sirviendo) en una junta de la SBC (estatuto 15C de la SBC).
Escrutadores	Contacta al presidente de la SBC	El presidente comienza a considerar las candidaturas en otoño y anuncia los nombramientos a finales de mayo.	Normalmente se nombran entre 20 y 30 personas. Ver el estatuto 10D de la SBC.	Ser miembro de una iglesia cooperante.
Comité del orden Contacte con los dos del Día (COB, sus siglas en inglés)	Contacta con los dos miembros del Comité de Nominaciones (CON por sus siglas en inglés) de tu estado o territorio. Los miembros del CON se mencionan en la parte 5 de la Reunión Anual de la SBC.	El CON comienza su labor cada otoño y termina la mayor parte de su trabajo para mediados de marzo.	La lista de los miembros del COB cuyo mandato expira se encuentra en la parte 5 de la Reunión Anual de la SBC y el estatuto 21 de la SBC describe su composición.	Ser miembro de una iglesia cooperante (artículo III y artículo VIII de la Constitución de la SBC) y no estar sirviendo actualmente (o tener un cónyuge sirviendo) en una junta de la SBC (estatuto 15C de la SBC).

¿Cuál comité o junta?	¿A quién contactar?	¿Cuándo nominar a alguien?	¿Cómo identificar la necesidad?	Elegibilidad para el servicio
Comité de Nominaciones	Contacta con los dos miembros del Comité de Comités (COC, por sus siglas en inglés) de su estado o territorio. Los miembros del COC son nombrados por el presidente de la SBC y anunciados en la prensa bautista cada primavera.	El COC suele comenzar su trabajo a principios de la primavera y lo concluye a finales de mayo.	Los miembros del CON tienen un mandato de un año, lo que significa que anualmente se nombra a dos personas de cada estado o territorio calificado. Ver los estatutos 15 y 19 de la SBC.	Ser miembro de una iglesia cooperante en el estado o territorio durante al menos los últimos 3 años (artículo III y artículo VIII de la Constitución de la SBC; estatuto 15A de la SBC) y no estar sirviendo actualmente (o tener un cónyuge sirviendo) en una junta de la SBC (estatuto 15C de la SBC). Al menos uno de cada estado o territorio debe ser laico.
Comité de Credenciales	Contacta al presidente del Credenciales Comité de Nominaciones o a los dos miembros de su estado o territorio, y al presidente o los miembros del Comité Ejecutivo (EC, por sus siglas en inglés) de la SBC de su estado. Los miembros del CON y del EC se mencionan en la parte 5 de Reunión la Anual de la SBC.	El CON comienza su labor cada otoño y termina la mayor parte de su trabajo para mediados de marzo. Las reuniones programadas del Comité Ejecutivo son en febrero, junio y septiembre.	La lista de los miembros del Comité de Credenciales cuyo mandato expira se encuentra en la parte 5 de la Reunión Anual de la SBC y el estatuto 8C de la SBC describe su composición.	Ser miembro de una iglesia cooperante (artículo III y artículo VIII de la Constitución de la SBC).
* Juntas directivas	Contacta con los dos miembros del Comité de Nominaciones de su estado o territorio. Los miembros del CON se mencionan en la parte 5 de la Reunión Anual de la SBC.	El CON comienza su labor cada otoño y termina la mayor parte de su trabajo para mediados de marzo.	Para cada entidad, la lista de los miembros de la junta cuyo mandato expira se encuentra en la parte 5 de la Reunión Anual de la SBC. Ver el estatuto 15 de la SBC.	Ser miembro de una iglesia cooperante en el estado o territorio durante al menos los últimos 3 años (artículo III y artículo VIII de la Constitución de la SBC; estatuto 15A de la SBC) y no estar sirviendo actualmente (o tener un cónyuge sirviendo) en una junta de la SBC (estatuto 15C de la SBC). Otros requisitos enumerados en el estatuto 15 de la SBC y en los estatutos de cada entidad.

PARA COMPARTIR UNA IDEA O EXPRESAR UNA PREOCUPACIÓN:

¿Cuál comité o junta?	¿A quién contactar?
Comité del Orden del Día (COB, por sus siglas en inglés)	Contacta al presidente del COB que se encuentra en la parte 5 de la Reunión Anual de la SBC, o con el gerente de Relaciones del Comité que lo asiste (cpeters@sbc.net; 615-782-8622).
Comité de Nominaciones	Contacta al presidente del CON que se encuentra en la parte 5 de la Reunión Anual de la SBC, o con el director de Relaciones Corporativas y de la Convención y del personal del CE que lo asiste (athompson@sbc.net; 615-782-8604).
Comité de Credenciales	Visita la página web del comité en www.sbc.net/credentials o póngase en contacto con el gerente de Relaciones del Comité del personal del CP que lo asiste (cpeters@sbc.net; 615-782-8622).
* Juntas directivas	Para expresar sus preocupaciones o ideas en relación con cualquiera de los líderes de las entidades de la SBC, contacta al presidente de la junta directiva de la entidad que figura en la parte 5 de la Reunión Anual de la SBC. Los presidentes de las entidades rinden cuentas directamente a los miembros de las juntas directivas elegidos por la convención.
Presidente y funcionarios de la SBC	Los datos de contacto de los funcionarios de la SBC se encuentran al principio de la parte 5 de la Reunión Anual. Si tienes alguna preocupación o idea sobre el presidente de la SBC o los funcionarios de la convención, ponte en contacto con ellos directamente. Estos responden directamente a los mensajeros de la convención quienes los eligieron.
***Los miembros son elegidos por los mensajeros para las siguientes juntas de las entidades de la convención: Junta de Misiones Internacionales, Junta de Misiones Norteamericanas, Servicios financieros GuideStone, Recursos Lifeway, Comisión de Ética y Libertad Religiosa, Seminario Teológico Bautista Southern, Seminario Teológico Bautista Southeastern, Seminario Teológico Bautista Southwestern, Seminario Teológico Bautista Midwestern, Seminario Teológico Bautista de New Orleans, Seminario Gateway, Comité Ejecutivo de la SBC.**	

Hay una tercera forma en que nuestra familia de la SBC puede aprender a navegar eficazmente por nuestra convención, y es a través del Programa Cooperativo.

El Programa Cooperativo es el combustible financiero para alcanzar a cada persona para Jesucristo en cada pueblo, cada ciudad, cada estado y cada nación.

Navegando por su cooperación

¿Qué es?

El Programa Cooperativo es el combustible financiero para alcanzar a cada persona para Jesucristo en cada pueblo, cada ciudad, cada estado y cada nación. El programa fue elaborado en 1925 como un plan de donaciones unificado para los bautistas del sur, diseñado para ser el combustible financiero que subvenciona la propagación del evangelio a nivel regional, estatal, nacional y mundial. Permite a las iglesias de todo el mundo participar en una misión colectiva.

¿Cómo funciona?

Las iglesias apoyan el Programa Cooperativo enviando contribuciones a través de una red de convenciones bautistas estatales y regionales. Esas convenciones utilizan una parte de estos fondos para contribuir a los objetivos ministeriales y misioneros establecidos por sus iglesias. Entonces cada convención bautista estatal remite un porcentaje de esos fondos a la Convención Bautista del Sur, proporcionando apoyo financiero a las entidades de la convención para que envíen misioneros, formen pastores y líderes ministeriales, planten iglesias y aborden las cuestiones éticas y de libertad religiosa relacionadas con nuestra fe. Los fondos del Programa Cooperativo enviados por los estados también proporcionan apoyo al presupuesto de operaciones de la SBC. Los siguientes diagramas ilustran el proceso de donación del Programa Cooperativo y la distribución del porcentaje del CP a las entidades.

Alcanzar al mundo

Miembros de la iglesia

Los miembros de la iglesia devuelven a Dios un porcentaje de sus ingresos. A esto se le conoce tradicionalmente como diezmo y representa el 10 % de lo que Dios ha proporcionado.

Iglesias locales

Las iglesias reciben los diezmos y las ofrendas de sus miembros, y destinan un porcentaje de los ingresos no asignados a misiones y ministerios internos para cooperar con otros que van más allá de las paredes de la iglesia.

Misiones y ministerios estatales

Los mensajeros de las congregaciones locales votan para retener un porcentaje específico para las misiones y ministerios estatales y lo envían a la SBC. Las misiones y los ministerios estatales pueden incluir el evangelismo, la plantación de iglesias, las casas hogares, la educación superior cristiana, los ministerios de asistencia social, asistencia ante desastres, la salud de la iglesia, los ministerios de grupos de edad y la educación misionera.

Misiones y ministerios de los bautistas del sur

La SBC reúne las ofrendas enviadas por las convenciones estatales para las misiones y los ministerios de todo Estados Unidos y del mundo. Las misiones y ministerios de los bautistas del sur incluyen las misiones en Estados Unidos y Canadá e internacionales, la educación teológica, la ética y la libertad religiosa y los gastos generales de operación.

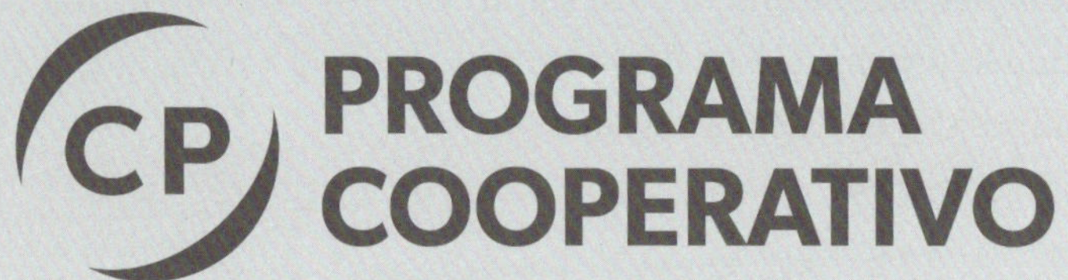

Asignación

Ministerios de misiones mundiales
Junta de Misiones Internacionales (50.41 %)
Junta de Misiones Norteamericanas (22.79 %)

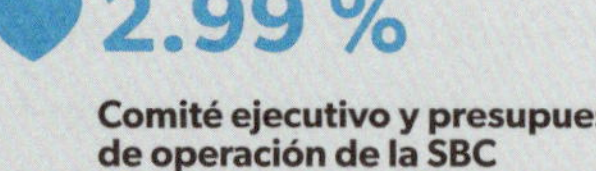

Comité ejecutivo y presupuesto de operación de la SBC

Ministerios de educación teológica
Seminarios (21.92 %)
Biblioteca y archivos (0.24 %)

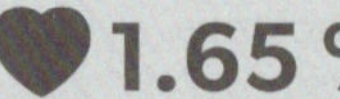

The Ethics & Religious Liberty Commission (Comisión de Ética y Libertad Religiosa)

¿Por qué debería participar tu iglesia en el programa cooperativo?

1. Le permite a tu iglesia cooperar con iglesias afines para avanzar en el cumplimiento de la Gran Comisión.

2. Hace que cada miembro de la iglesia sea un misionero. Si bien el Señor no ha llamado a todos los miembros de la iglesia al extranjero, sí nos ha llamado a todos a orar y apoyar económicamente a quienes son misioneros de tiempo completo.

3. Permite que cada iglesia, sin importar su tamaño, apoye a los misioneros de los bautistas del sur. Ni siquiera la iglesia más grande puede mantener a todos los misioneros por sí sola.

4. El CP de tu iglesia apoya a las misiones estatales, nacionales e internacionales.

5. Aumenta la conciencia de tu iglesia sobre la importancia de la misión.

6. El CP bendice a tu iglesia. Una gran cantidad de recursos gratuitos o de bajo costo llegan a tu iglesia debido a su ofrenda al CP: acceso la evangelización, al discipulado y a otras capacitaciones ministeriales en todo el estado. Hay beneficios de protección exclusivos para los pastores elegibles cuya iglesia contribuye al CP y participan en el programa de jubilación de GuideStone: ingresos por discapacidad hasta los 65 años y beneficios de protección a los sobrevivientes.

¿Con qué recursos se cuenta para apoyar la promoción del CP?

Dado que el Programa Cooperativo consiste en priorizar y elevar el impacto misional de cada iglesia en todo el mundo, hay varios recursos promocionales disponibles.

- El recurso misionero CP Stories muestra el impacto local, nacional y mundial del Programa Cooperativo. Es una revista semanal y una guía de oración para las iglesias, que informa sobre la labor

Cuando los santos de Dios creen que Él es el dueño de todo, están mejor equipados para administrar los recursos de tiempo, talentos y tesoros que se les han confiado. Los recursos administrados sabiamente significan que las finanzas están disponibles para cuidar de manera adecuada el reino de Dios y nuestro bienestar personal.

misionera de la Junta de Misiones Internacionales (IMB), la Junta de Misiones Norteamericanas (NAMB) y las convenciones estatales. Visita www.sbc.net/cpstories para más información.

- Videos promocionales para facilitar el aprendizaje visual y la participación (sbc.net/cp). Estos videos se adaptan a todos los grupos étnicos.
- Videos promocionales contextualizados del CP para las iglesias hispanas, asiáticas y afroamericanas en sus sitios web designados. Estos sitios web se encuentran en sbc.net/about (haz clic en la pestaña correspondiente).
- Los representantes del CP de la convención estatal están disponibles para ayudar a su iglesia a entender y participar en el combustible financiero para alcanzar a cada persona para Jesucristo, así como apoyar los ministerios y la misión del estado y las entidades.
- Recursos de mayordomía impresos y digitales gratuitos están disponibles en sbc.net/stewardship. Cuando los santos de Dios creen que Dios es el dueño de todo, están mejor equipados para administrar los recursos de tiempo, talentos y tesoros que se les han confiado. Los recursos administrados sabiamente significan que las finanzas están disponibles para cuidar adecuadamente el reino de Dios y nuestro bienestar personal. Como dice la Biblia en Mateo 6:33: «Mas buscad primeramente el reino de Dios y su justicia, y todas estas cosas os serán añadidas».

Hay una cuarta forma en que los pastores, las iglesias y los líderes bautistas del sur pueden aprender a navegar eficazmente, leer y escribir el menú. Las iglesias deben aprender a navegar por sus beneficios.

Navegando por sus beneficios

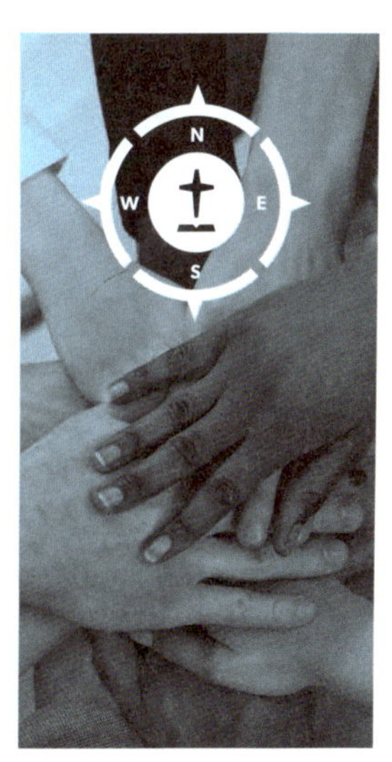

¿Por qué debería una iglesia cooperar amistosamente con la SBC (unirse o afiliarse)?

Otra forma de plantear la pregunta anterior es: ¿qué beneficios aporta la participación en la SBC?

Cuando era un adulto joven, trabajé en una empresa de productos de salud y belleza como gerente de ventas de distrito. Un año nos capacitaron en una técnica de venta llamada CVB: características, ventajas y beneficios. Las **características** cuentan hechos o propiedades de su negocio, productos y servicios. Las **ventajas** explican por qué las características son importantes o cómo ayudan a resolver un problema. Los beneficios son el resultado de las ventajas. Los **beneficios** evocan la satisfacción emocional positiva y percibida que el cliente potencial obtiene de las características y ventajas. Observo los elementos de la técnica CVB en Éxodo 14:31. «Y vio Israel aquel grande hecho que Jehová ejecutó contra los egipcios; y el pueblo temió a Jehová, y creyeron a Jehová y a Moisés su siervo». **Característica:** el gran poder del Señor. **Ventajas:** el poder del Señor es lo suficientemente grande como para derrotar al más poderoso de los enemigos. El gran poder del Señor hizo que su pueblo lo reverenciara y pusiera su confianza en Él. **Beneficios:** la liberación de las amenazas egipcias, no más miedo a la esclavitud de los egipcios, y un canto de alabanza sobre el gran poder de Dios (Éx. 15).

¿Qué tienen que ver las características, las ventajas y los beneficios con navegar por sus beneficios?

En esta sección, me gustaría enumerar algunos de los comentarios personales que he recibido de los pastores con respecto a las razones por las cuales están afiliados a la SBC. Con seguridad hay muchos otros beneficios, pero quiero destacar algunos. Las razones que dieron estos pastores se pueden clasificar como características. Me gustaría exponer esas características y mostrar las ventajas y beneficios de cada una. Recuerda que, en la técnica de venta CVB, el beneficio es la satisfacción emocional positiva de las características y ventajas percibidas por los clientes potenciales. Buscaré compartir lo que considero que son algunos beneficios basados en las razones (características) que los pastores proporcionaron. Reconoce que los beneficios discernidos de estas características pueden variar de un pastor a otro. El cuadro de la página siguiente ilustra algunas características, ventajas y beneficios de ser bautista del sur.

Hay muchas otras razones (características), ventajas, beneficios que responden a la pregunta: ¿por qué debería cooperar amistosamente con la SBC? De nuevo, estas son las razones que he escuchado con más frecuencia en mis conversaciones con los pastores. Independientemente de las características de cada entidad (productos y servicios ministeriales), todas tienen ventajas únicas y beneficios aún más especiales según la percepción del destinatario.

Hay una quinta y última forma en que nuestra familia de la SBC puede aprender a navegar eficazmente, leer y escribir el menú. Las iglesias deben aprender a navegar en la práctica.

Características	Ventajas	Beneficios
Servicios financieros GuideStone Programa de jubilación	• Planes médicos y de seguros específicos para satisfacer las necesidades de los pastores, ministros y miembros del personal. • Las iglesias que participan en el Programa Cooperativo disponen de beneficios financieros que incluyen prestaciones de ingresos por incapacidad y de protección a los supervivientes.	• Tranquilidad en cuanto a la estabilidad financiera a medida que se acerca a los años de jubilación. • Protección y seguridad para los seres queridos.
Investigación de Lifeway Datos para la formación de discípulos basados en la investigación	• Ayuda al pastor a mantenerse al día sobre las tendencias del ministerio y los cambios culturales para que pueda considerar su impacto potencial en la iglesia local. • Ahorra mucho tiempo, de tal manera que los pastores pueden dedicar más tiempo a encontrar soluciones relacionadas con el impacto que esas tendencias tienen en su iglesia.	• Soluciones de discipulado y ministerio innovadoras, personalizadas y contextualizadas.
Recursos Lifeway Plan de estudios de educación cristiana que apoya las funciones bíblicas de la iglesia	• Un plan de estudios teológico y doctrinalmente sólido (basado en Fe y mensaje bautistas). • Una opción curricular que proporciona un plan de estudio basado en ocho hitos de la madurez espiritual.	• Liderazgo pastoral, confianza y comodidad sobre lo que los miembros están aprendiendo. • Los participantes reciben un desarrollo espiritual intencional y completo.
Los programas de las Juntas de Misiones Norteamericanas e Internacionales Estrategias y recursos para que las iglesias se dediquen a la evangelización, la plantación de iglesias y las misiones internacionales a corto o largo plazo.	• Ayuda a las iglesias a establecer una cultura de envío y de misiones, contribuye en la creación de conductos para la participació acelerada en las misiones, y en la competencia sobre cómo capacitar y desarrollar líderes misionales.	• Potencial ilimitado para alcanzar a los perdidos, ampliar el alcance de la iglesia y la alegría de hacer y cumplir la voluntad de Dios.
Seis seminarios Educación de seminario acreditada por la ATS y asequible	• Formación académica de los seis seminarios que se encuentran entre los 10 mejores seminarios acreditados por la ATS. • El costo de la matrícula es mucho más bajo de lo que sería de otro modo: un 50 % menos para los estudiantes de las iglesias bautistas de sur. El financiamiento del Programa Cooperativo permite a los seis seminarios ofrecer una educación teológica de calidad prémium.	• Perfecciona las habilidades en áreas, la exégesis bíblica y las prácticas misionales. • Amplía la capacidad de envío de la iglesia local de líderes capacitados y calificados para el campo misionero.

Características	Ventajas	Beneficios
Southern Baptist Disaster Relief (Programa para la Asistencia en Situaciones de Desastres Naturales de los Bautistas del Sur [SBDR, por sus siglas en inglés]) Por su tamaño, es la tercera organización de asistencia ante desastres en Estados Unidos, después de la Cruz Roja y el Ejército de Salvación	• Las unidades del Southern Baptist Disaster Relief pertenecen y son operadas por las convenciones estatales, las asociaciones locales e iglesias, y son coordinadas a nivel nacional por la Junta de Misiones Norteamericanas (NAMB). • Trabaja en conjunto con las agencias federales como FEMA, pero no recibe fondos federales ni reembolso, ya que la mayor parte del financiamiento procede de las convenciones estatales y de las contribuciones al CP. • Visita la página de Facebook de la SBDR para estar al día de las actividades del SBDR https://www.facebook.com/ sbdrnet.	• Tiempo de respuesta acelerado y muy organizado ante los desastres; mayor confianza en el nivel de competencia y asistencia de los voluntarios gracias a los resultados obtenidos con los datos (último registro de 2015). • Aumenta la confianza en su preparación para un desastre natural ofreciendo numerosas formas de ayuda para ti y tu iglesia a través del sitio web de NAMB.
Diversidad multiétnica y multiracial Corresponde al 22.3 % de la Convención Bautista del Sur	• Oportunidades de colaborar en un nuevo entorno espiritual de diversidad. • Oportunidades para demostrar empatía y perdón (Ef. 4:32). • Oportunidades de ejercer un liderazgo valiente mediante la construcción de puentes en las relaciones raciales.	• Ser la sal y la luz del mundo (Mat. 5:13-14). • Mostrar la unidad y celebrando la diversidad en el cuerpo de Cristo. • Participar en un anticipo y en la realidad final de una reunión multiétnica y multiracial en el cielo (Apoc. 7:9).

Navegando en la práctica

Afiliación

¿Cómo se afilia una iglesia a la SBC?

Después de aprender a navegar eficazmente por la SBC, por sus fundamentos, estructuras, cooperación y por sus beneficios, una iglesia que esté considerando unirse o afiliarse, necesita un proceso reflexivo, ordenado y edificante para movilizar a los miembros.

Reconocemos que algunas congregaciones pueden comenzar sin ninguna afiliación denominacional o pueden haber estado previa o actualmente afiliadas a otra convención. Queremos enfatizar claramente que no solicitamos a ningún grupo de iglesia que abandone su actual denominación, convención, etc. Queremos crear una atmósfera de compañerismo a tal grado que cualquier iglesia bautista que cumpla con los requisitos se sienta libre de afiliarse a la Convención Bautista del Sur (SBC).

Cuando una iglesia busca la voluntad de Dios y determina que podría querer afiliarse a las entidades asociativas, estatales y nacionales de la Convención Bautista del Sur, sugerimos lo siguiente:

1. Orar antes y durante la consideración de la afiliación a la SBC.

2. Buscar toda la información posible sobre la vida de la SBC (local, estatal y nacional). Es importante reconocer que puede haber diferencias sustanciales dependiendo de la asociación y la convención estatal que tu iglesia esté considerando.

3. Compartir la información y hallazgos con el liderazgo de la congregación. Orar y llegar a un consenso a través de la política y los procedimientos organizacionales de la iglesia. Se reconoce que la vida de la SBC no es para todas las iglesias. Si después de considerarlo, la congregación decide no buscar la afiliación, no es algo malo.

4. Guiar a la iglesia a votar de acuerdo con sus estatutos. Enviar una carta oficial de la iglesia solicitando la afiliación a la asociación local de la SBC. Nótese que pueden existir tantos procesos de afiliación como asociaciones. Por lo general, cada asociación tiene un Comité de Credenciales facultado para actuar sobre la solicitud o presentarla a la asociación para someter la aceptación a voto.

5. Invitar a representantes de los distintos asuntos de la convención de la SBC para que compartan en diversos escenarios con el cuerpo de la iglesia. Esto ayuda a conectar a la iglesia con las entidades y a los líderes de las entidades con la iglesia.

6. Participar en el apoyo financiero a la asociación local, la convención estatal y al Programa Cooperativo de la SBC a un nivel que se ajuste bien a la iglesia. No hay voz en la vida de la SBC para aquellos que no participan financieramente.

7. Practicar la teología de la presencia. No hay nada que sustituya a tener representación de la iglesia en las distintas reuniones a todos los niveles: local, estatal y nacional. Como mínimo, la presencia puede cambiar la dinámica. La participación beneficia a todos los implicados, ya que cada iglesia local «aporta algo a la mesa» para «el bien del reino».

Activación

Soy bautista del sur, ¿y ahora qué?

1. Mantén y guía a tu iglesia a conservar una posición doctrinal sólida (FMB 2000).

2. Acepta el reto de Hechos 1:8 para potenciar el crecimiento del reino.

3. Contribuye regular y generosamente a las causas del reino orando, ofrendando y asistiendo. Si bien no hay una cantidad establecida para que las iglesias locales contribuyan, no hay razón para que alguna iglesia bautista del sur tenga contribuciones de «$0» en algún

informe. Los informes sobre donaciones generalmente se publican en los periódicos de las asociaciones y del estado.

La iglesia local debe definir la regularidad de sus ofrendas; sin embargo, para equilibrar el presupuesto, se les anima a dar mensual o incluso semanalmente. Podemos entender esto en la misma manera en que desafiamos a los miembros a traer sus diezmos a la iglesia de forma habitual o incluso semanal. Por ejemplo, una iglesia bautista del sur que decida contribuir anualmente con 1200 dólares a la asociación y 2400 al Programa Cooperativo, podría enviar 100 dólares al mes a la asociación y 200 a la convención estatal.

4. Participa y asume la responsabilidad de los cargos y el liderazgo en la asociación, la convención estatal y los comités y juntas nacionales.

5. Llena un Perfil Anual de la Iglesia (Annual Church Profile, ACP) para la convención. La única manera de conocer la eficacia colectiva de estas iglesias cooperantes es que compartan el historial de sus estadísticas con la convención. La disponibilidad rápida de muchos datos (sbc.net/fast-facts) sobre nuestras iglesias, asociaciones, convenciones estatales y entidades son el resultado de la cooperación que se demuestra al completar el Perfil Anual de la Iglesia.

El exvicepresidente de promoción de la convención, Ken Weathersby, dijo una vez: «Podemos lamentar que nuestros bautismos hayan bajado en un año determinado; pero si solo 36 000 iglesias informan de su número de bautismos, no tenemos forma de saber realmente las cifras reales».

El ACP no es un intento de entrometerse en los asuntos de la iglesia, sino un intento de recopilar la información necesaria para calibrar los progresos realizados para alcanzar a los perdidos para Cristo. Este perfil puede utilizarse para justificar las actividades de la iglesia en caso de ser necesario por razones gubernamentales o legales.

La SBC proporcionará los formularios y los medios electrónicos, cuya información puede ser presentada por la iglesia normalmente a finales del verano. Si tu iglesia está afiliada a tu convención estatal, los ACP son distribuidos por tu convención estatal en junio o julio de cada año. Si la afiliación de tu iglesia es únicamente a nivel nacional, tu iglesia recibirá su ACP de la oficina nacional en Nashville, Tennessee. Un folleto sobre el ACP puede ayudarle a llenarlo (ver la contraportada).

6. Participa en actividades de capacitación y promoción. Encontrarásmuchas maneras en las que la capacitación y los eventos te ayudarán no solo a ti, sino también a tu iglesia. El objetivo es hacer mejores iglesias.

7. Elija y envíe mensajeros para representar a la iglesia en la asociación, la convención estatal y la Convención Bautista del Sur de acuerdo con el protocolo de su iglesia y según los estatutos de las entidades denominacionales de la SBC.

8. Educa y posiciona a los miembros de tu iglesia para que sirvan en las juntas y comités de la entidad. Cuando educas a los miembros de tu iglesia sobre cómo leer el menú de la SBC, a ofrendar a través del Programa Cooperativo y a practicar la teología de la presencia a nivel de la asociación, estatal y nacional, los está posicionando para servir en juntas y comités.

Conclusión

Como hermanos y hermanas en Cristo, todos somos una obra en proceso. Para que esta denominación se convierta en lo que Jesús pretende, cada hermano y hermana en Cristo debe mirarse intencionalmente en el espejo de la imagen de Cristo a diario para que podamos ser transformados cada vez más a Su imagen. Además, para que la convención cierre la brecha en verdad representando esa realidad futura de Apocalipsis 7:9, los santos de Cristo deben parecerse más a Cristo.

Se puede navegar eficazmente por la SBC cuando se recorren sus fundamentos, estructuras, cooperación, beneficios y en la práctica. Estas son las formas (junto con la semejanza a Cristo), para lograr una participación saludable, una representación intencional, una expresión ciudadana divina y una celebración unificada de cada nación, tribu, pueblo y lengua en nuestra convención.

Por tanto, nosotros todos, mirando a cara descubierta como en un espejo la gloria del Señor, somos transformados de gloria en gloria en la misma imagen, como por el Espíritu del Señor».
2 Corintios 3:18

Apéndice

REFERENCIAS

sbc.net
imb.org
namb.net
lifeway.com
guidestone.org
erlc.com
wmu.com
SBC FAQS: A Ready Reference,
Keith Harper and Amy Whitfield
bciowa.org/5-facts-about-southern-baptist-disaster-relief/

RECURSOS

Fe y mensaje bautistas 2000
bfm.sbc.net
Folleto sobre el Perfil Anual de la Iglesia

Reconocimientos

El trabajo de esta guía de orientación no se habría logrado sin la sincera labor de amor y apoyo que he recibido de tantos hermanos y hermanas en Cristo. Quiero agradecer a **Chris McNairy**, actualmente pastor de Decision Point Ministries, en Atlanta, Georgia, y facilitador de la Urban Fusion Network Incorporated, por el permiso concedido para utilizar segmentos de documentos de orientación, folletos y su manuscrito autopublicado en 2014 en este manual. El pastor McNairy ha servido en todos los niveles de la Convención Bautista del Sur, incluido el de coordinador de estrategia de NAMB en el oeste de Estados Unidos.

También me gustaría agradecer al exvicepresidente de promoción de la convención del Comité Ejecutivo de la Convención Bautista del Sur, **Ken Weathersby**, y a los miembros del Consejo Consultivo para la proyección de la Convención por la publicación en 2018 de *The Many Faces of the Southern Baptist Convention* (Las muchas caras de la Convención Bautista del Sur). *The Many Faces of the SBC* (Las muchas caras de la SBC) iluminó mi manera de abordar el presente manual. Además, el Dr. Weathersby ha proporcionado el consejo y la ayuda tan necesaria a través de sus anteriores presentaciones sobre Navegando por la SBC. También doy gracias al Señor por **Jarman Leatherwood**, *pastor* de House of Hope and Restoration, Huntsville, Alabama; **Kevin Smith**, pastor de Family Church Village en West Palm Beach, Florida; y **Dennis Mitchell**, *director ejecutivo* de National African American Fellowship. Ellos han aportado excelentes ideas complementarias para elevar la contextualización de este manual para cada etnia. Aprecio y agradezco enormemente a **Christy Peters**, *gerente de relaciones del comité*, del Comité Ejecutivo de la SBC, por sus aportaciones sobre la estructura de la convención. Agradezco a **Amy Whitfield**, *directora ejecutiva de comunicaciones*, The Summit Church, Durham, Carolina del Norte; a **Jonathan Howe**, *vicepresidente de comunicaciones*, Comité Ejecutivo de la SBC; y a **Andy Beachum**, *director creativo*, Comité Ejecutivo de la SBC, por su tiempo, trabajo, dones y talentos que han contribuido a esta obra. Permítanme también agradecerle al presidente interino y director general del Comité Ejecutivo de la

SBC, **Willie McLaurin**, quien me encomendó esta tarea y me animó durante todo el proceso. Estoy extremadamente agradecido por el apoyo de los directores ejecutivos para las relaciones y la movilización asiática e hispana del Comité Ejecutivo de la SBC, **Peter Yanes** y **Luis López**. Hago eco de las palabras del apóstol Pablo en Filipenses 1:3: «Doy gracias a mi Dios siempre que me acuerdo de vosotros». Sobre todo, agradezco al Señor Jesús, el Dios de mi vida, que me ha dado la guía y la fuerza para compilar este recurso. «Porque en Él vivimos, y nos movemos, y somos» (Hech. 17:28).

Charles Grant, Jr., director ejecutivo de relaciones y movilización afroamericana, Comité Ejecutivo de la SBC, compilador.

COMPLETA TU PERFIL ANUAL DE LA IGLESIA

Sé diligente en conocer el estado de tus ovejas, y mira con cu idado por tus rebaños.
Proverbios 27:23 (RVR 1960)

LOS BENEFICIOS EQUIVALEN A

PASADO

Completar el Perfil Anual de la Iglesia (ACP) permite conocer la historia y las lecciones del pasado (Jos. 4:1-7).

Después de que los israelitas cruzaran el río Jordán, Dios les dijo que colocaran piedras para marcar esa ocasión como un monumento para enseñar a las generaciones.

PRESENTE

Completar el ACP da a los líderes de la congregación una visión del presente (Mat. 18:12-14).

Así como el pastor conoce el número de ovejas y la acción que debe realizar en el presente, los líderes de la iglesia tienen la misma responsabilidad.

FUTURO

Completar el ACP proporciona a los líderes de la congregación una visión para planificar el futuro.

Los líderes nuevos y los existentes necesitan ver las líneas de tendencia de la actividad, las dificultades y las bendiciones que tu iglesia ha experimentado para guiarla mejor hacia el futuro.

FRUTOS DE LA COOPERACIÓN

ÁNIMO

Puedes animar a tu iglesia a través de la cooperación, las colaboraciones locales, las convenciones estatales y las entidades nacionales. Algunos ejemplos son reflexiones de devocionales, exhortaciones y buenas noticias sobre la obra del reino.

ELEVACIÓN

Una de las estrategias de Satanás es hacernos sentir aislados y solos. La cooperación pone a disposición recursos y capacitaciones para elevar la eficacia de los ministerios de tu iglesia.

OPORTUNIDADES

Las oportunidades en las misiones suelen comenza con la coolaboración local, estatal y nacional. El ACP puede ayudarnos a pensar en cómo mantenernos conectados en las colaboraciones misioneras.

LLENA TU ACP

Visita www.sbcworkspace.com.
Si has olvidado tu su nombre de usuario y contraseña, ponte en contacto con la oficina de tu convención estatal y solicítalo.
O bien, puedes llenar el formulario ACP enviado por correo.

NOTAS

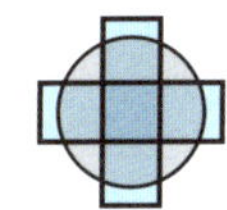

NOTAS

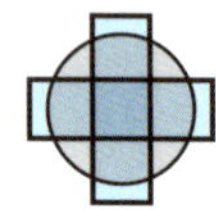

NOTAS

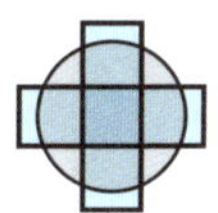

NOTAS

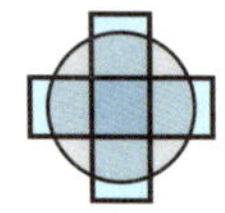

NOTAS

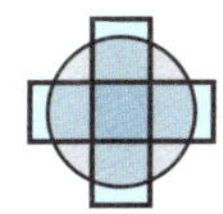